神職宝鑑

半井真澄 編

半井真澄編輯

神職寶鑑

碧梧書院藏版

龍志氣神旺

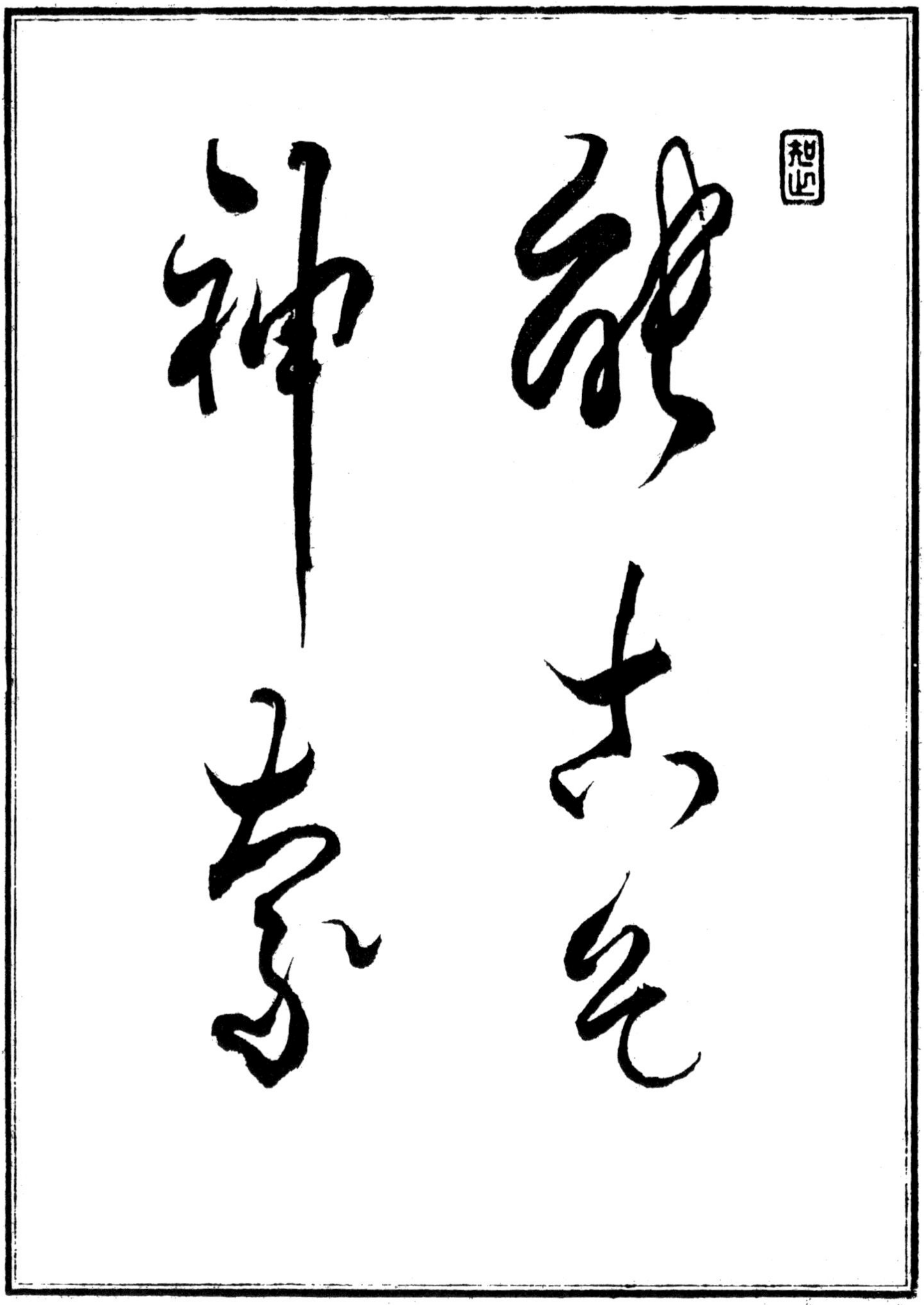

之

從一位建通八十四翁

祭祀
忠孝

之本

邦憲王

神職寶鑑序

祭祀者國之大典也可以徵國運泰否可以察民俗汙隆是以三代聖王皆致意祭祀自郊社禘嘗至籩簋盛齋必有準則况在朝以祭祀建邦耶然世

已非古禮漸失在諸神祠所行典章儀容區々無定令人不知所適從此吾并子真澄之所以譔神職寶鑑也吾并子予與之師夫也出於和氣公之裔從伊豫来平安卜居公廟側仕京都府

職掌社寺事務精通神典祭祀乃撰此書可謂適其任矣書既成神殿營造以至裝飾調度祭器樂器神饌祝禱祭服儀容徽號繁富解說詳密間插圖色彩鮮明以爲觀其眞於是乎

曩日一區々終定者始得歸守一

世々從事祭祀者即知所適從矣

米井子徵予序乃書此以旌其功

明治己亥立春後一日

大阪　山本憲

京都　山田古香畫

凡例

一社殿其他建築の形は此書に舉るもの丶外猶種々あれども多くは兩部《リヤウブ》習合《シフカフ》の建方に屬《ゾク》し今後建築の模範《ボハム》となすべからざれば悉くは載せず

一建築の部に唯制限圖《セイゲンヅ》とあるは內務省にて定められし官國幣社建築の制限なり

一祭器調度具の類は神社によりて其形を異にし或は甲の神社にありて乙の神社になきもあり悉く載せ難ければ今は普通各社に用ゐ來れるものに就き其大概《タイガイ》を載す

一祓の字は音拂《フツ》なれども拔字に通はしてバツと讀み又ハラへをハラヒとも稱し又職の字は音織《シヨク》なるを職員など云ふ時はシキと讀む類皆古來有職家《イウシヨクカ》の讀方と知るべし

一祝詞例文は悉く完美《クヮンビ》なる者とは認《ミト》めざれども妄《ミダ》りに添刪《テンサン》を加へ

ず是其大意を示すに止るを以てなり

一儀式作法は堂上《タウシヤウ》の家により又は流儀によりて異なる者ありて一定し難ければ今普通行はるゝ式に據《ヨ》り其異なる者は〔又〕〔或〕として之を載す此等は何れによるも妨《サマタゲ》なしと雖同ド祭典執行中甲は右に從ひ乙は左に據るが如き事なき、様豫《アラカジ》め一定すべし

一本書に引用する所の書籍尠《スクナ》からずと雖今其繁《ハム》を省《ハブ》くが為一々其書名を記せず

一作法の部は種目多くして一々目錄《モクロク》に載せ難ければ欄《ラム》外に之を標《ヘウ》記《キ》して其見出《ミイダ》しに便す

一此書開版を急《イソ》ぎ草稿《サウカウ》の成るや直に淨書《ジヤウシヨ》して剞劂《キケツ》に附し十分校訂《カウテイ》の遑《イト》なかりしと編者の不文とにより字句の穩當《ヲムタウ》ならざる所又は魯魚《ロギヨ》の誤假字《カナ》違《チガ》ひ等なきを保し難し見む人之を諒《リヤウ》せよ

緒言

夫神職は國家の禮典を代表し祭典は國家彝倫の標準なれば最齊肅恭敬を首とすべきは言を俟ざる所なり式部寮曩に神社祭式の頒布ありと雖此只祭式の順序を記するに止り之を執行する神職の進退作法に至りては各社其趣を異にし各人其法を同じくせず是を以て一市内若くば一郡内の神職相集りて大祭を執行するに方り其所為區々に渉りて一定せず儀容或は嚴肅を闕く憾なきこと能はず從來祭典作法等の事を記載せる其書なきにあらずと雖各詳

略を異にし未だ完全なるものあるを聞かず京都府下の神職大に之を恨とし余に之が編纂の事を囑せらる因て八阪神社宮司從六位秋山光條平安神宮禰宜從八位水埜磐樟下御靈神社社司出雲路興通眞幡寸神社社掌鳥羽重晴の諸氏に謀り各部類を分ちて之を調査し集めて一書を編し名づけて神職寶鑑と云ふ凡神殿建築の事より裝飾調度の法及び諸祭典の式起居進退の儀に至るまで神社神職に關するものは大抵網羅せざるなし我國祭典の事を知むと欲する者此書を翻閱せば一目にして瞭然たるを得む

且其祭式を練習するに今後此書に依らば其動作一定して儀容亦整ひ以て國家の禮典を代表し以て國家彝倫の標準たるに背かざるべきか抑此書編纂に當り出雲路興通君の盡力最多に居る而して建築の圖は安田時秀君の畫く所其他の圖画は渡邉虛舟君の筆に成る何れも其勞を愛まず此擧を贊助せられしは編者の深く喜ぶ所なり今之を剞劂に附するに際し爰に其顚末を記し以て贊助諸君の勞を謝すと云ふ

明治三十二年一月

半井真澄誌す

永耳實錄一系

神職寳鑑上編目錄

神體

建築

装飾及調度具

祭器及樂器

神職寳鑑下編目録

祭典

公式

臨時祭式

神饌

祝詞

祭服

装束着法

作法

附錄

目録終

神體《シムタイ》

半井真澄編輯

神體《シムタイ》一に神寶《カムダカラ》とも稱《シヨウ》し神靈《シムレイ》の憑依《ヒヨウイ》《ヨル》する所の物を云ふ古來鏡《カヾミ》劔《ツルギ》玉《タマ》の類《ルヰ》を其《ソノ》重《シルシ》となす者多し其忠臣孝子又は國家に偉《井》功《コウ》ありし者を神とし之を祀《マツ》るには其者の生前親《シタシ》く用ゐし物品の内冠《カムリ》又は笏《シヤク》其他弓《ユミ》矢《ヤ》筆《フデ》硯《スヾリ》若《モシ》くは衣《イ》類《ルヰ》などを神體となすもあり又は其木像《モクサウ》影像《エイサウ》等もあり然れ共木像を以て神體となす者は佛法《ブツハフ》渡來《トライ》後《ゴ》佛像《ブツザウ》に倣《ナラ》ひ設《マウ》けし者なるべし凡佛像は開扉《カイヒ》開帳《カイチヤウ》をなし親く衆庶《シユウシヨ》に拝《ヲガマ》しめ之が信仰《シムカウ》を益《マ》さしむと雖神社の神體は如何なる事あるも決して人に視《シメ》すべき者に非るなり大神《オホミワノ》神社の如きは別に神體の設《マウケ》なく山を以て神體と為すと聞く又神體を設けず神籬《ヒモロギ》を立て之を祀《マツ》るもあり又只其座を設けて神寶《カムダカラ》を設けざるもあり其宜《ヨロシキ》に従ふべし普通《フツウ》は鏡を以て神體となすもの最多し伯家部《ハクケブ》

類《ルヰ》に八神殿《ハチジムデム》御神體《ゴシムタイ》二《ニ》重筥《チウバコ》五色糸《ゴシキノイト》榊葉《サカキバ》八枚内筥《ウチハコ》外《ソト》大和錦《ヤマトニシキ》包《ツヽミ》平緒《ヒラヲ》にて十文字に結ぶ内に水晶《スイシヤウ》御玉御鏡御劍云々とあり橘家《キツケ》神體《シムタイ》勧請《クワムシヤウ》傳《テム》に諸式有り皆璽筥《ミタマバコ》に納め之を封するなり維新後《ヰシムゴ》朝廷《テウテイ》より奉鎮《ホウチム》し給ふ神體は多くは鏡にして大略左の如しと云ふ

鏡《カヾミ》　紅紐《アカノヒモ》総付《フサツキ》

袋《フクロ》　表《オモテ》金襴《キムラム》裏《ウラ》白平絹《シロノヘイケム》紅紐

筥《ハコ》　楊筥《ヤナイバ》

入帷《イレカタビラ》　白平絹《シロノ》（此は神璽《シムシ》を被覆《ヒフク》する物なり）

辛櫃《カラヒツ》　檜《ヒノキノ》白木《シラキ》造《ツクリ》金具《カナグ》鍍金《メツキ》海老《エビ》錠鍵《ヂヤウカギ》紅紐総付

覆《オホヒ》　表大和錦《ヤマトニシキ》裏白平絹

神鏡及附随物《フズヰブツ》之圖

霊代神鏡

大和錦神鏡袋

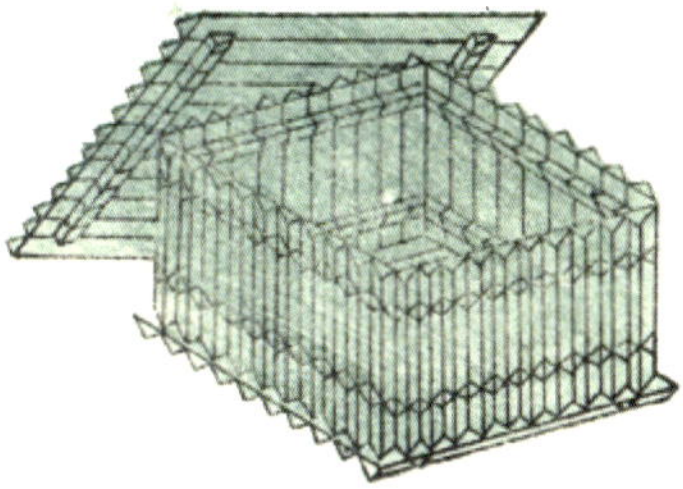

霊代納楊筥

辛櫃

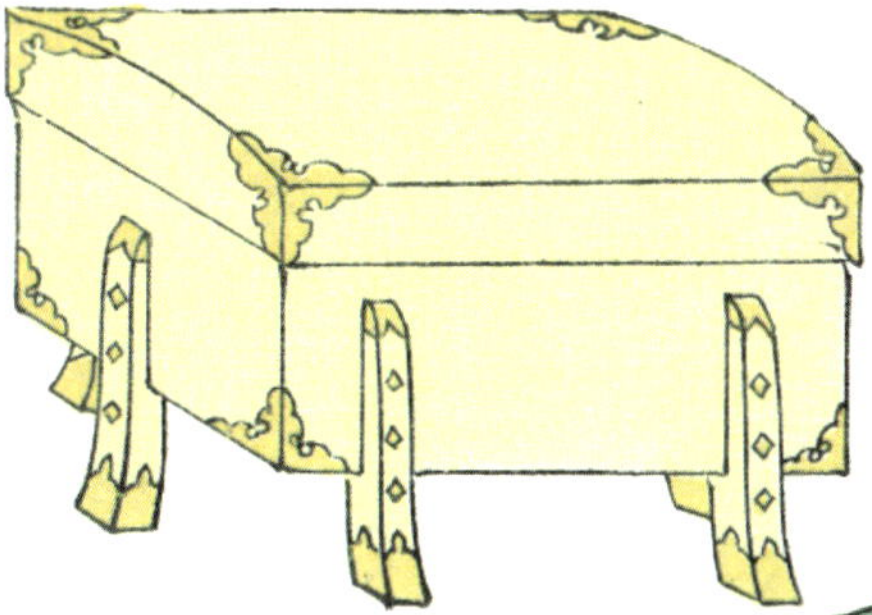

小葵大和錦辛櫃覆

建築

凡神社の建築方法は種々ありと雖成るべくは檜《ヒノキ》木材を用ゐ質素《シツソ》にして清浄ならむ事を要す或は欅《ケヤキ》又樟《クスノキ》等の材を用ゐ或は極彩色《ゴクサイシキ》を施し又は種々の彫刻《テウコク》をなすなどは元佛堂に倣《ナラ》ひしものなるべし神社には宜からず今官國幣社《クワムコクヘイシヤ》制限圖《セイゲムノヅ》及其他若干の圖を掲《カ》げて以て參考とす然れ共地形の如何により制限に従ふ能はざるもあり又彼を略し此を益す等の事もあるべし荒垣《アラガキ》外と雖防火の為風致の為成るべく餘地を存し樹木を培養《バイヤウ》すべし中古神佛混淆《コムコウ》して社僧の奉祀せし神社は往々佛堂に類する物あり此等は再建等の節純然たる神社の建築に改むべきなり

官國幣社制限総圖

大社地坪千七百二拾八坪　中社同千三百貳坪　小社同九百九拾四坪

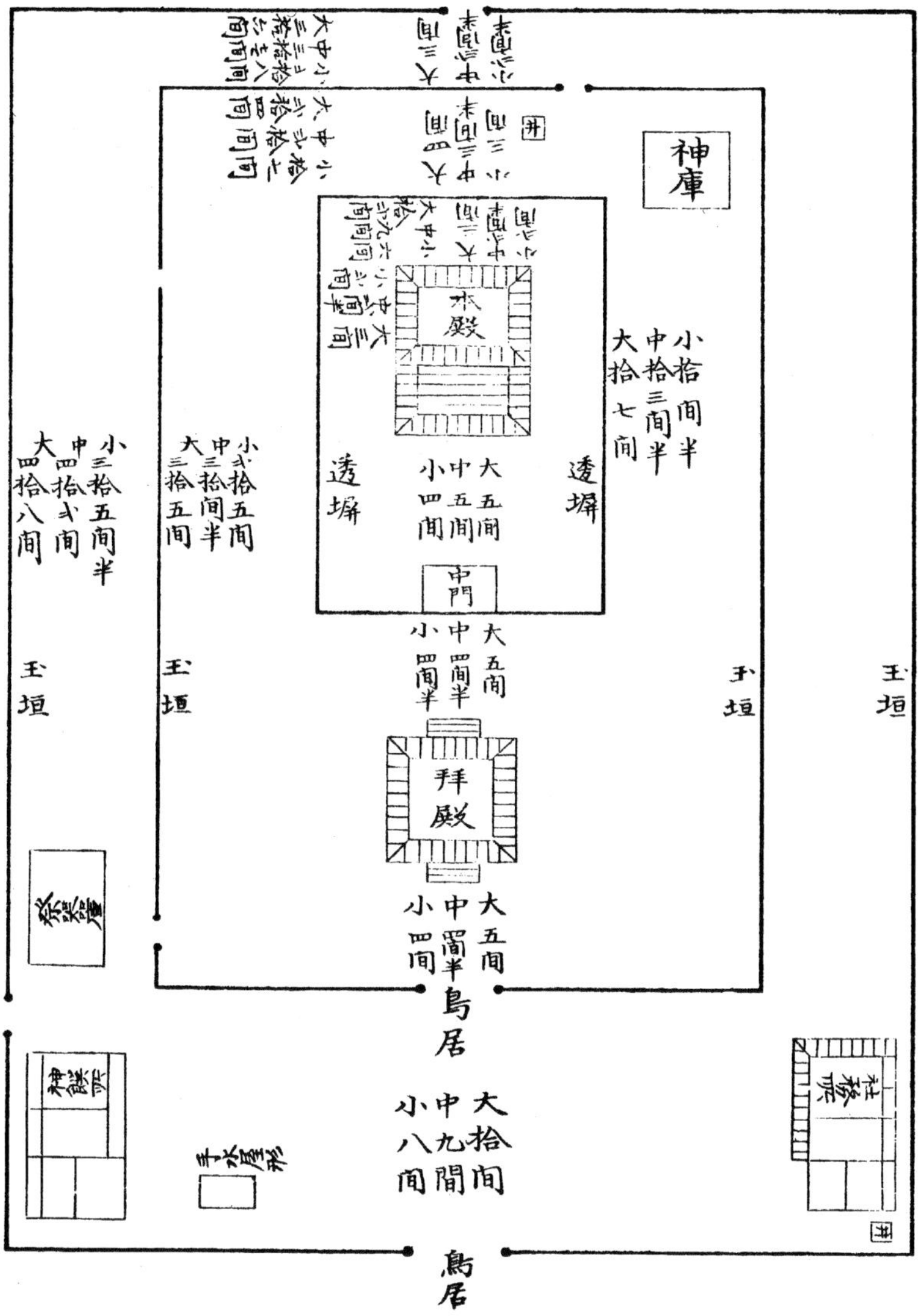

祭神二座神殿総圖

此は賀茂《カモ》御祖《ミオヤ》神社の建築圖なり祭神一柱にして如此同神殿を二個建設し一は空殿として大修繕等の節假遷座の權殿となし置く者あり賀茂《カモ》別雷《ワケイカヅチ》神社の如きも是なり又神殿建設の位置を二箇処に定め一方に神殿を建築し一方は位置のミを存し置再建等の節は其一方に建築して之を迁し建築の都度左右本殿の位置を替るもあり伊勢神宮の如き是なり

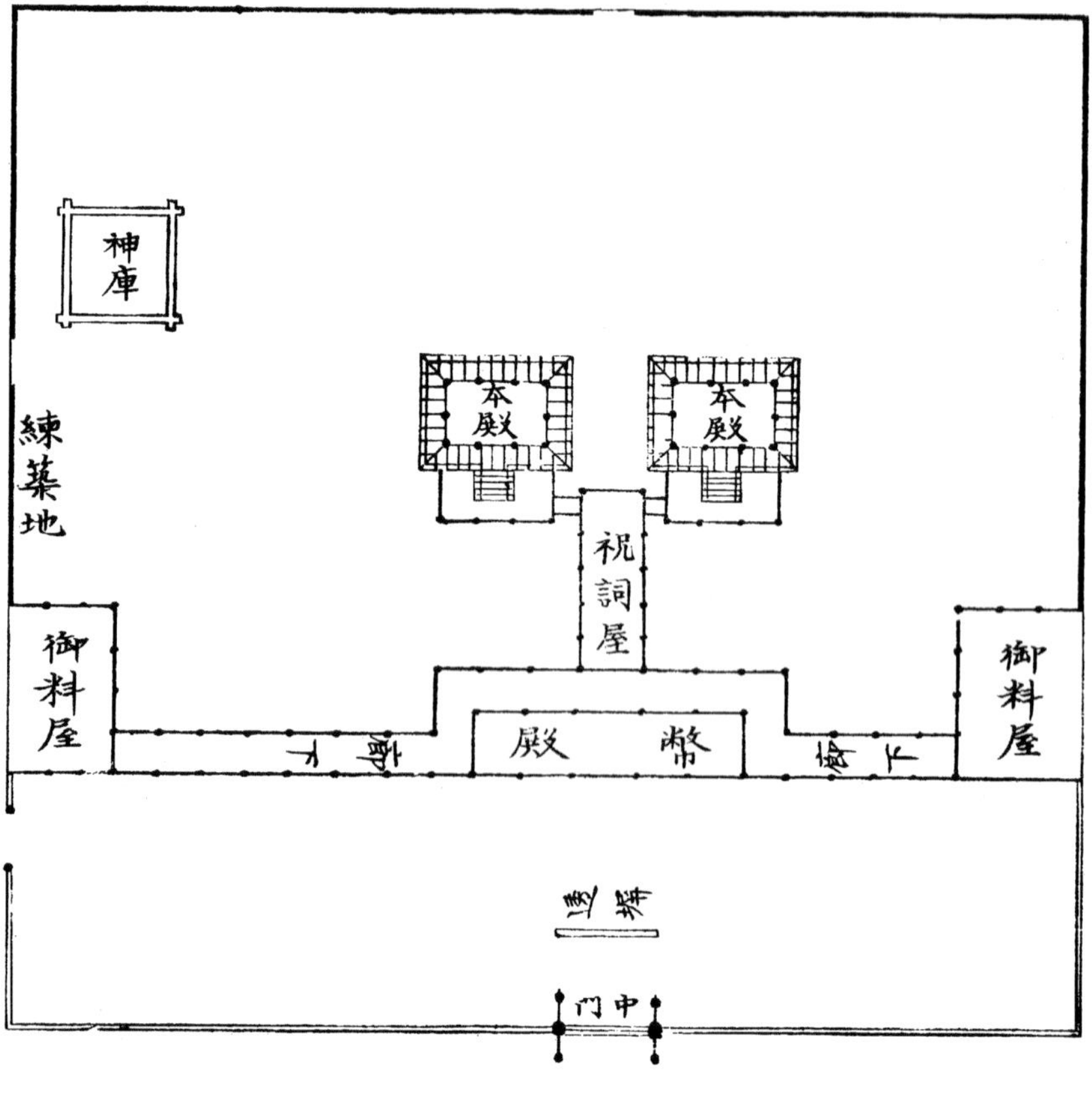

同神殿又圖

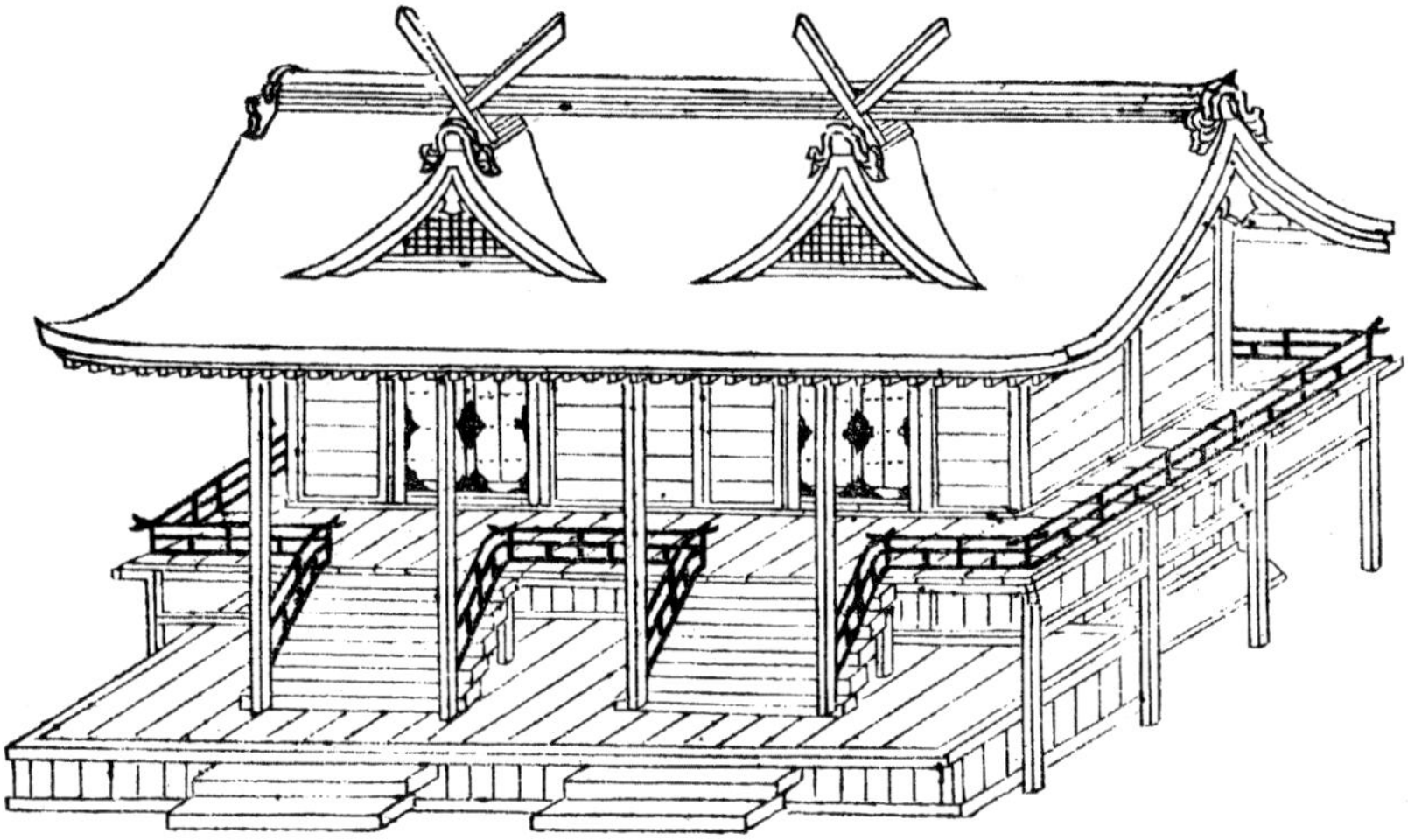

春日《カスガ》造《ツクリ》神殿図

大社本殿制限地図

内陣《ナイヂム》 中陣《チユウヂム》 外陣《グヂム》

凢て内陣は殿上の母屋《モヤ》神座の間《マ》を云中陣は内陣の次の間外陣は又其次の間を云ふ大抵神饌幣物を献奠《ケムテム》する所とす但中小社には中陣なし椽を大床と云即簀子《スノコ》敷《ジキ》にして階下の板敷を濱《ハマ》床《ユカ》と稱す

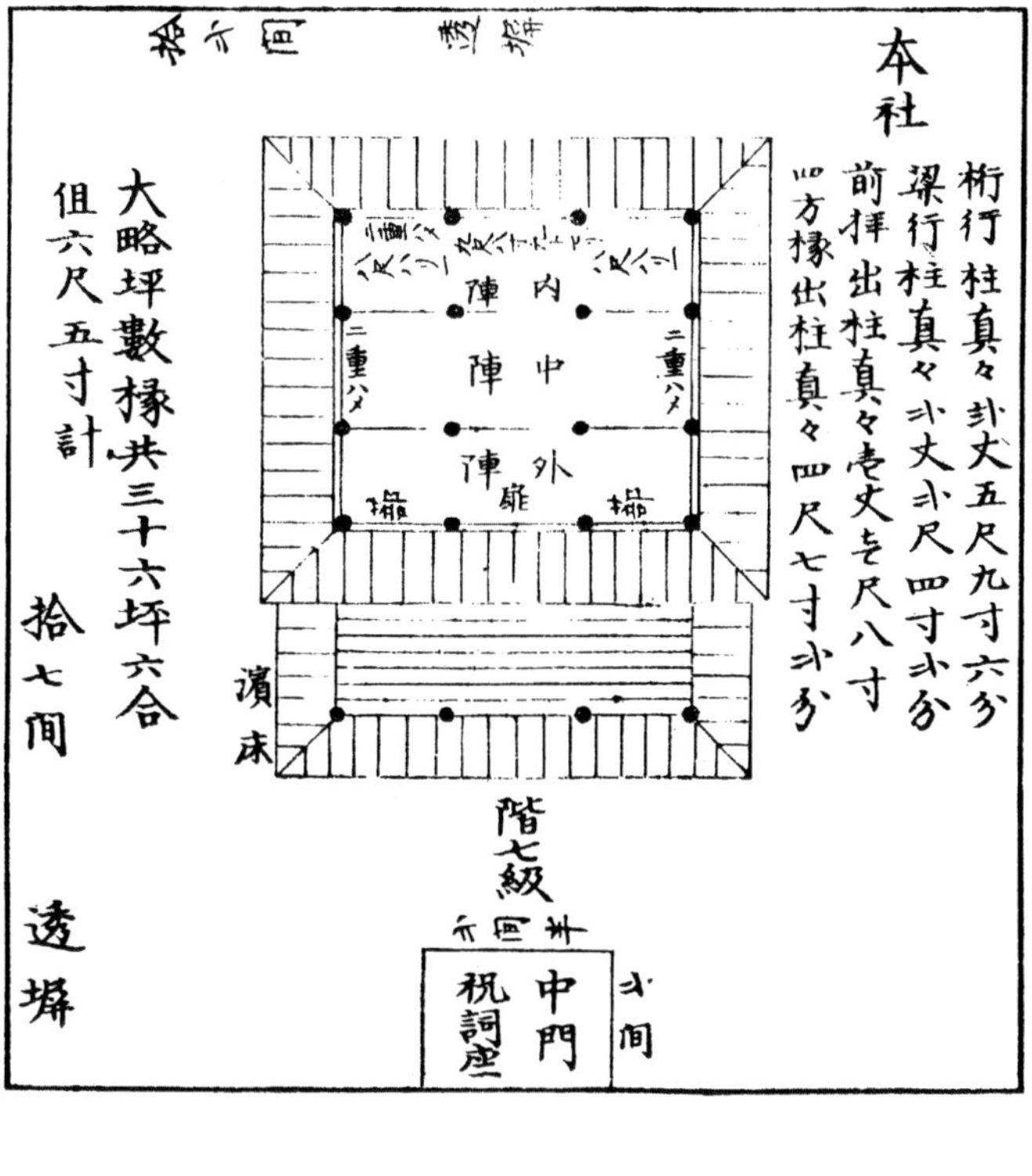

大社本殿建地割正面圖

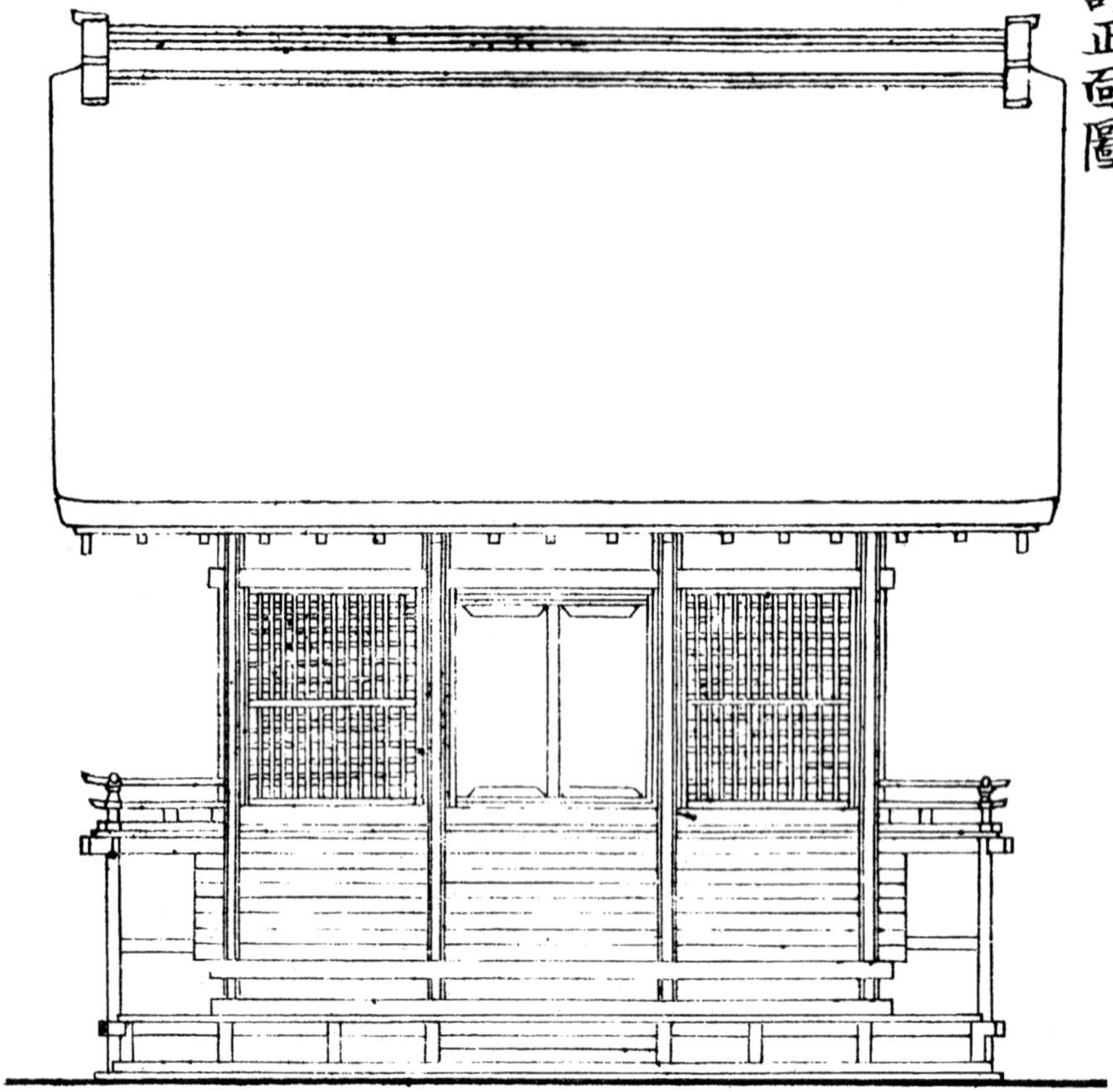

同側面圖

中社本殿制限地圖

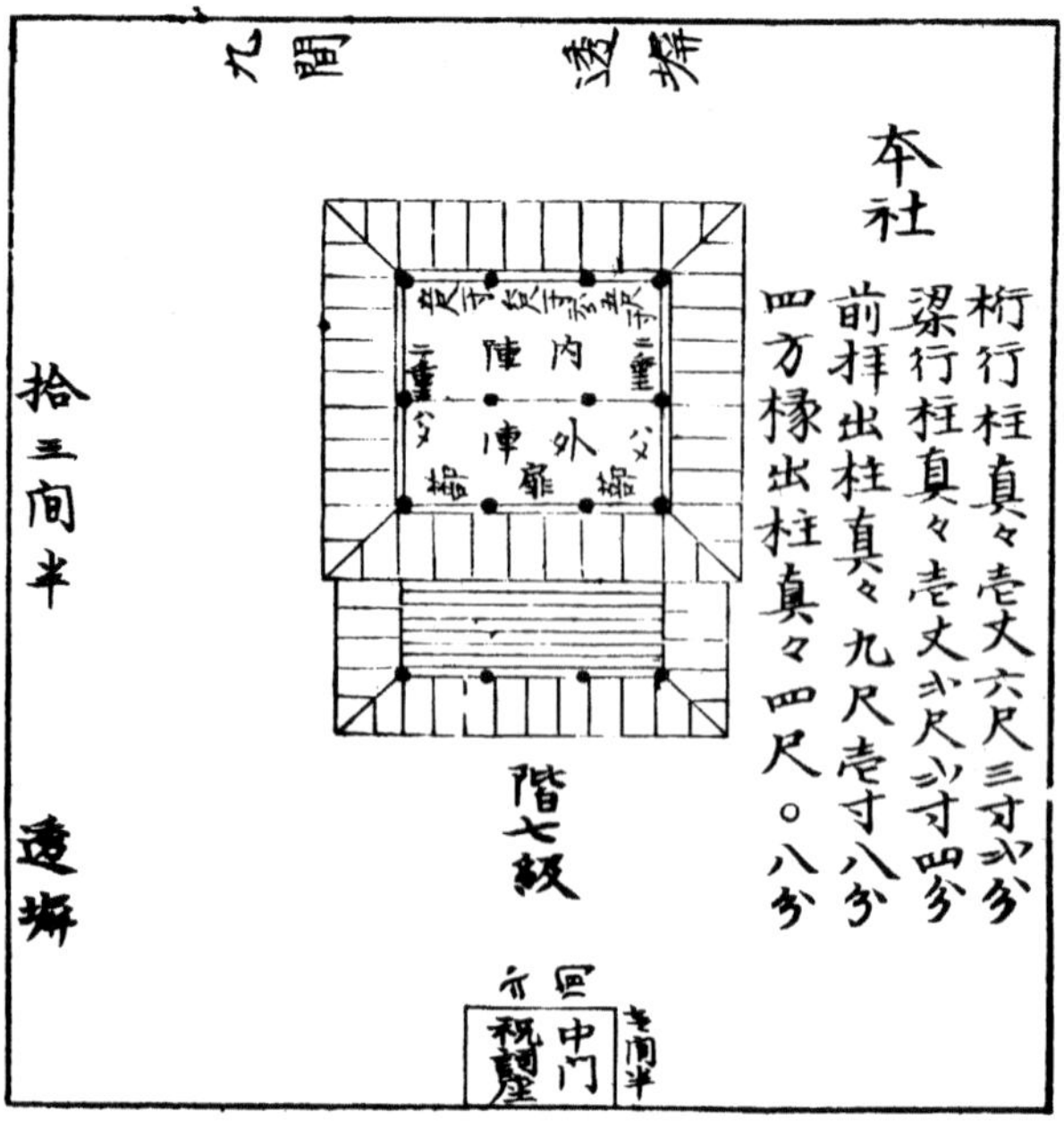

小社本殿制限地圖　建地割中社ニ準ず

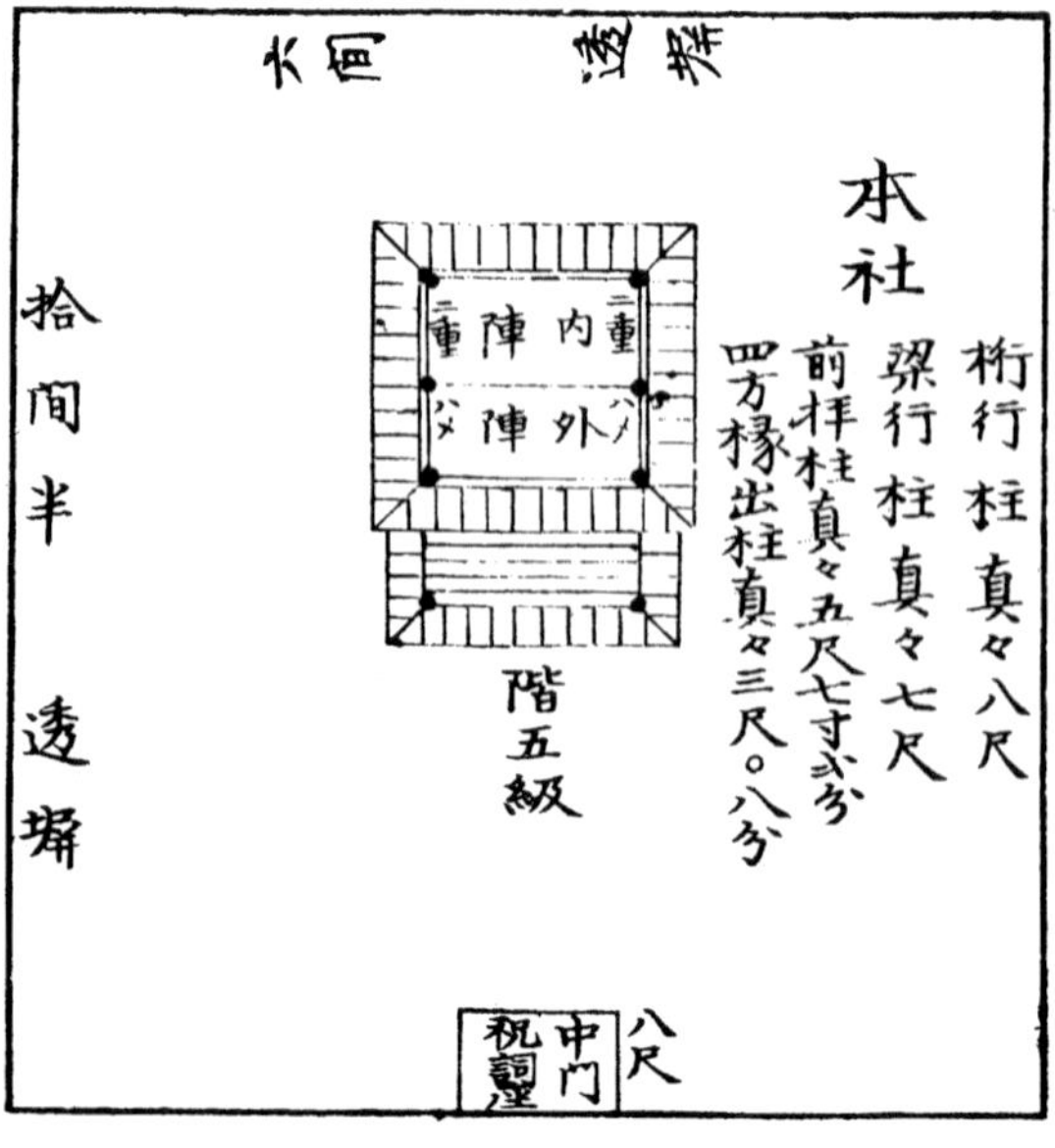

中社本殿建地割正面圖 小社准之

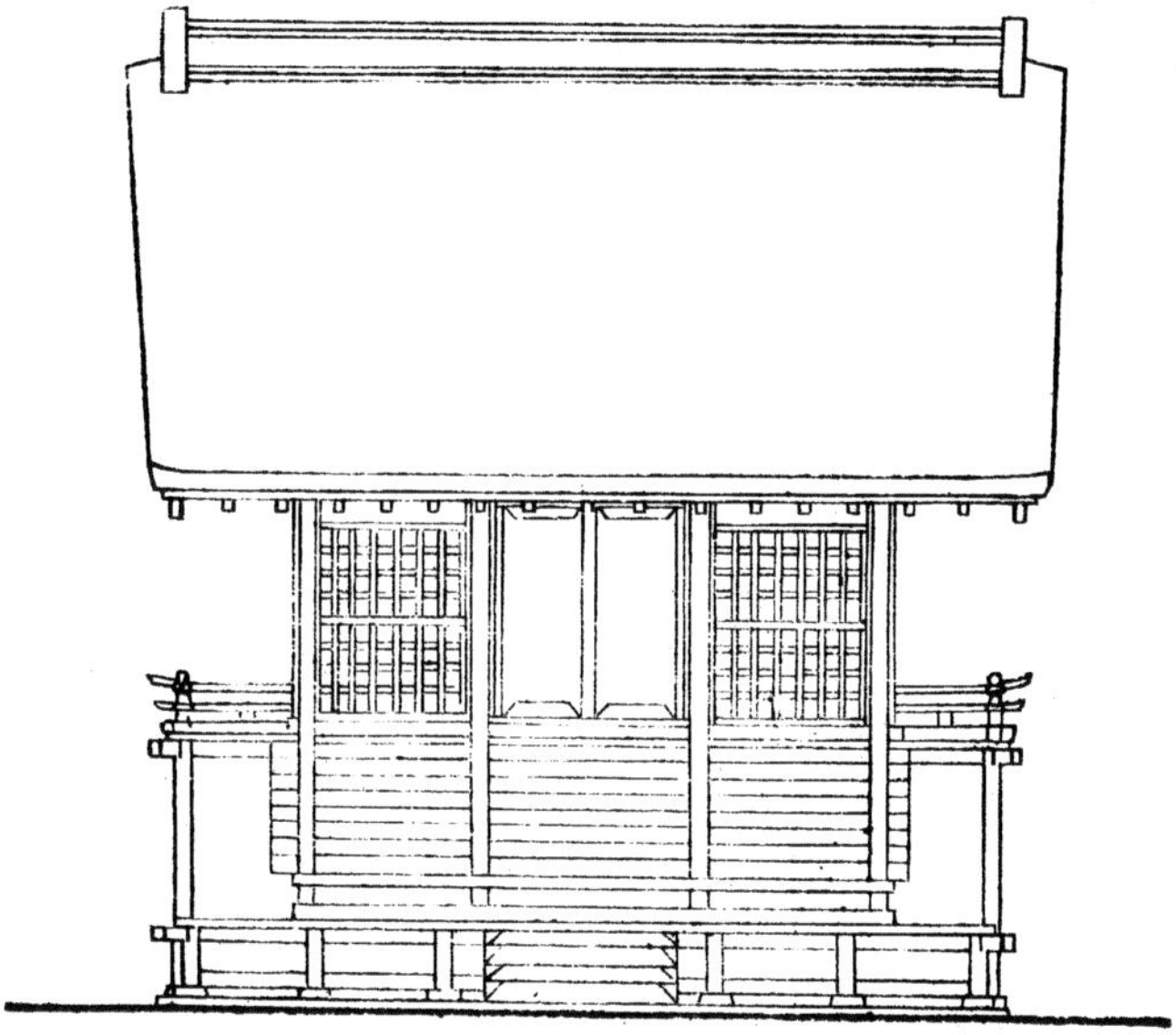

同側面圖

神宮造神殿圖

石間《イシノマ》造神殿圖 八棟《ヤツムネ》造とも云ふ

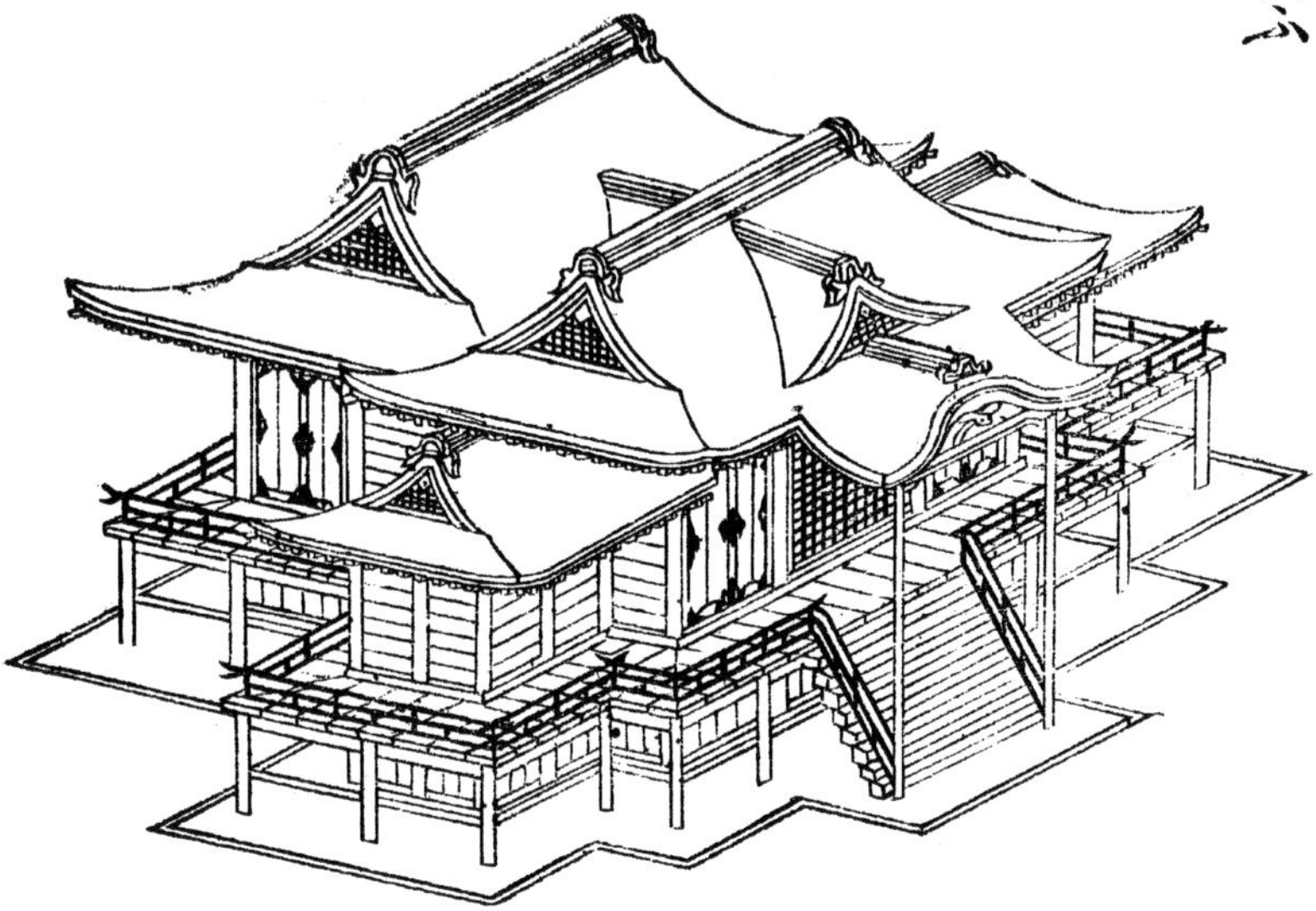

坣社造神殿圖

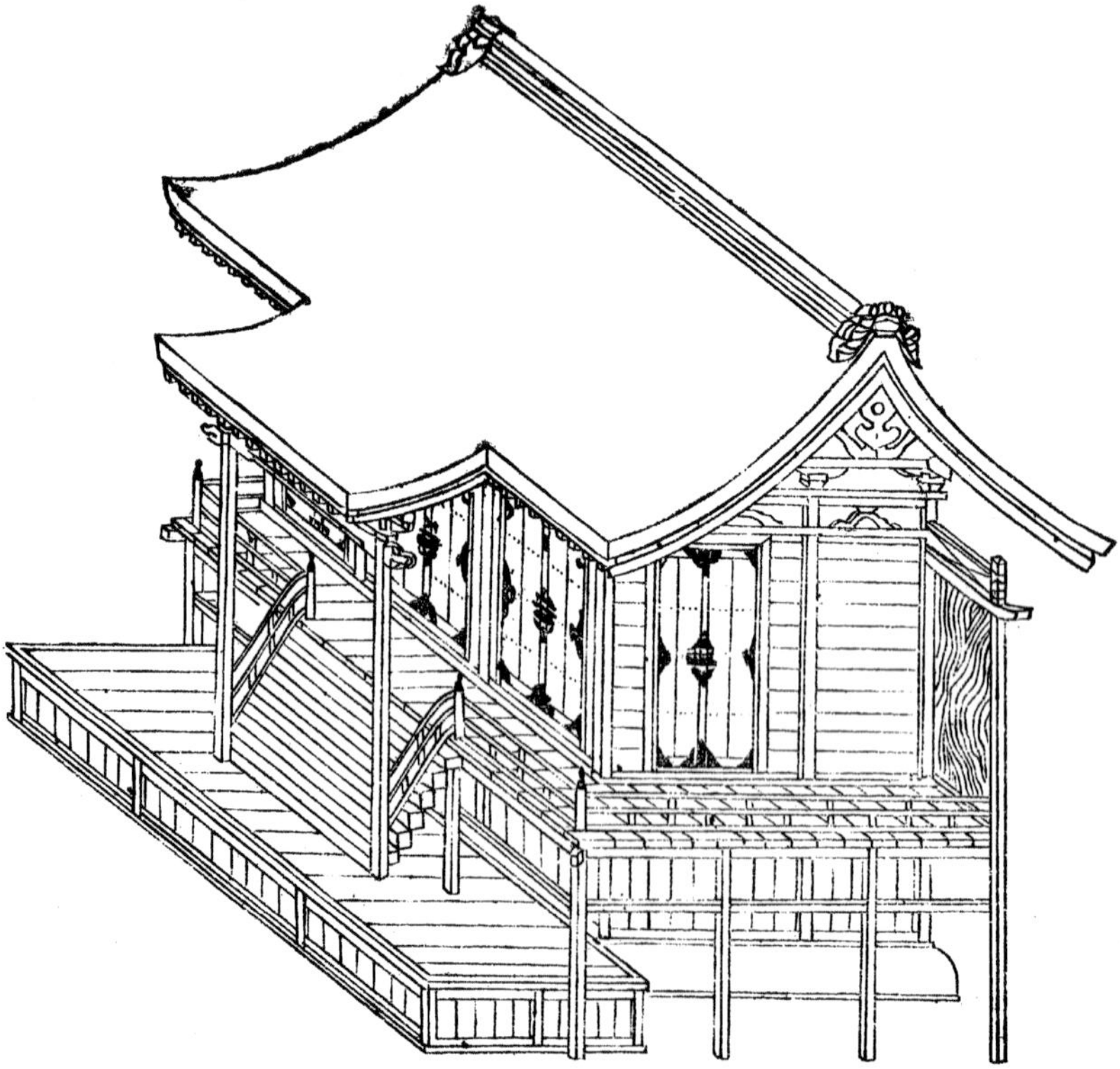

攝社制限圖

摂社本殿 大社

梁行一丈四分
桁行六尺五寸
掾幅二尺一寸
掾共坪数三坪六合

中社

梁行八尺八寸
桁行五尺五寸
掾幅一尺八寸
掾共坪数二坪六合七勺

小社

梁行七尺二寸
桁行四尺五寸
掾幅一尺四寸五分
掾共坪数一坪一合七勺

同大社敷圖

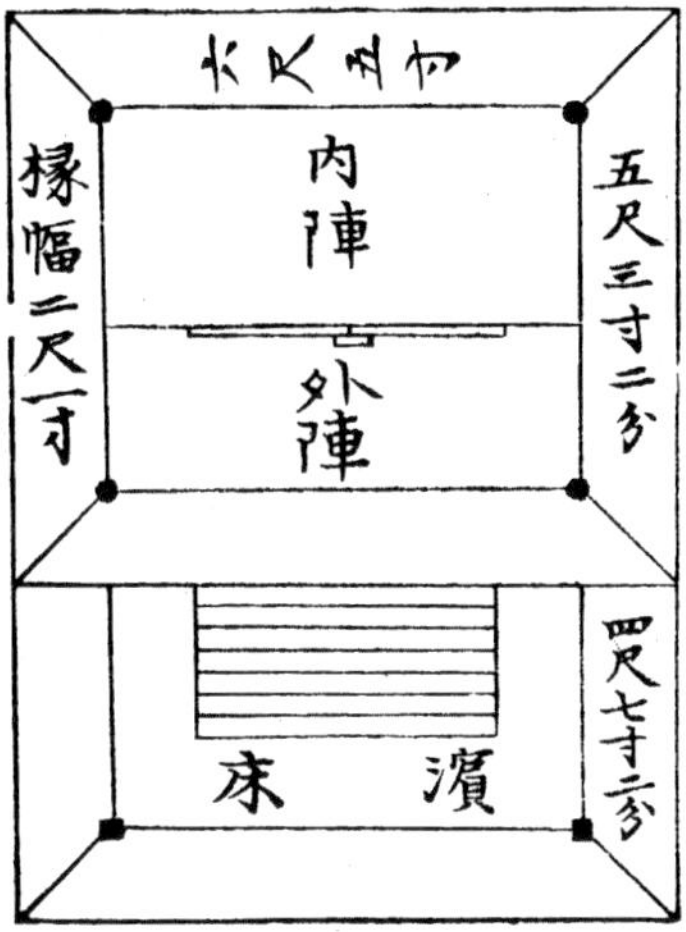

末社制限圖

大社

梁行四尺六寸五分

桁行三尺

中社

梁行三尺九寸

桁行弐尺五寸

小社

梁行三尺五寸

桁行弐尺

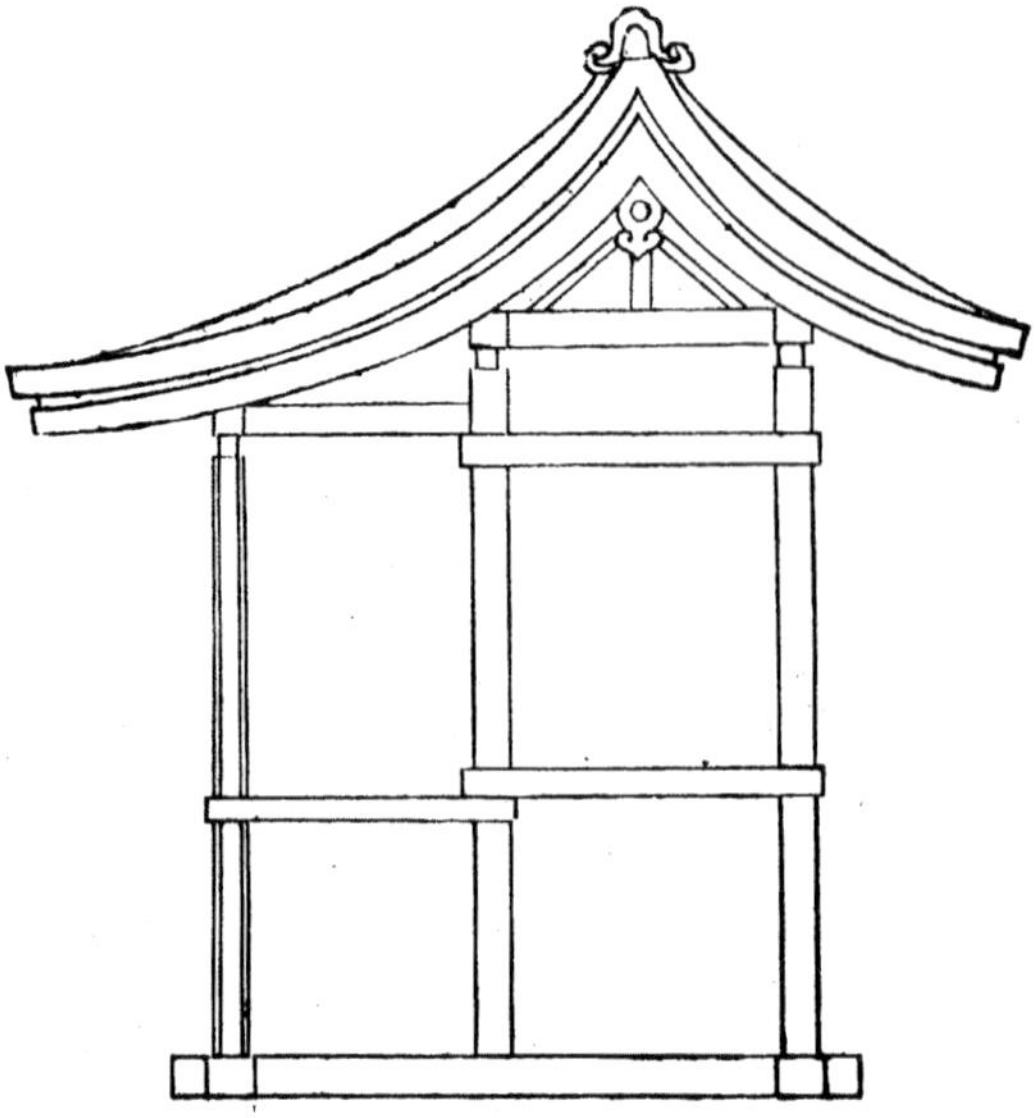

同敷図

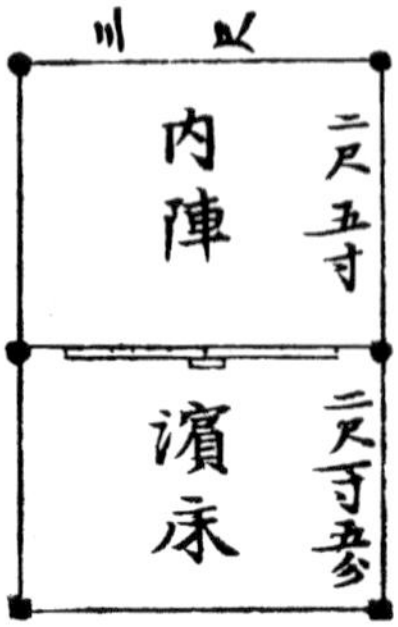

末社又圖

同

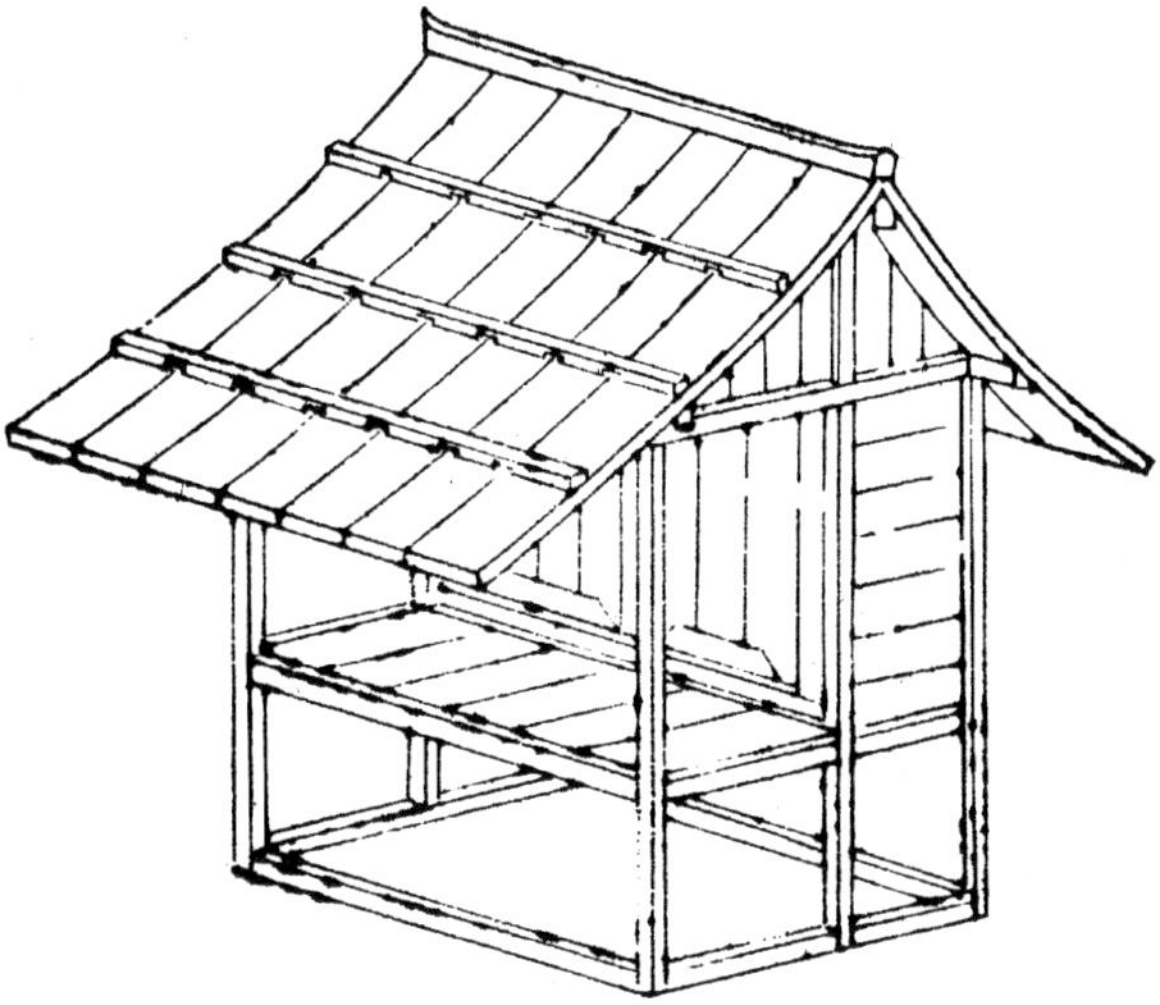

大社拝殿制限數圖　舞殿《マヒトノ》とも云ふ

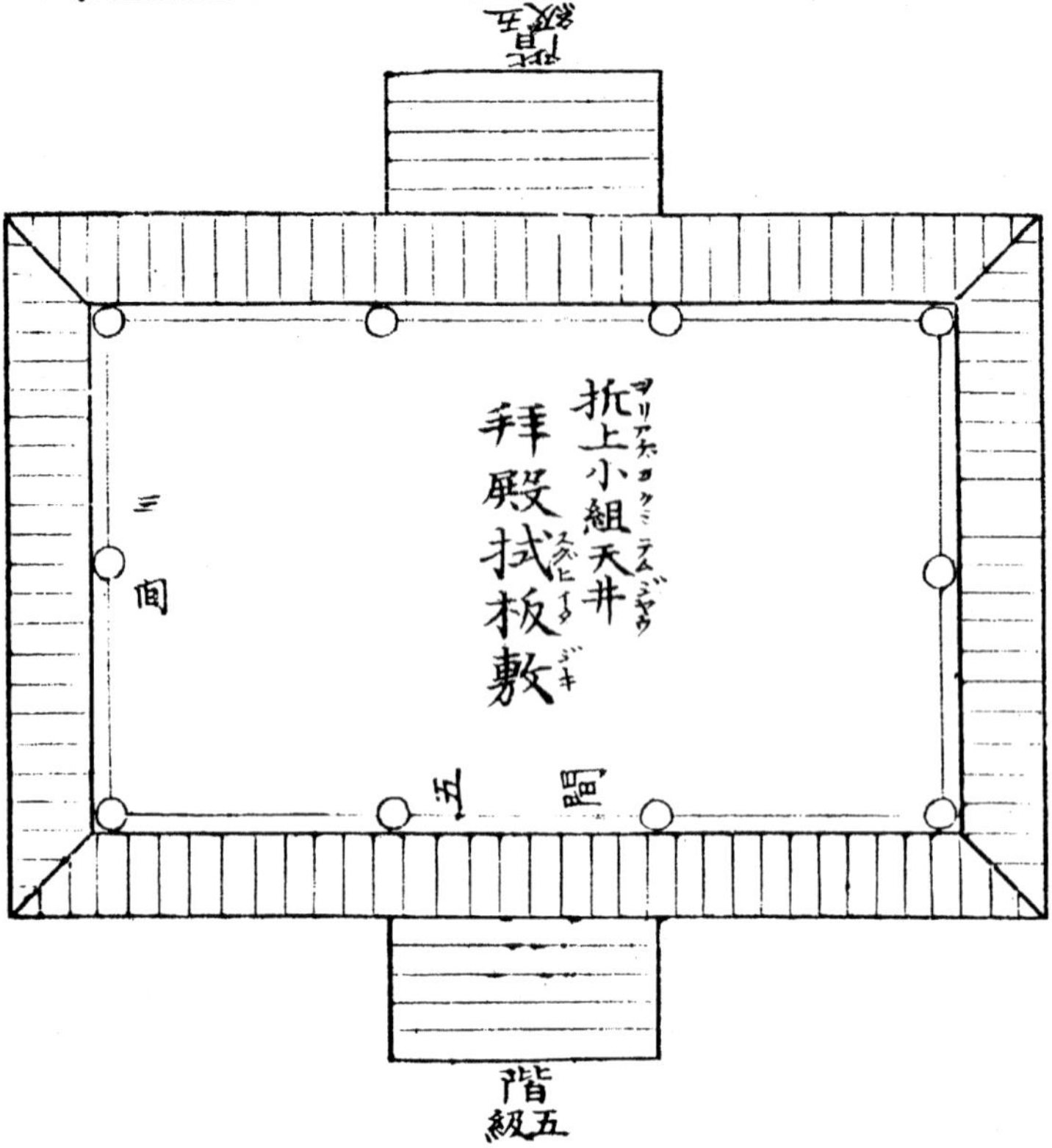

中社拝殿制限數圖

小社拝殿制限數圖

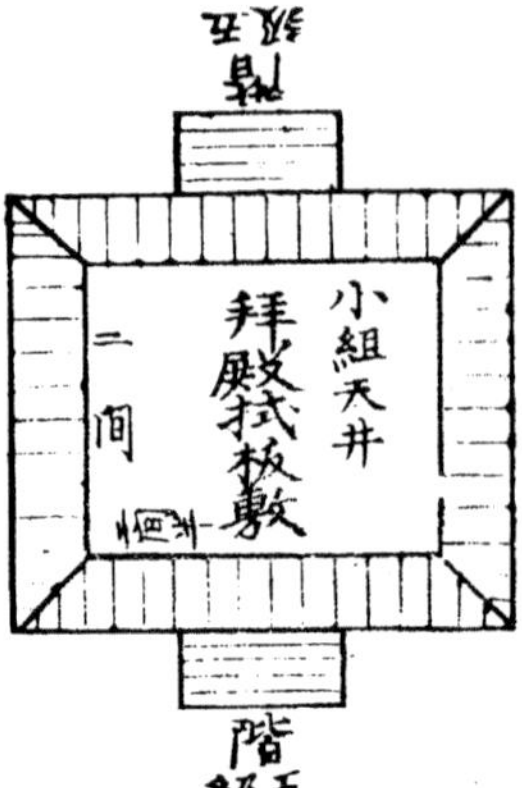

大社拜殿

建地割正面圖

同　側面圖

中社拜殿建地割正面圖

同　側面圖

攝社拜殿制限圖

大社一丈三尺四方
中小社九尺寸五分四方

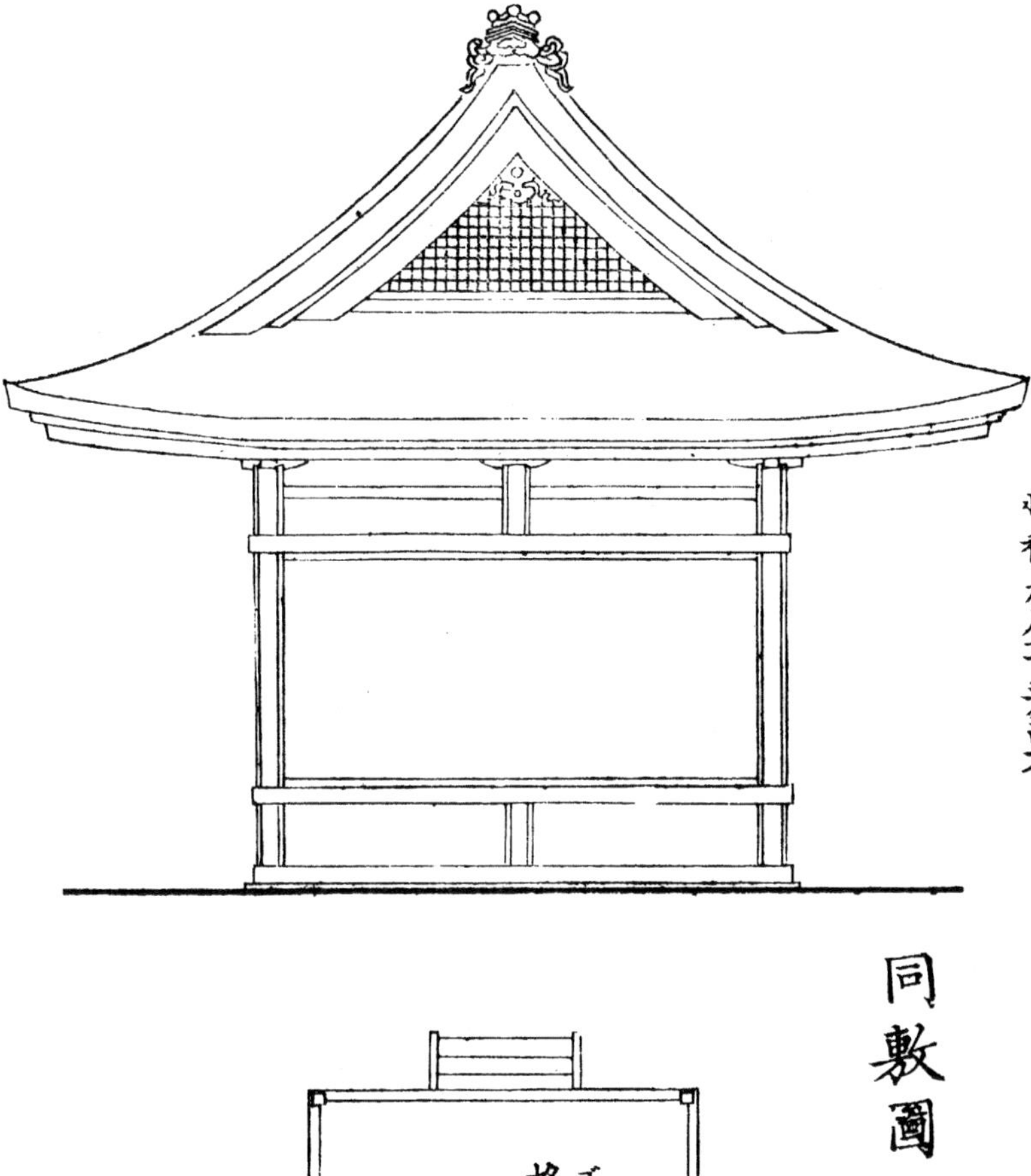

同敷圖

拜所圖

俗に土間拜殿といふ

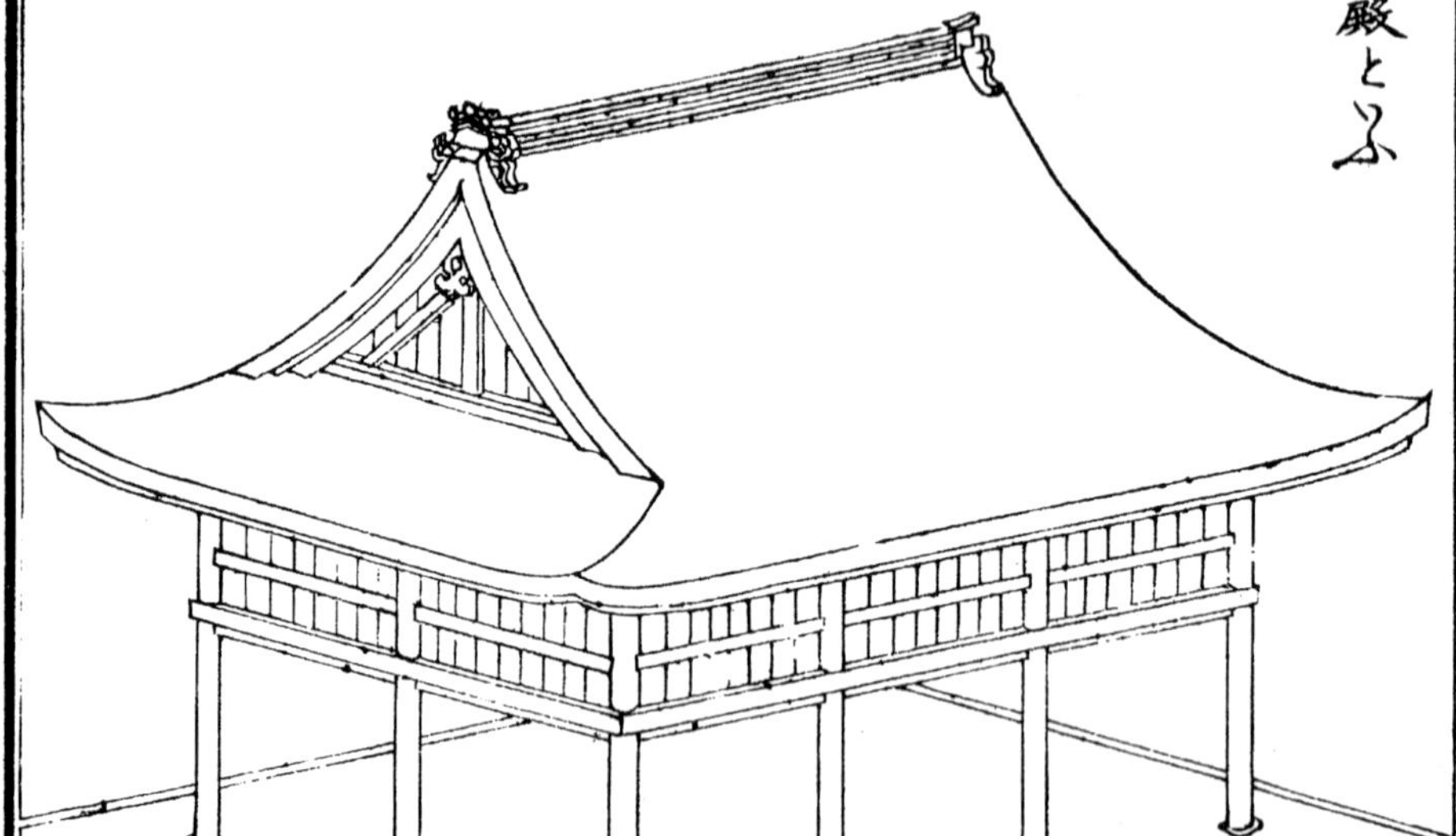

中門幣殿正面圖

同敷圖

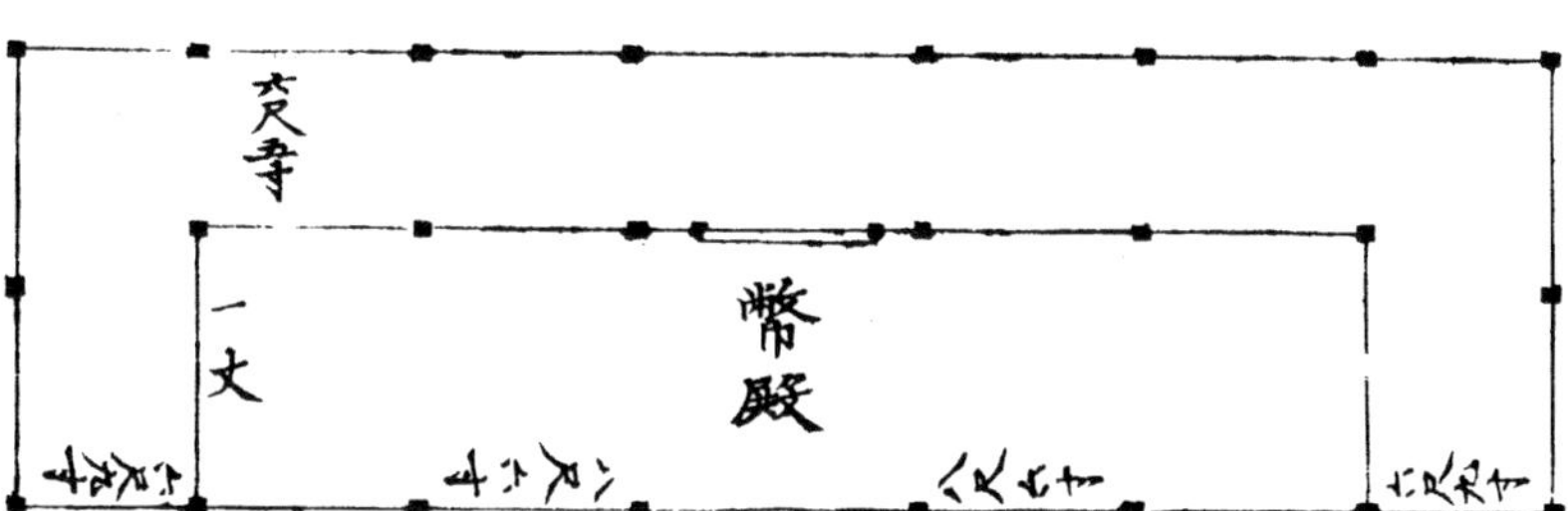

官國幣社透塀中門祝詞屋圖

同數圖

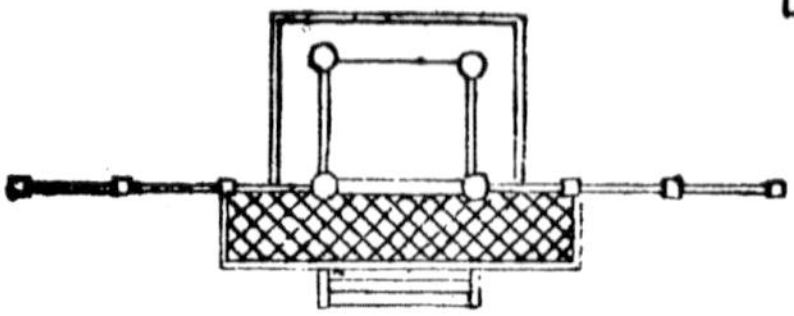

唐門正面圖

又破《ハ》風《フ》を側面にし四脚ならざるを平《ヒラ》唐《ガラ》門《モム》と云ふ

同側面圖

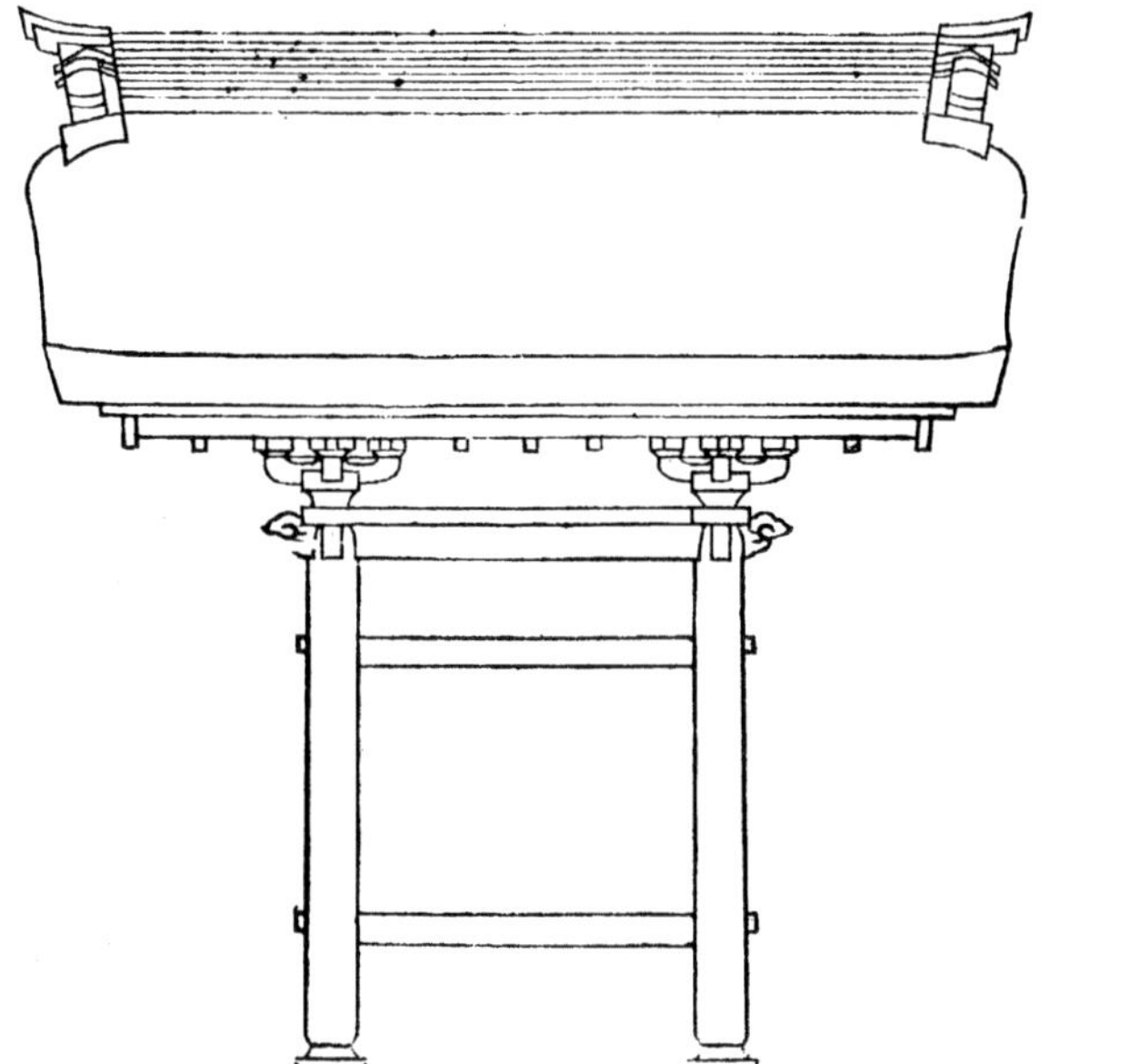

中門正面圖

同側面圖

申戌質疑上扁

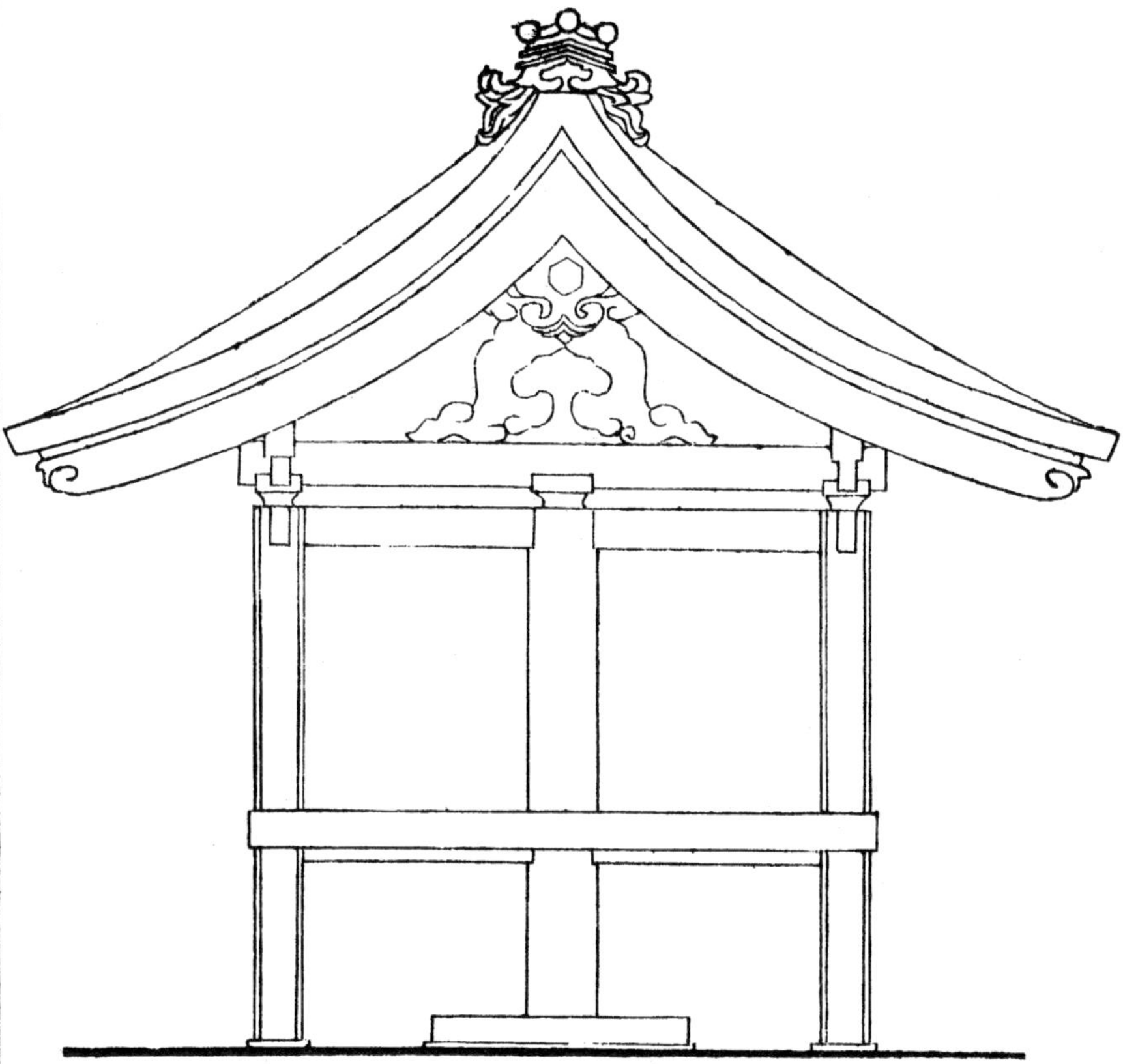

神馬舎圖

樓門正面圖

同側面圖

樓門數圖

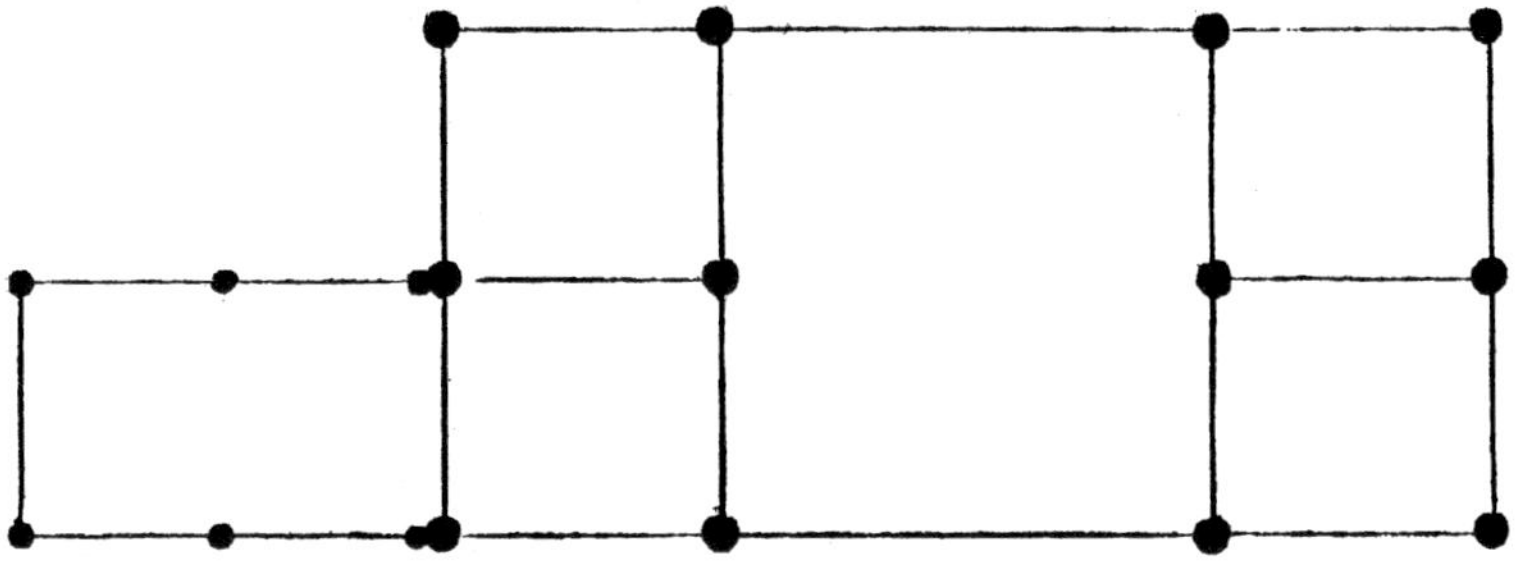

廻廊側面圖

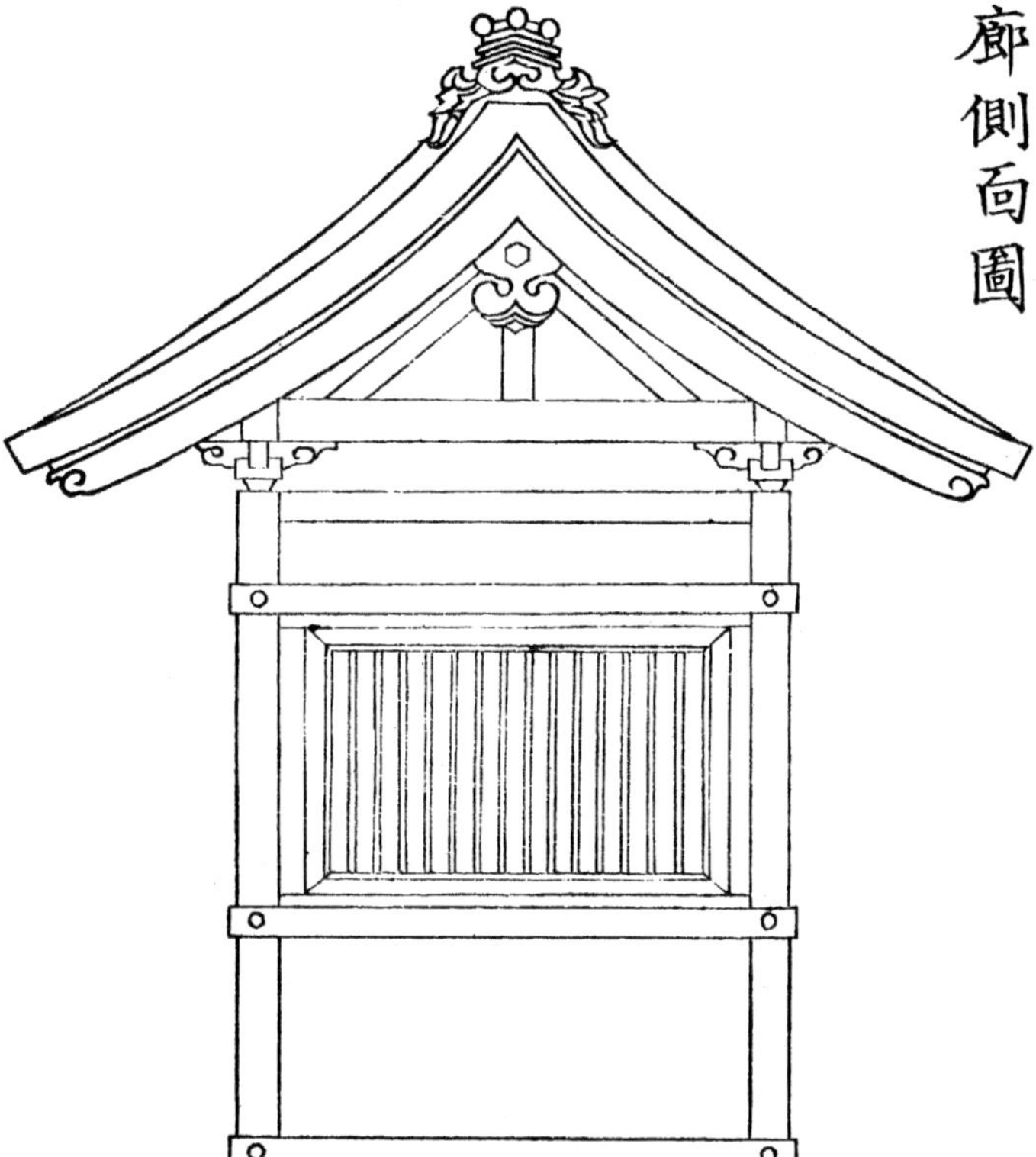

廻廊腋門正面圖

正面透塀圖

俗に目隠《メカクシ》とふ

側面

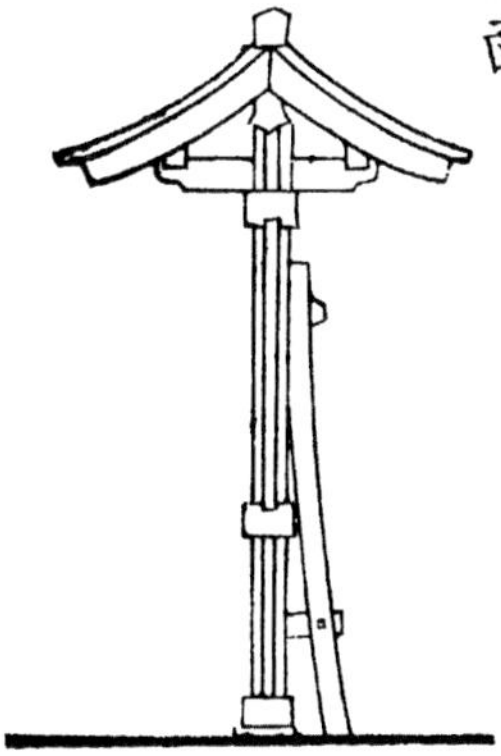

正面

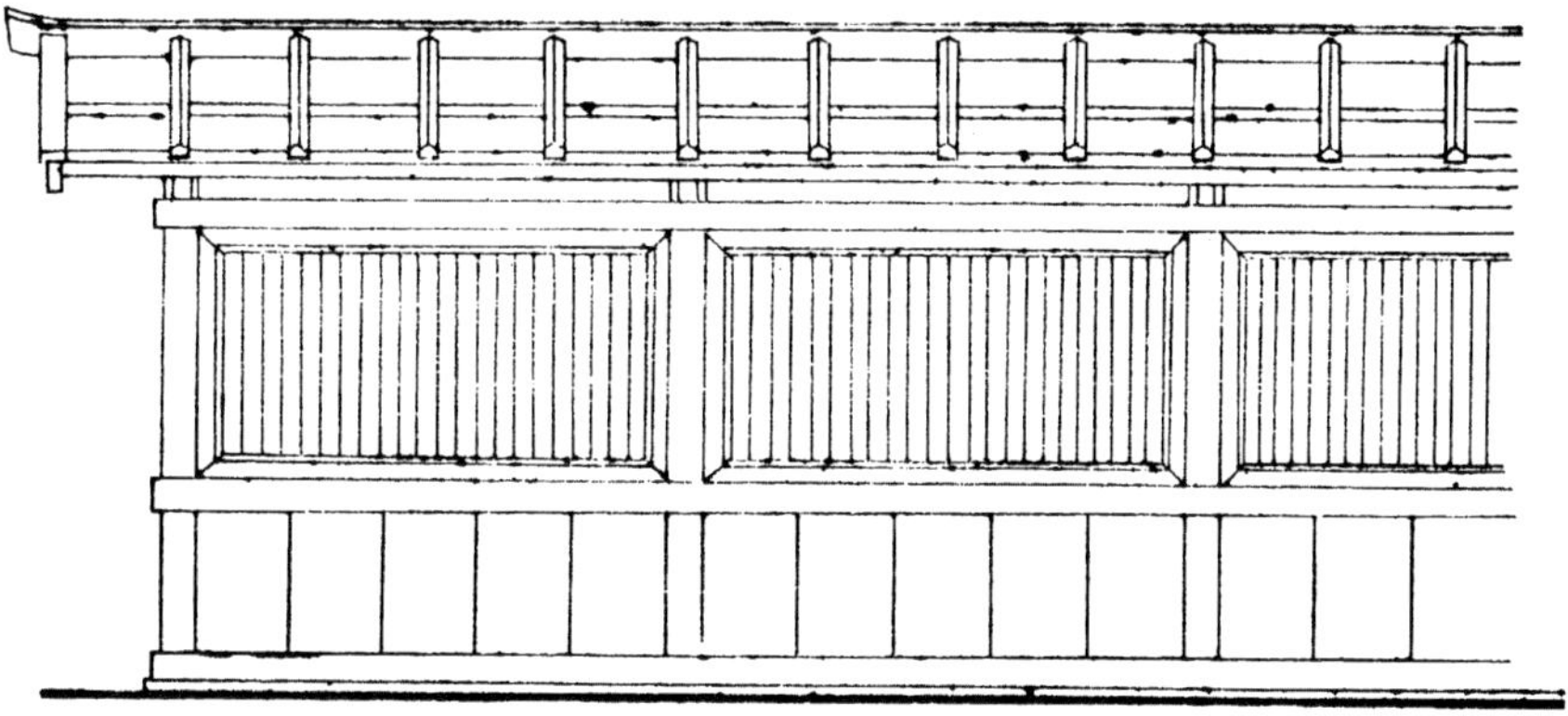

玉垣鳥居圖

社殿を繞《めぐ》らすものを
瑞籬又玉垣といふ

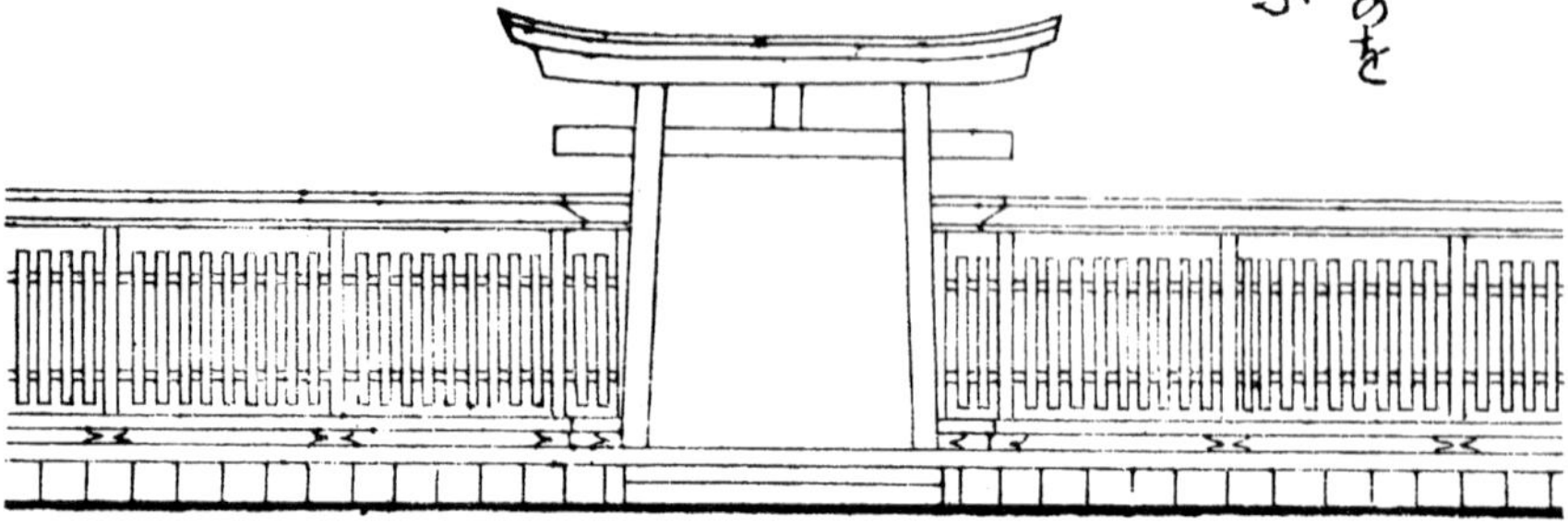

同敷圖

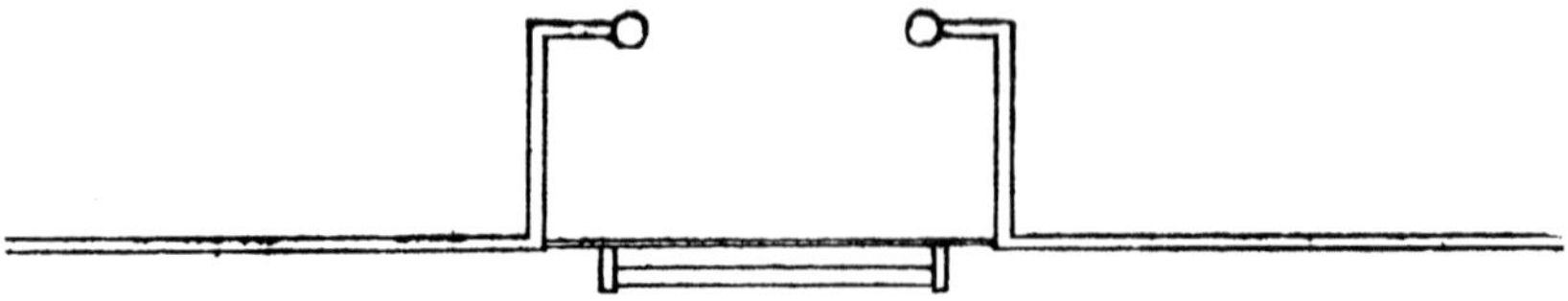

荒垣及鳥居圖

白木或は朱塗

外《ソト》構《カマヘ》の疎《あら》きものを荒垣と云ふ密なるは凡て玉垣と称すべし

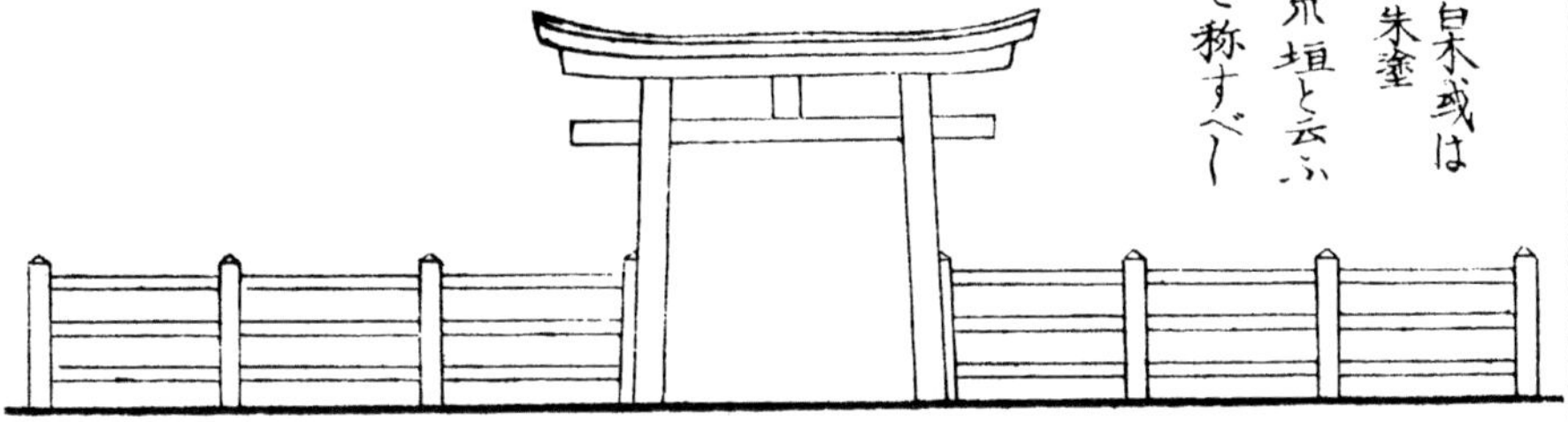

玉垣荒垣又圖

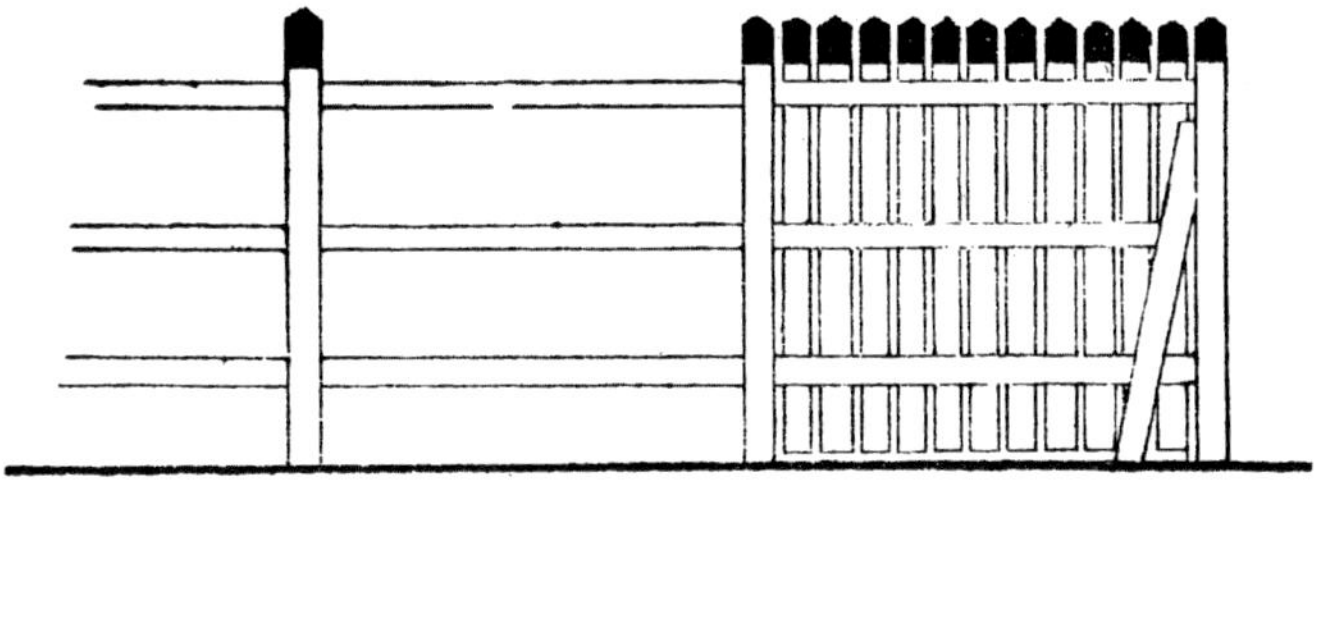

鳥居図

俗に島木《シマキ》鳥居と云ふ
白木或は朱塗

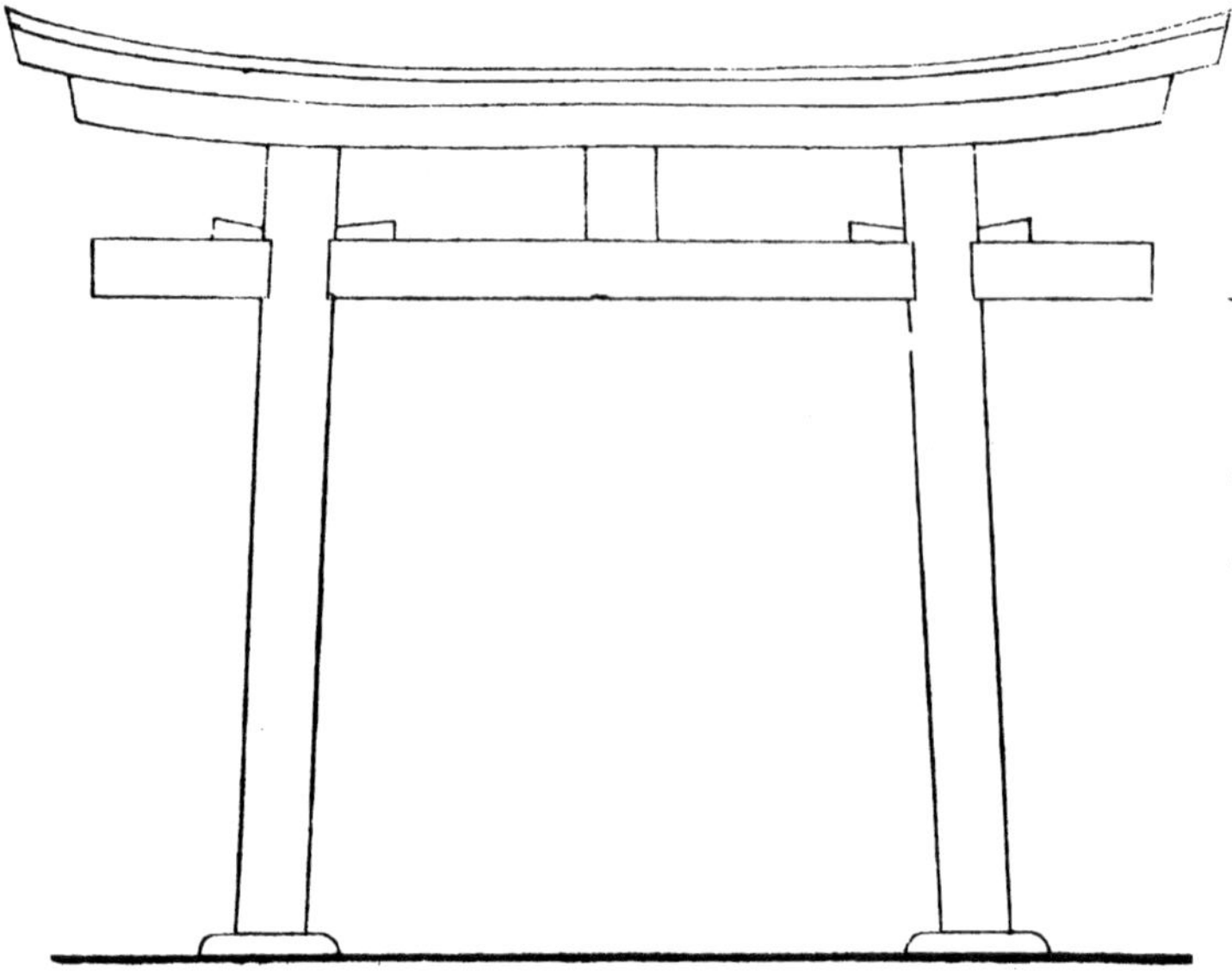

三輪形鳥居

神宮鳥居

伊勢神宮に立る所の者なり同神宮にては鳥居と稱せず神門と云ふ

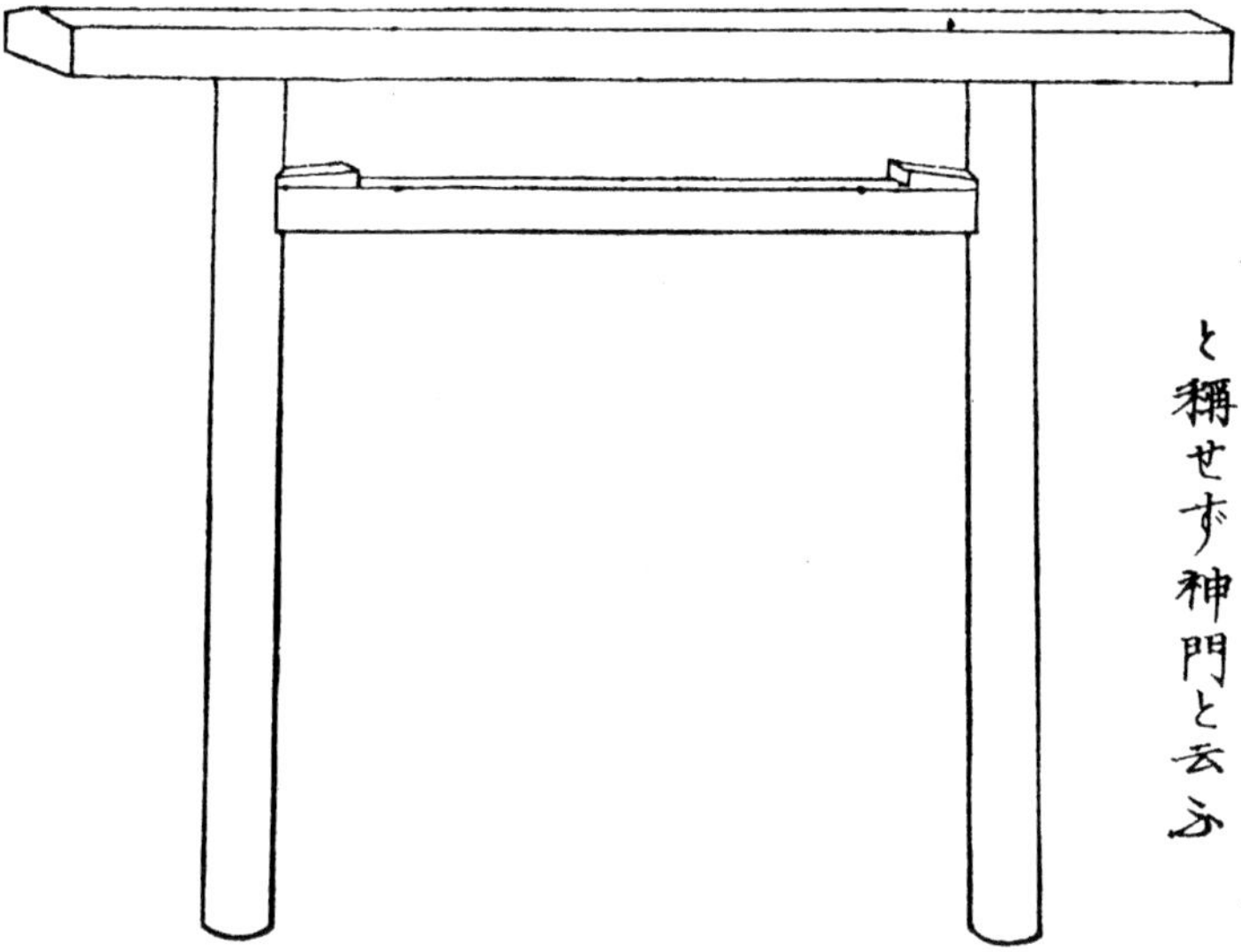

又圖

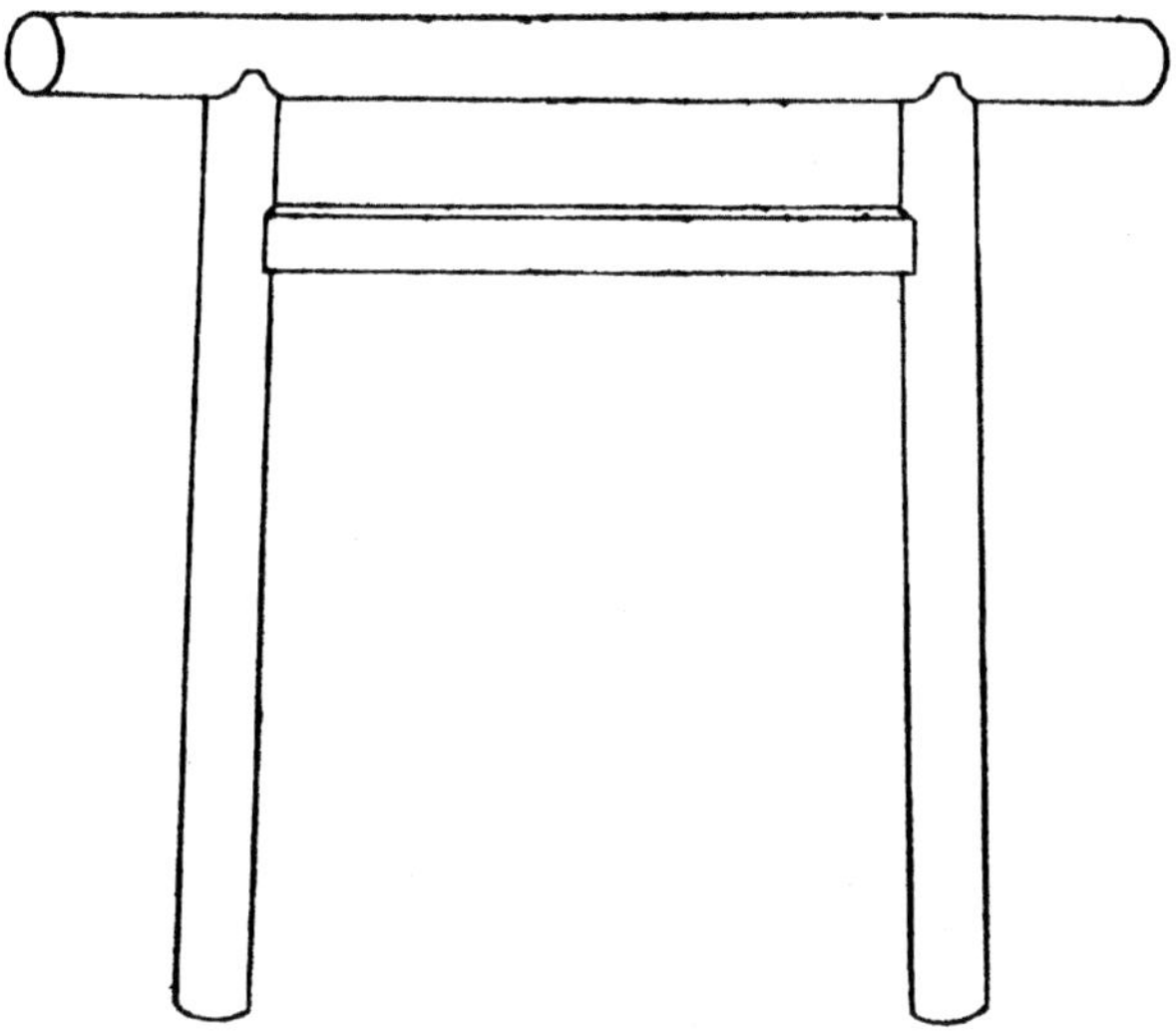

黒木鳥居

篗《タ》指《ガシ》鳥居

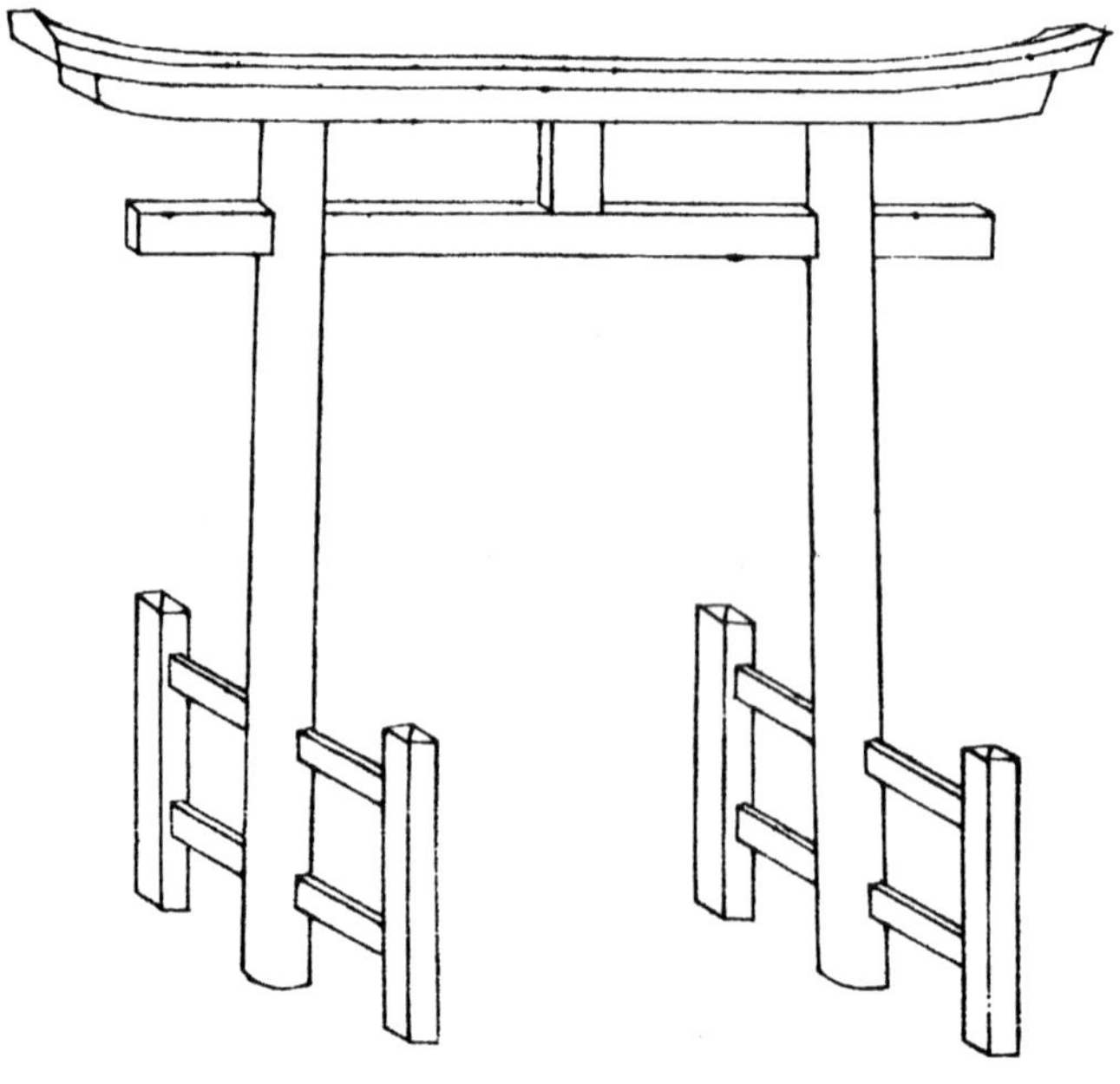

神饌所制限正面圖

大社　六間　三間半
中社　五間半　三間
小社　五間　三間

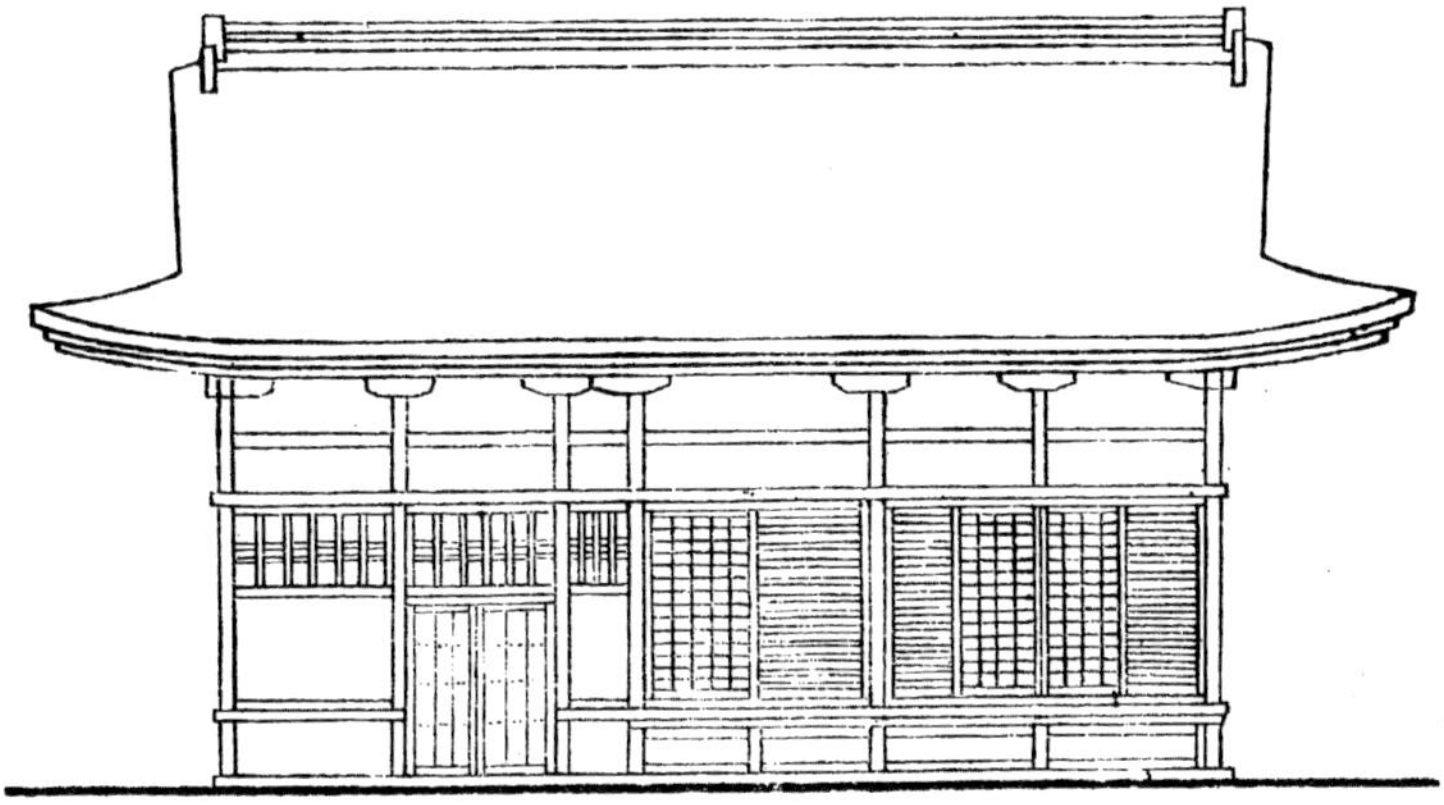

同側面圖

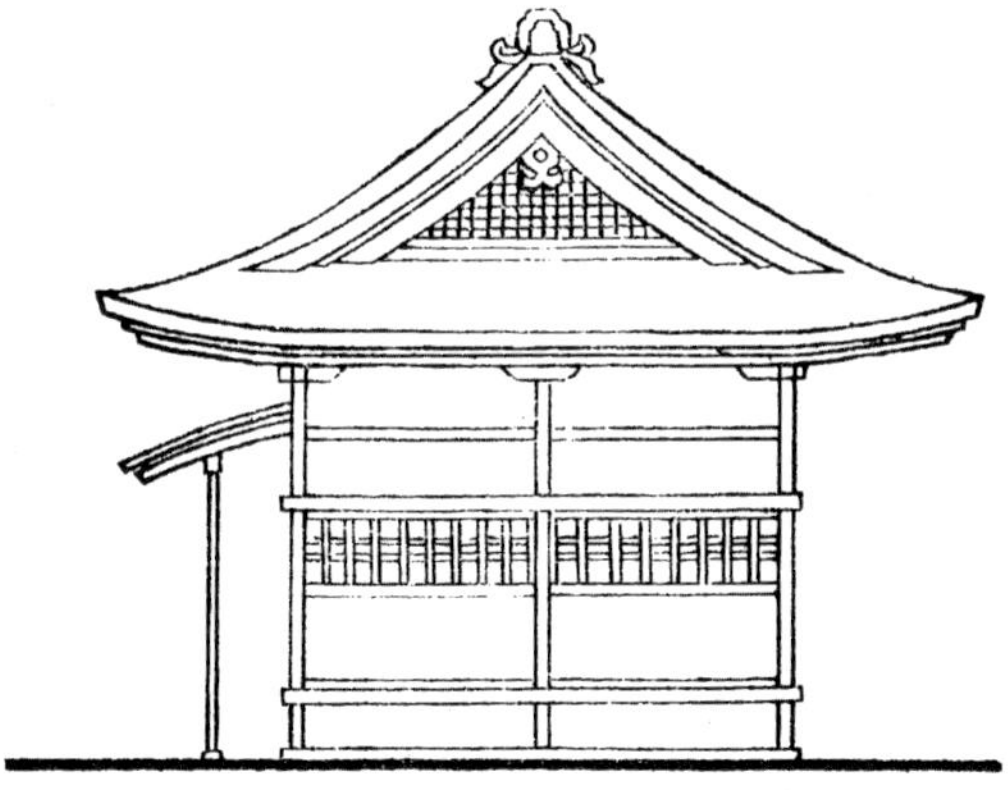

同敷圖

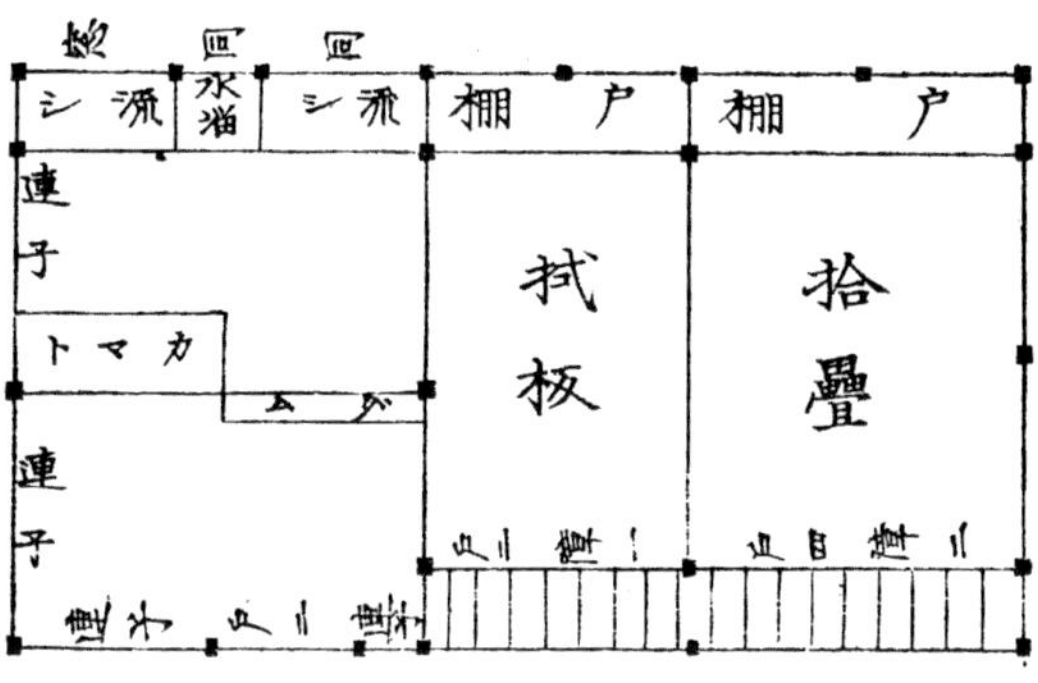

御《ミ》炊《カシギ》殿《ドノ》圖

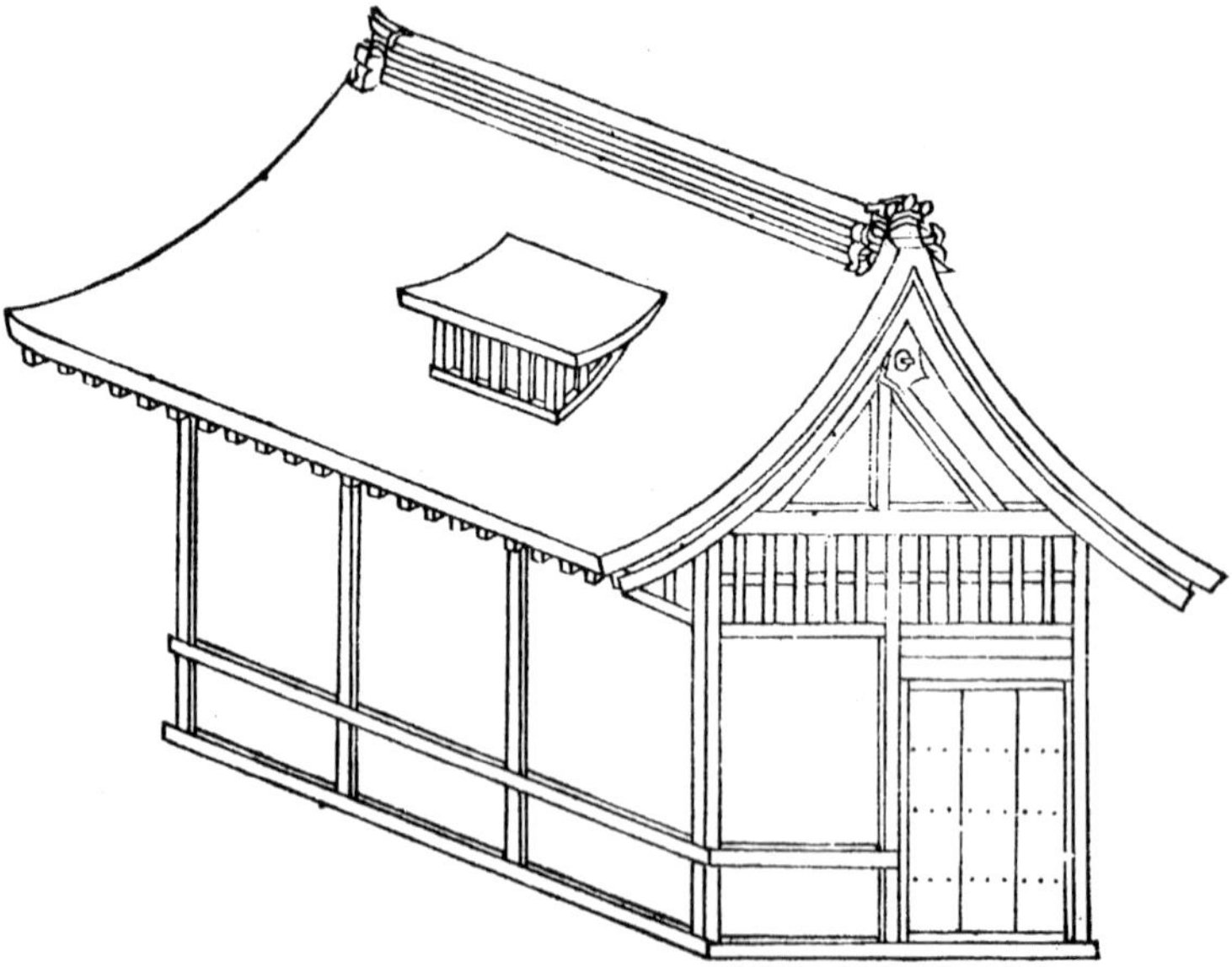

御料屋正面圖
即神饌所なり

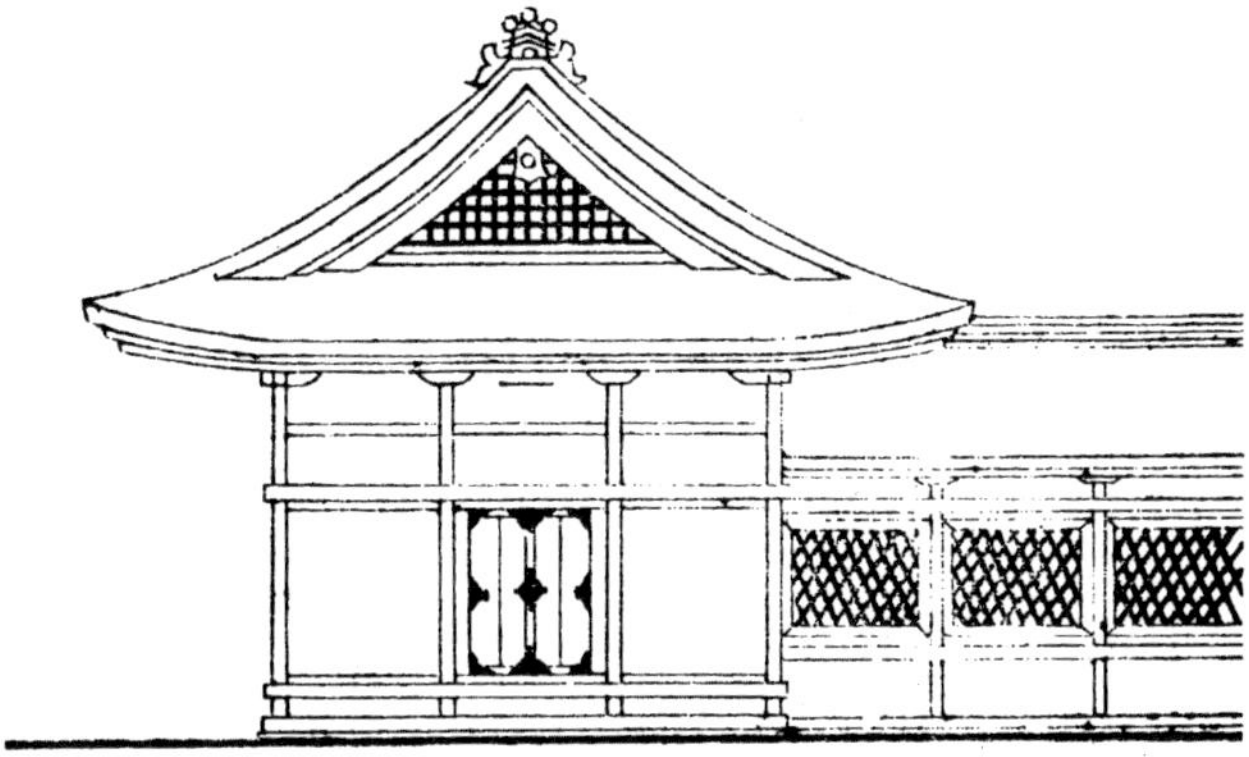

同側面圖

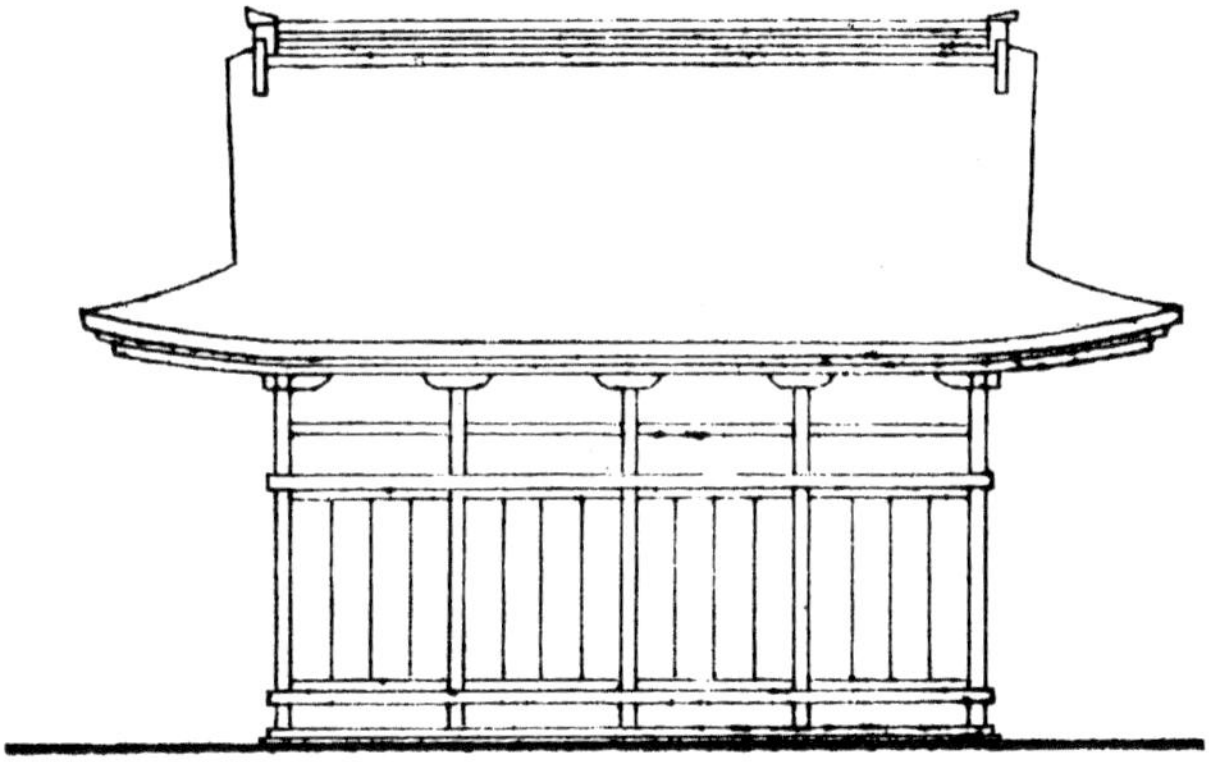

同敷圖

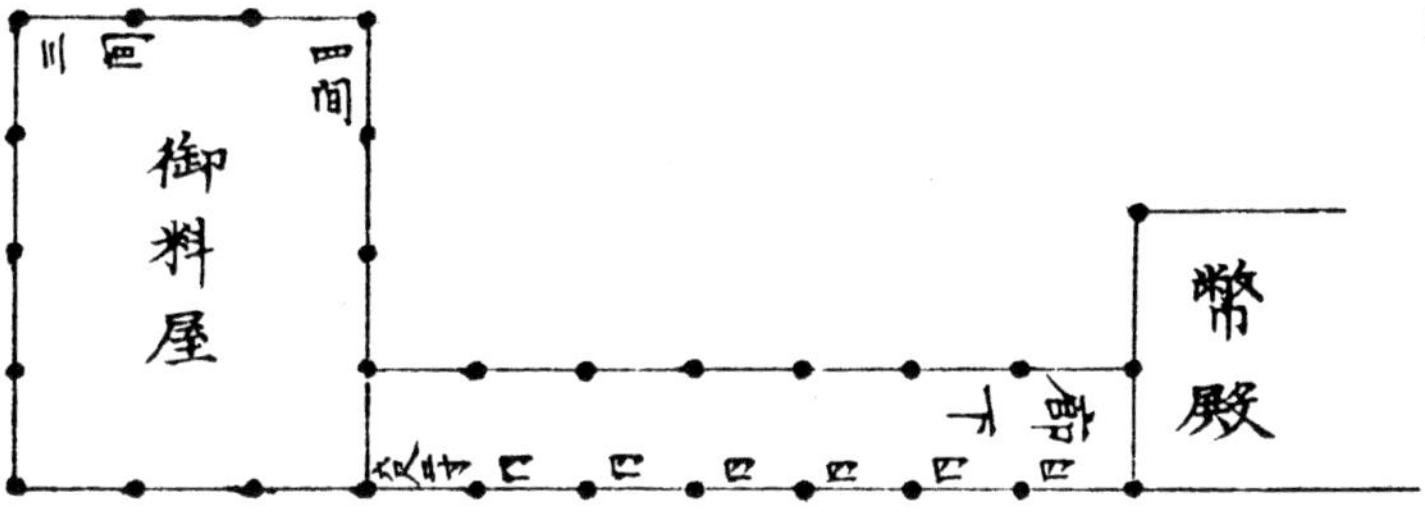

神庫制限正面圖

大社三間四方
中社二三間半
小社二二間半

同　敷圖

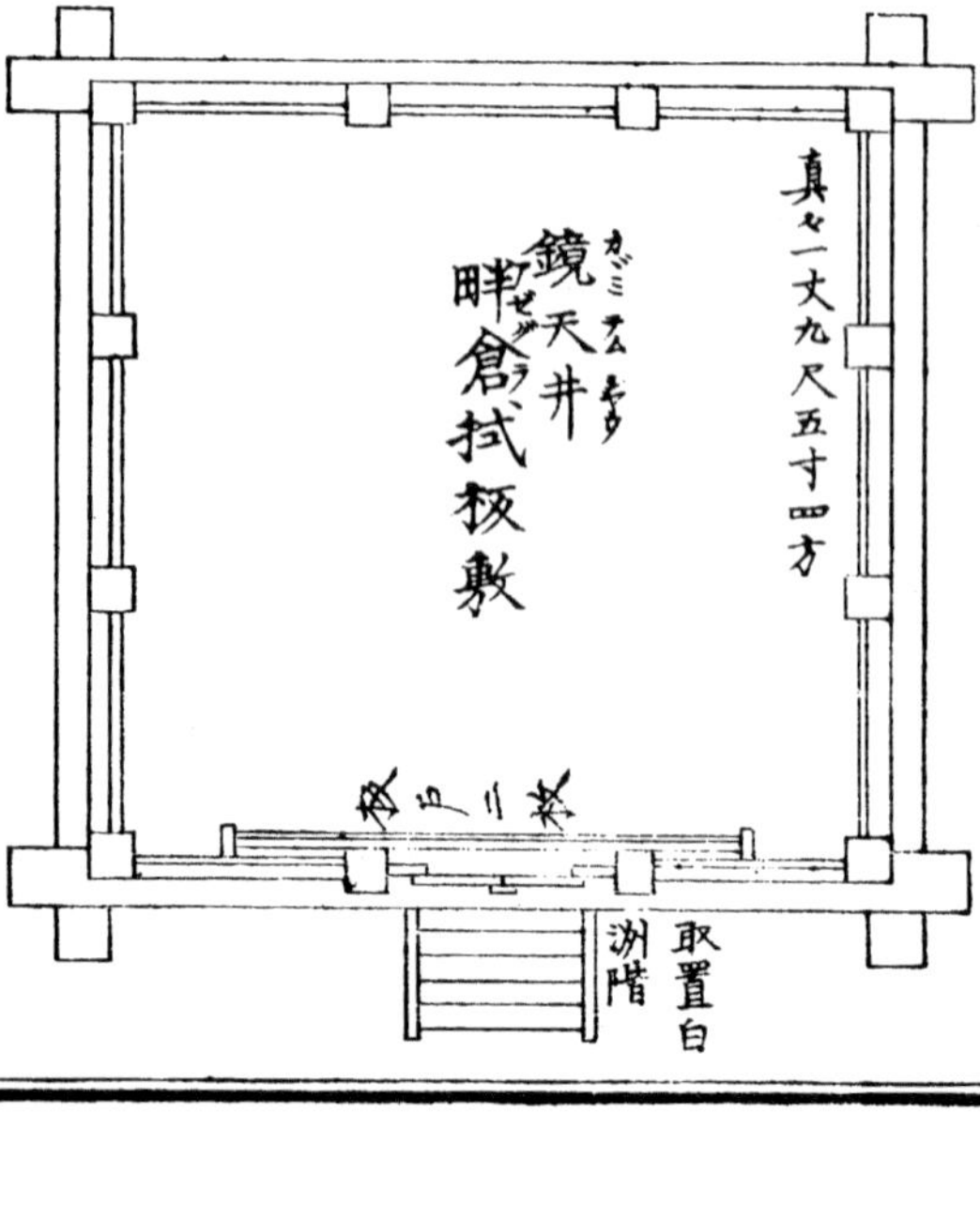

祭器庫制限圖

大社　四間　三間
庇　三間　壹間

中社　四間　二間半
庇　三間　壹間

小社　三間半　二間半
庇　三間　壹間

正面

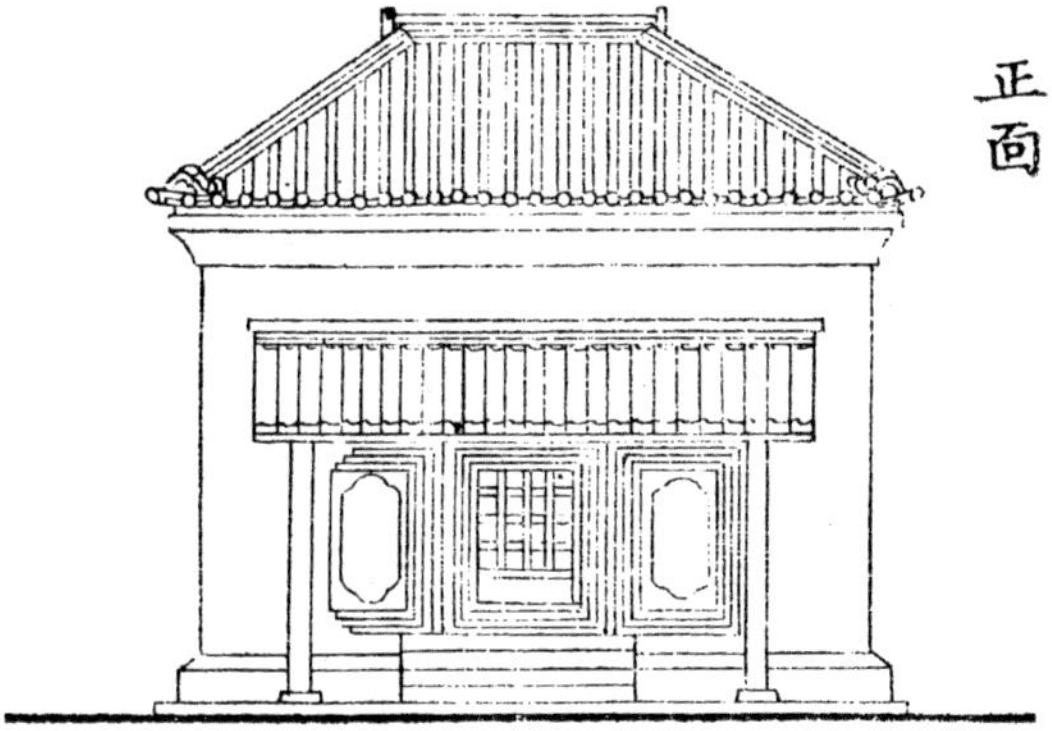

側面

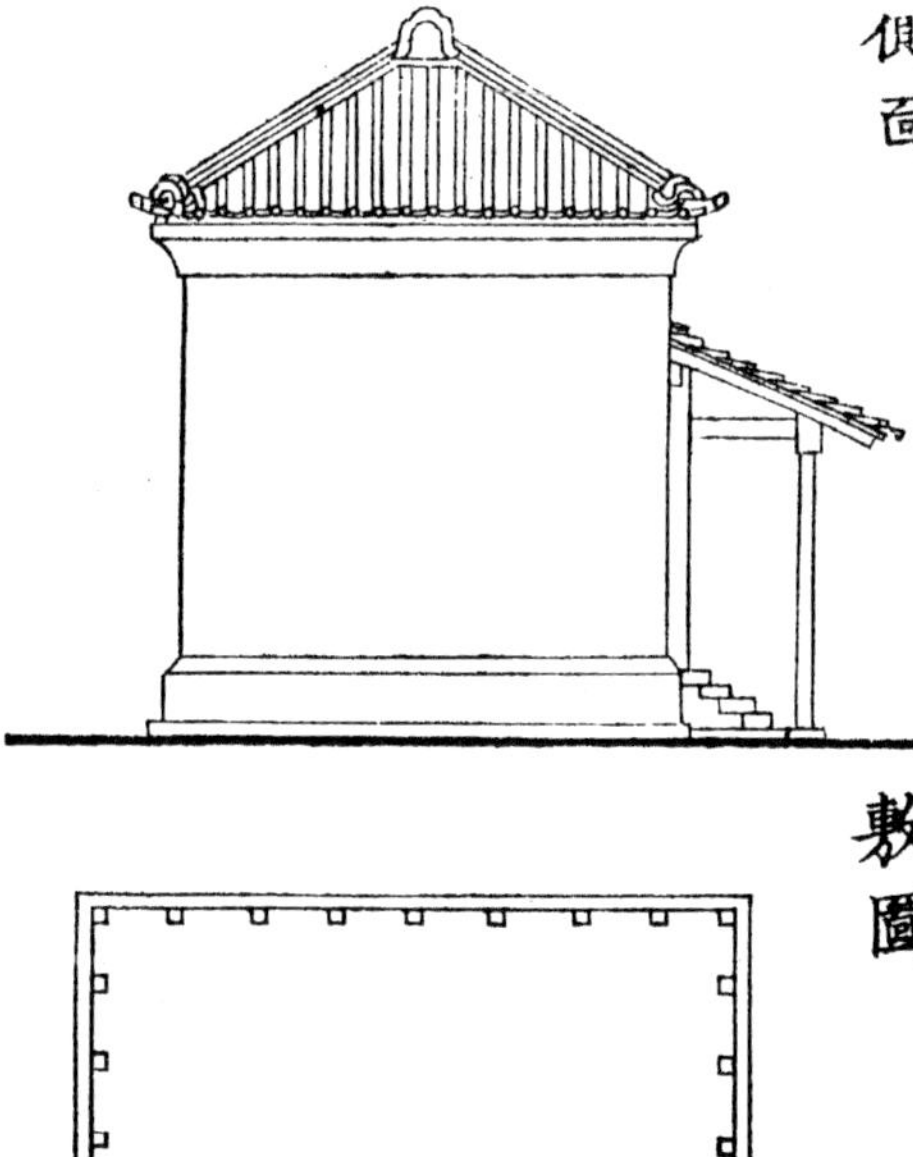

敷圖

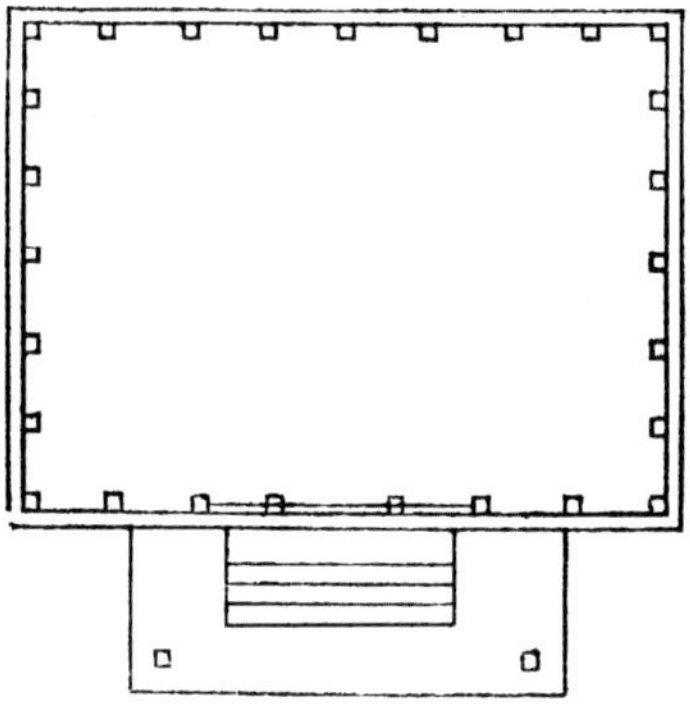

脚高藏圖

正面

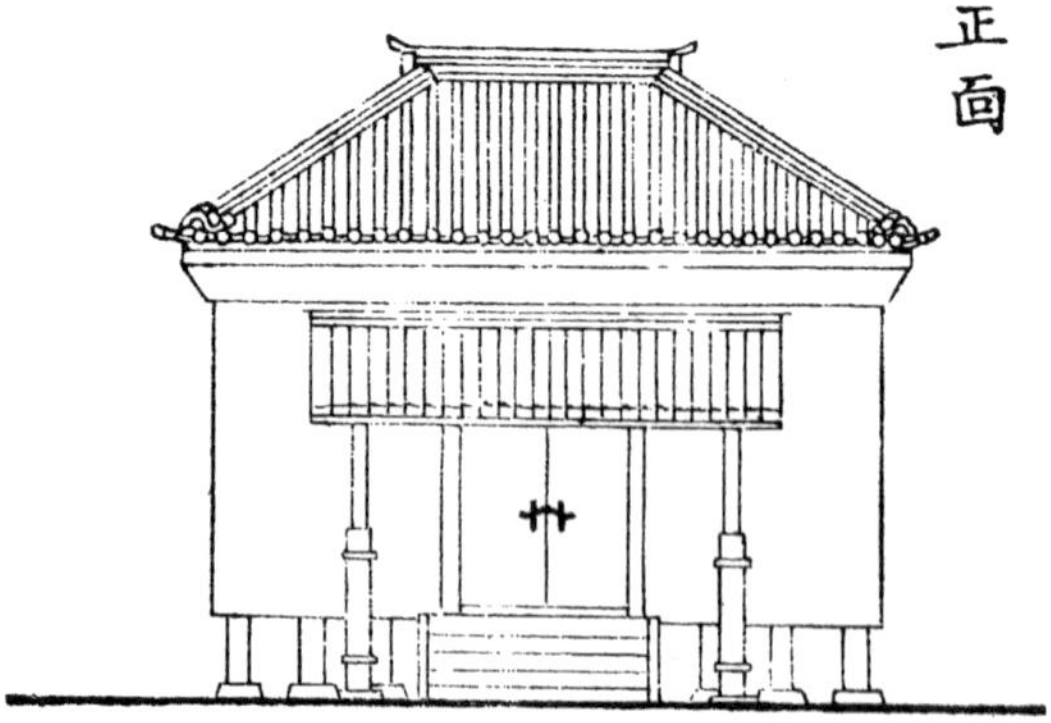

側面

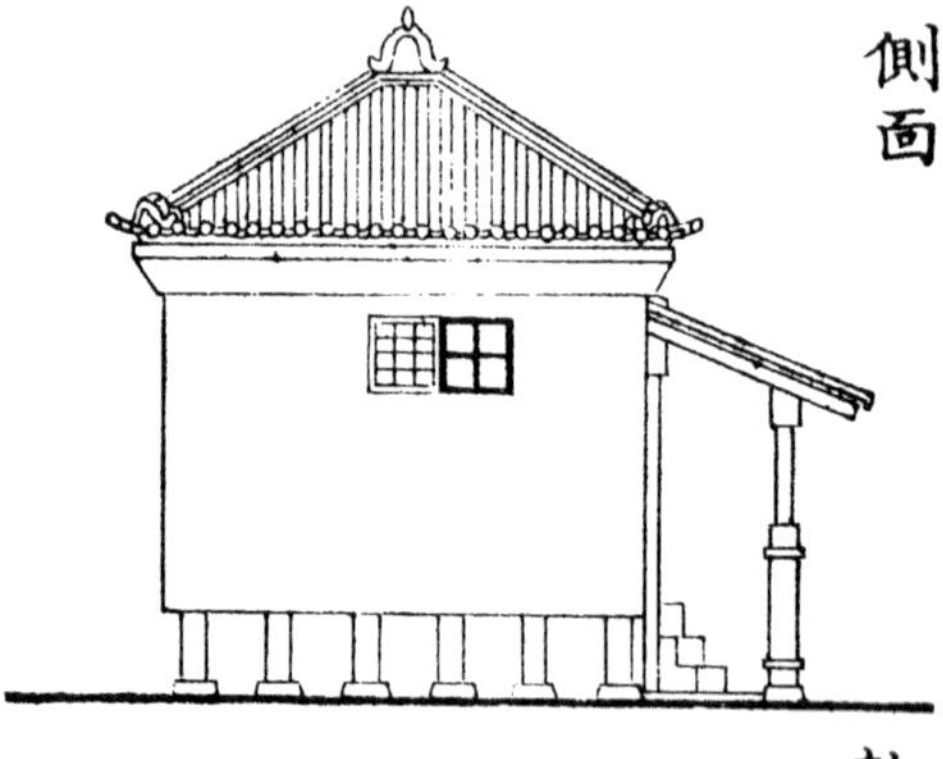

敷圖

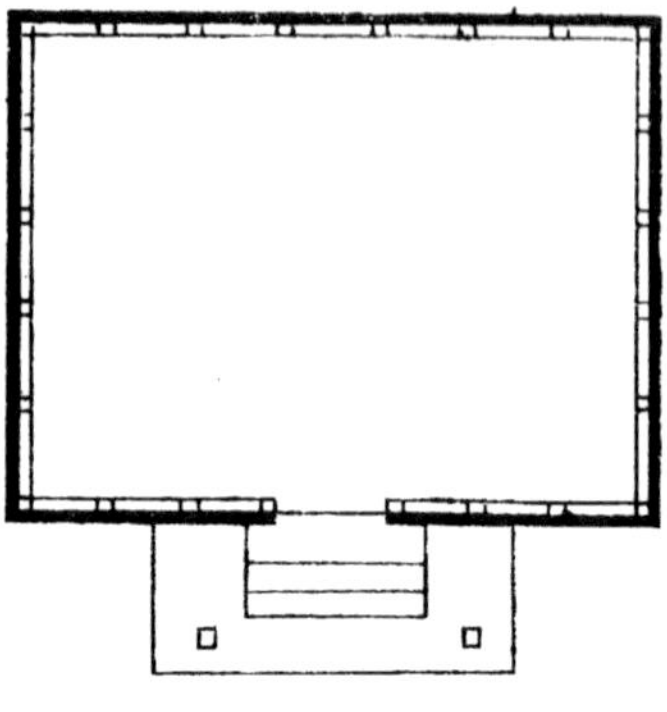

社務所制限圖

大社 七間 三間半

中社 五間半 三間半

小社 五間 三間

正面

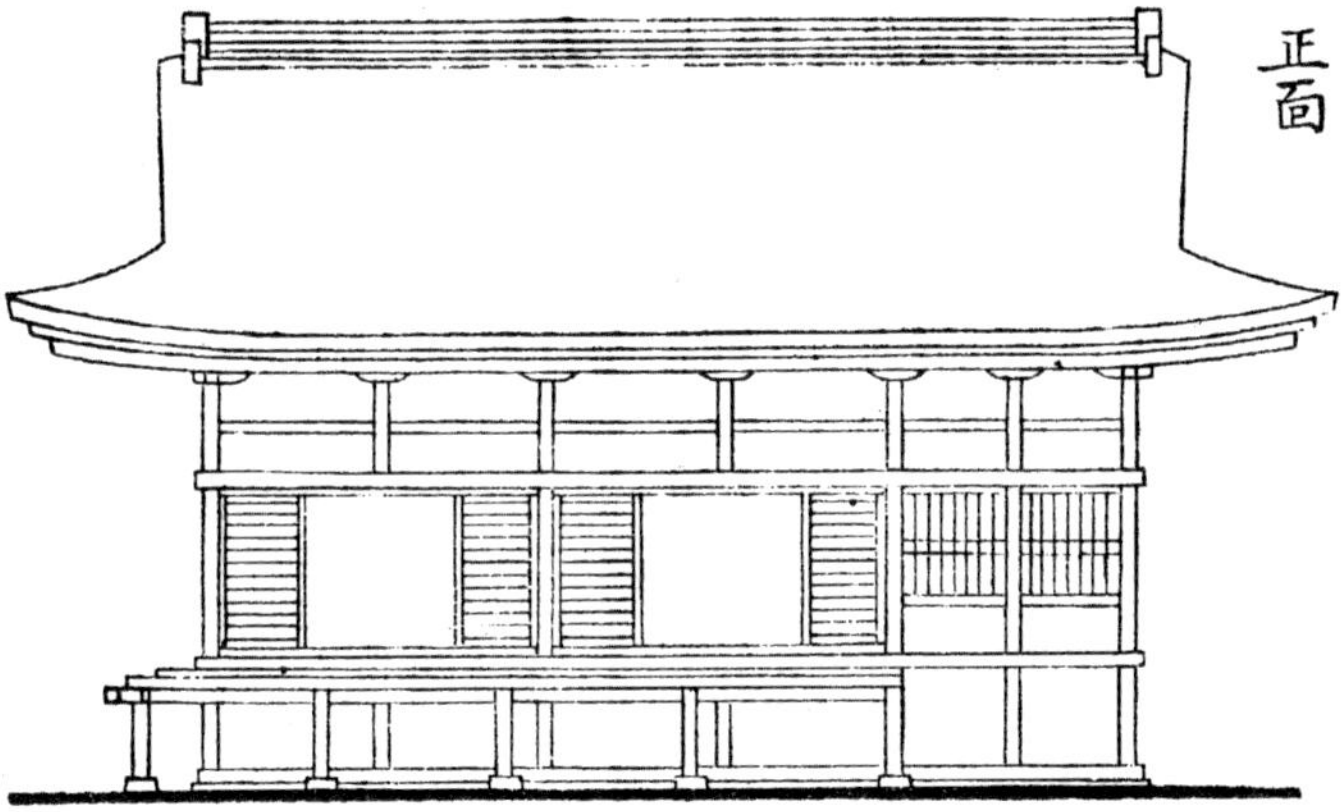

側面

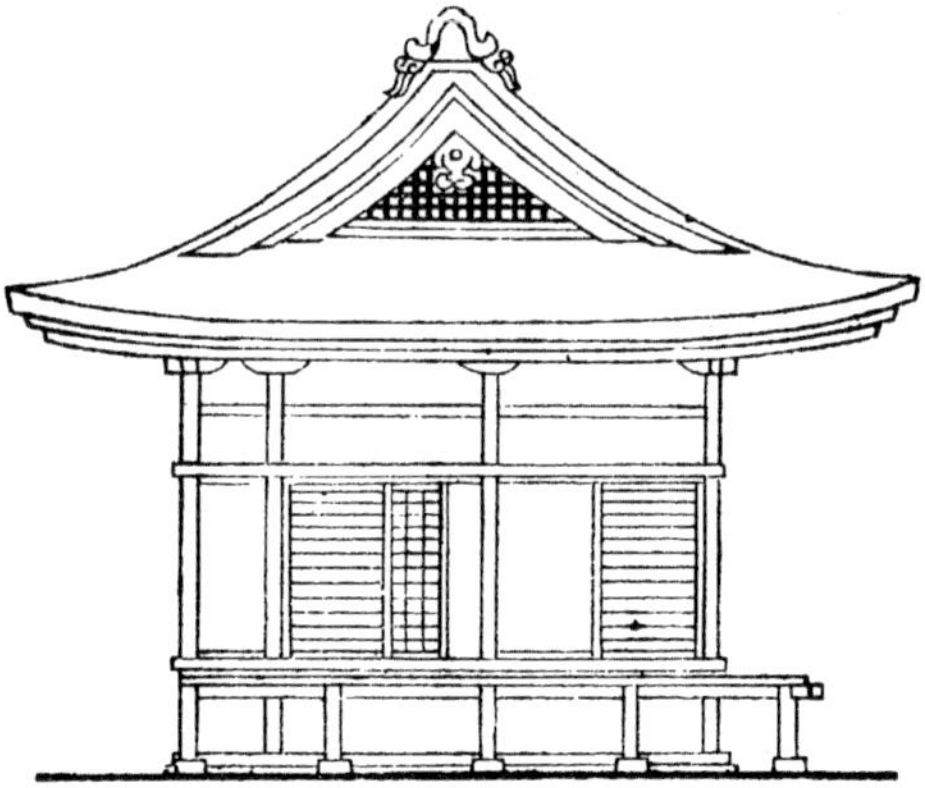

敷圖

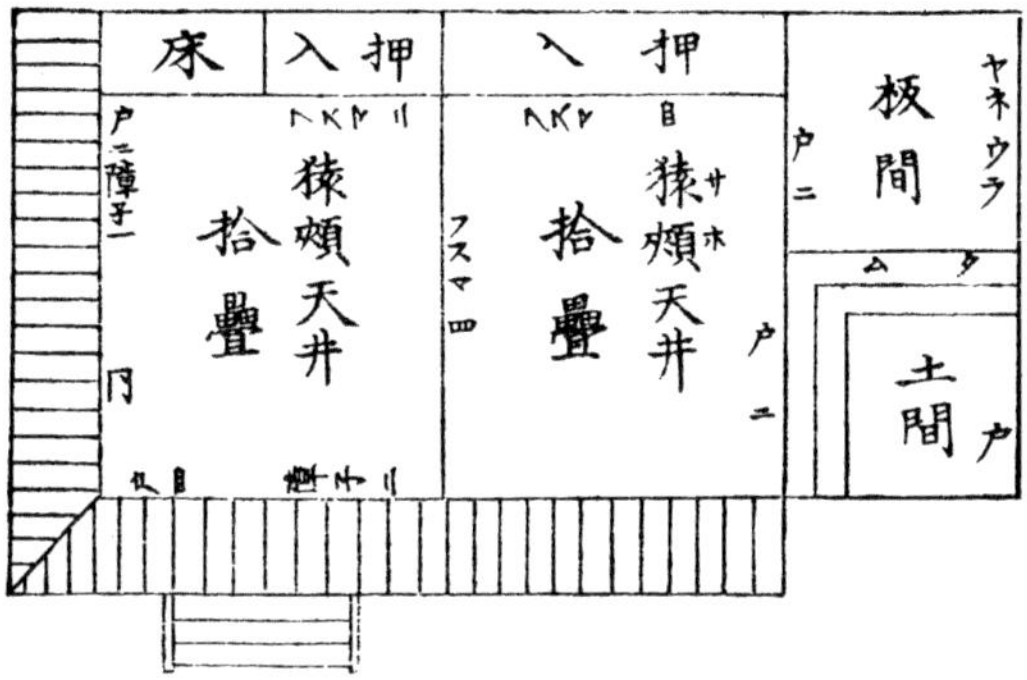

又圖

又敷圖

此は賀茂御祖神社社務所の図なり

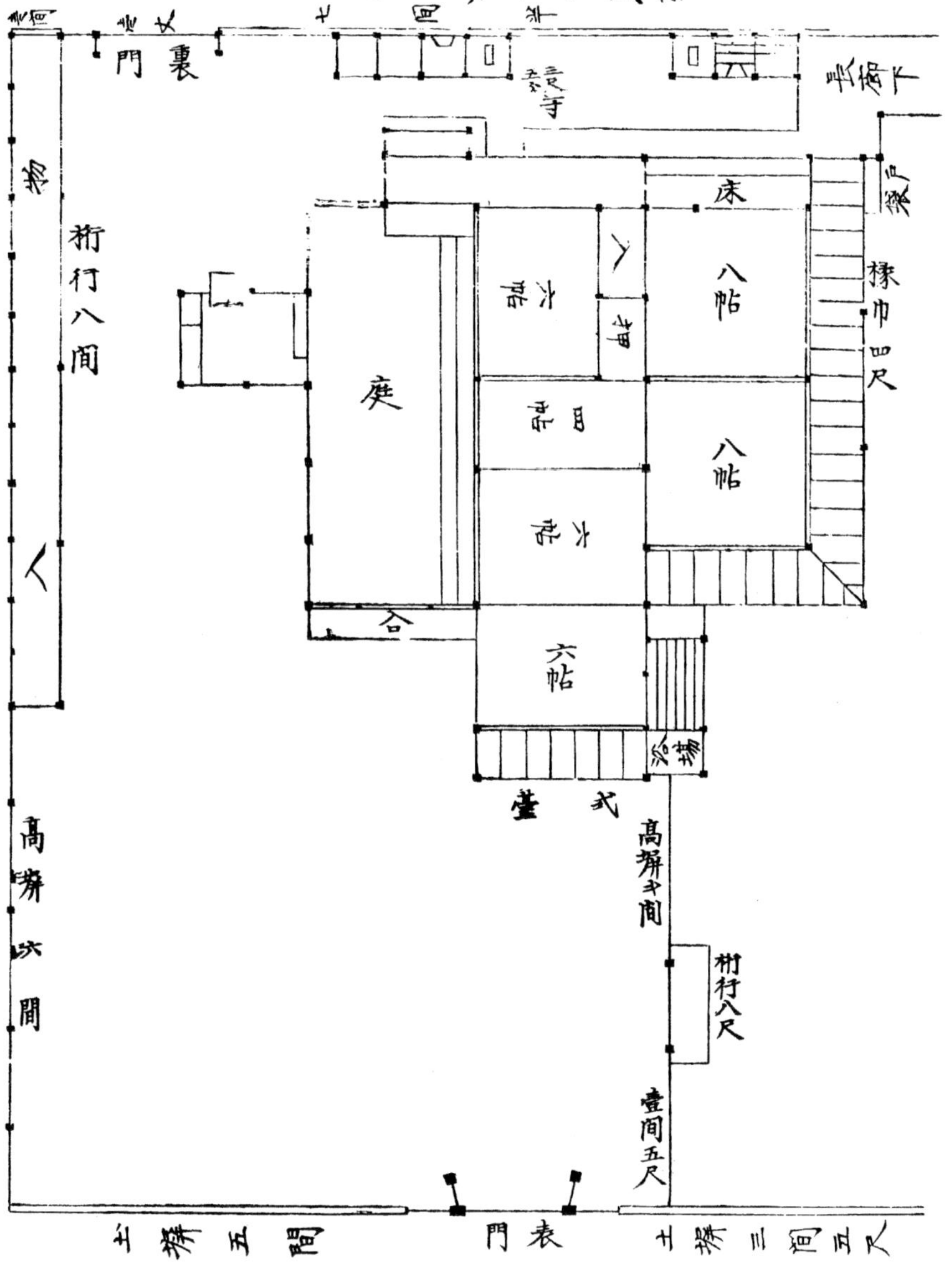

手水舎制限正面圖

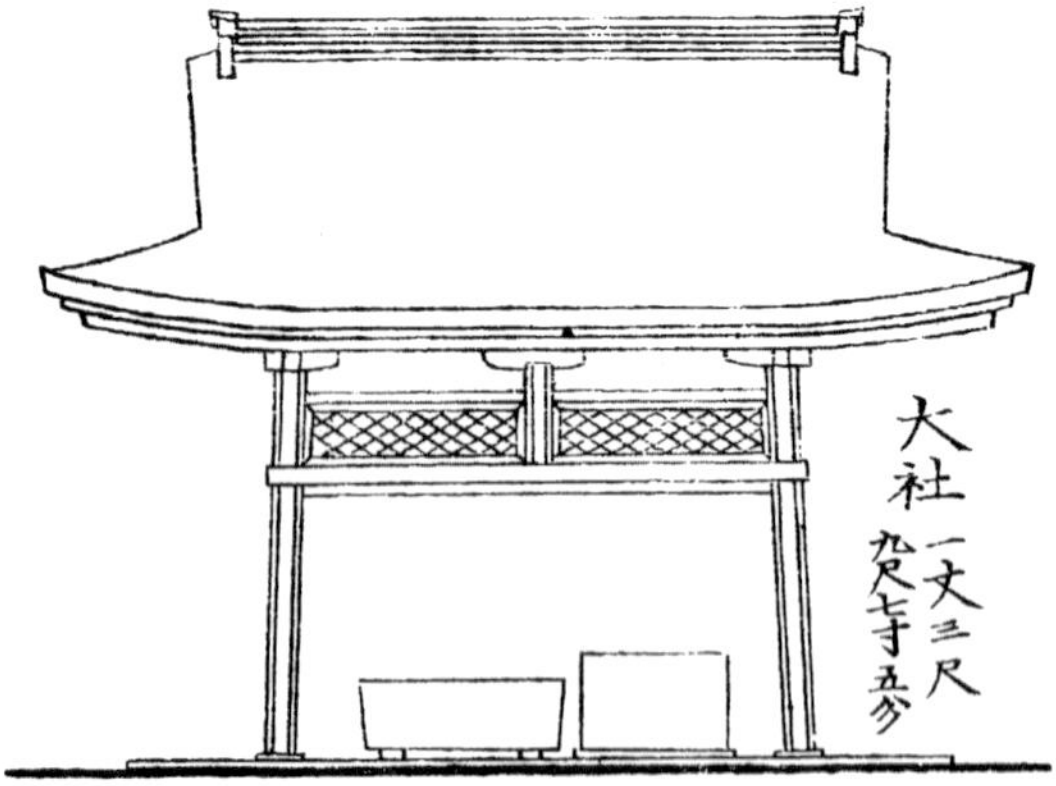

大社 一丈三尺 九尺七寸五分

同側面圖

中社 一丈一尺 八尺

同敷圖

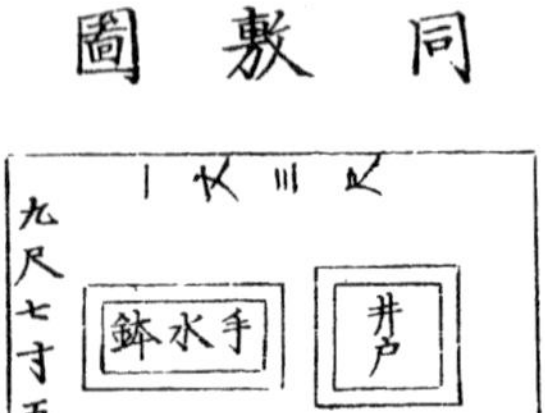

小社 九尺 六尺

井戸屋形制限圖

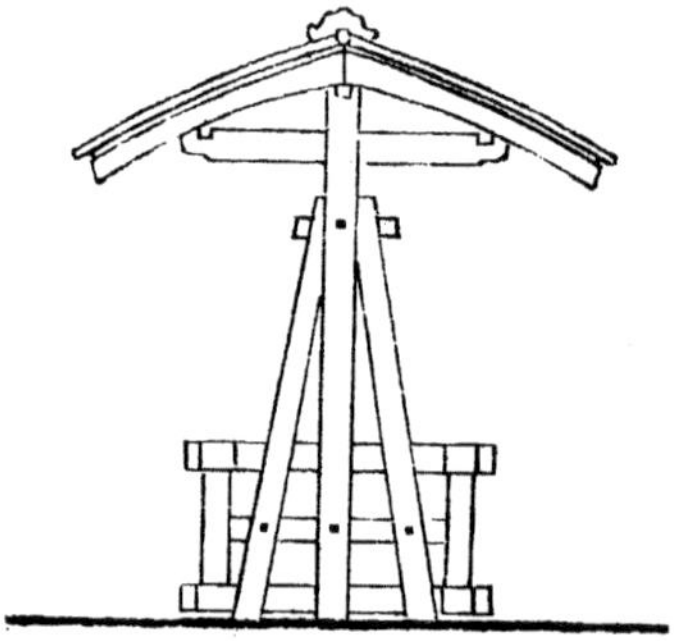

又圖

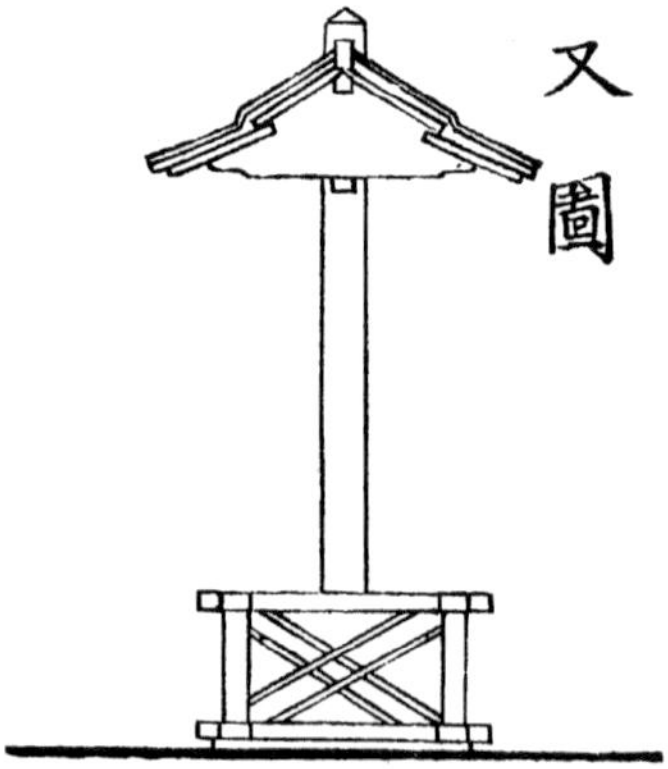

同側面圖

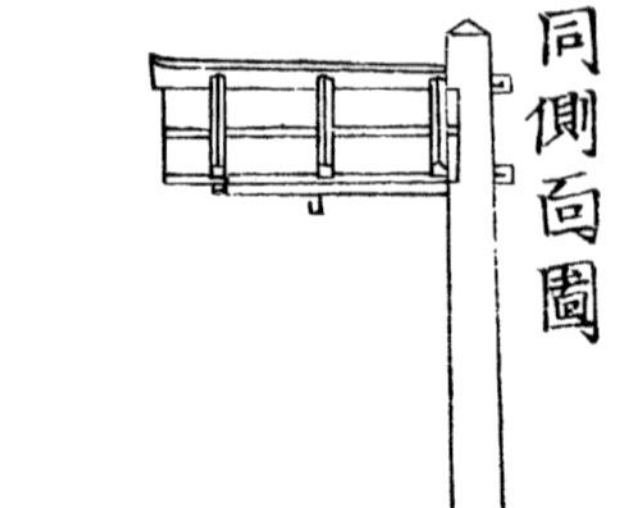

祓舎圖

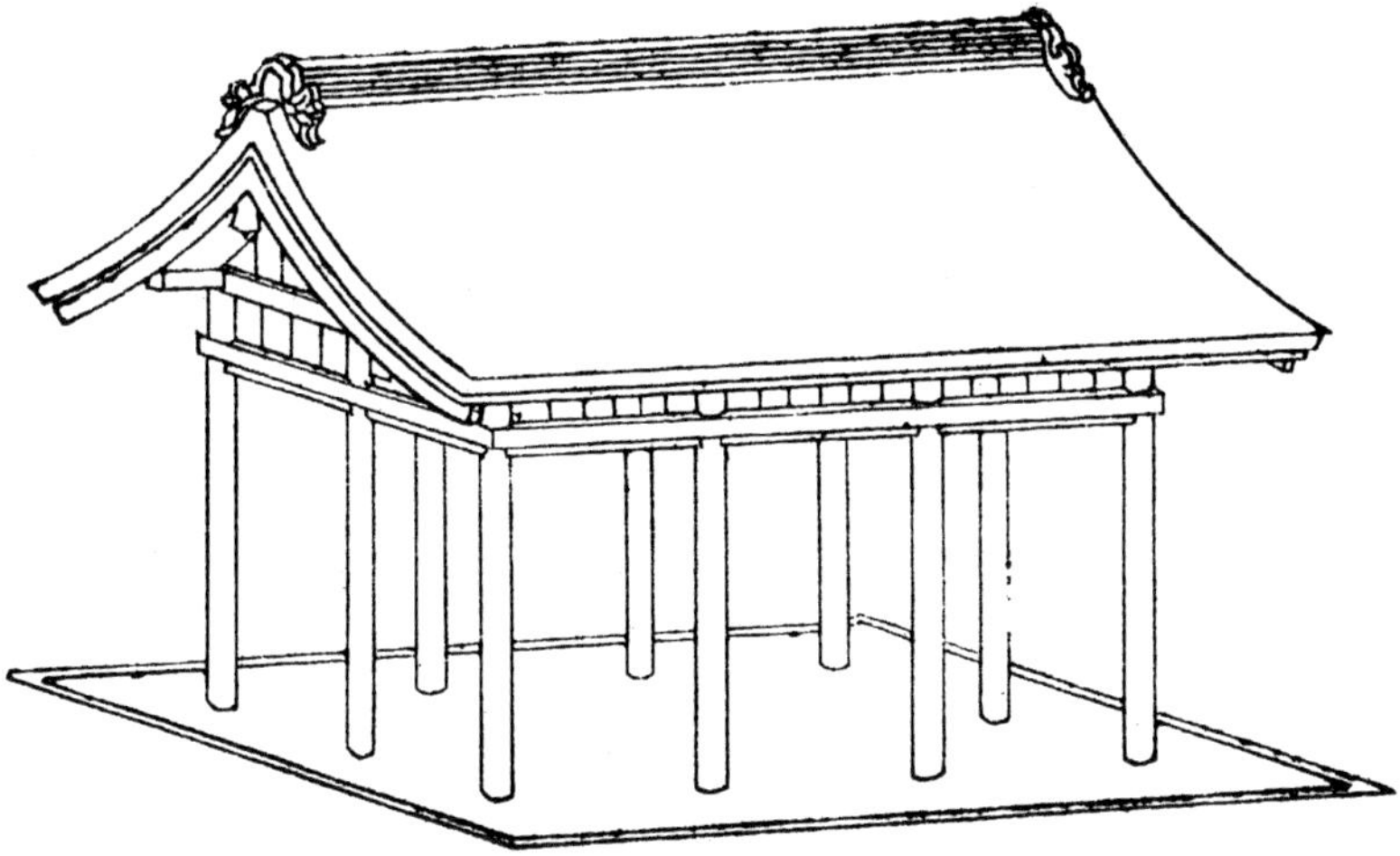

繪馬舎圖

但舎中馬を繋《ツナ》ぐべく柱毎に鐶《クワム》を打たるもあり

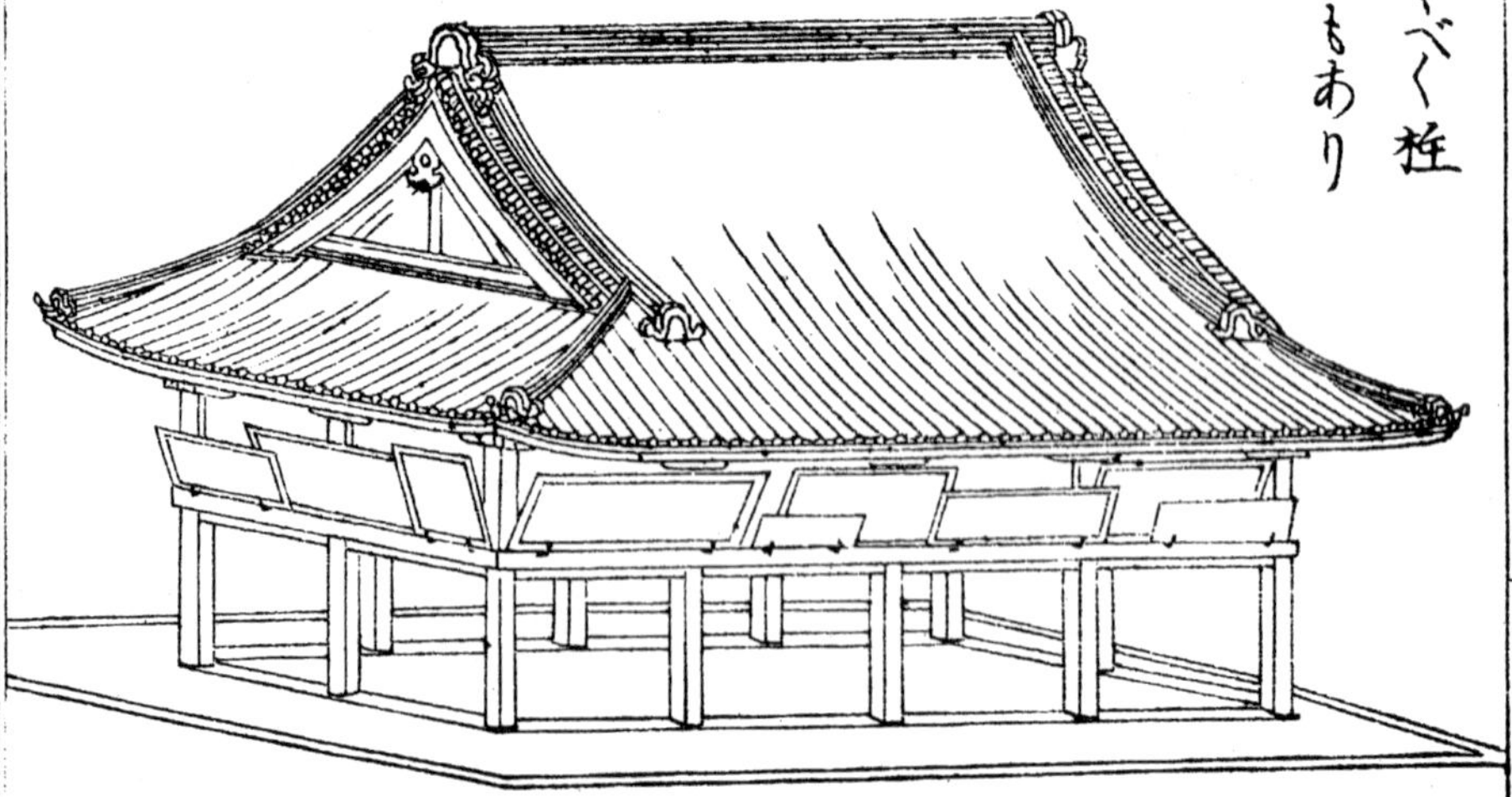

右の外は酒殿《サカドノ》直會殿《ナホラヒデム》齋館《サイクワム》宿直所《スクチヨクシヨ》《トノヰドコロ》神輿舎《ミコシヤ》着到殿《チヤクタウデム》遥拜所《エウハイシヨ》頓宮《トウグウ》旅所《タビシヨ》神樂所《カグラシヨ》能樂舞臺《ノウガクブタイ》等なり酒殿は酒を造る所にして建設炊殿に類すべく直會殿は神事の日勸盃《ケムバイ》の所構造拜殿舞殿に準じ齋館は潔齋の屋舎宿直所は餘り神殿に離れざるをよしとす神輿舎着到殿遥拜所は土間たるべし頓宮は臨時建るもの旅所は境外にて神幸の節駐輿の所神樂所は常日巫女の里神樂《サトカグラ》を奏する所能樂舞臺は諸殿舎の域外に建つべし

装飾《サウシヨク》及調度《テウド》具

凡装飾調度の類は固より諸式ありて悉《コト〴〵》く之を載《ノ》すること難しと雖諸神社の例及び有職《イウシヨク》故實《コジツ》に依て其宜き物を採集し大概を挙げて其準據《ジユンキヨ》に便す

簾《ミス》

内陣《ナイヂム》の扉内《トノウチ》に懸《カ》くるは縁《ヘリ》大和錦《ヤマトニシキ》を用ゐ色及び紋《モム》定らず或は華美を衒《テラ》ひて金襴《キムラム》を用ゐたるも有れど甚陋《イヤ》し外邉に掛くるには花色《ハナイロ》萌黄《モエギ》色の平絹をよしとす又は大和錦を用ゐたるもあり

鈎《カギ》は内陣に掛くる者は之を外にし外陣《ゲヂム》其他に掛る者は之を内に着るを法とす

簾を懸るには鴨居《カモヰ》に壷金物《ツボカナモノ》を打ち蛭鈎《ヒルカギ》を以て之を懸くるなり

内陣扉内の簾圖

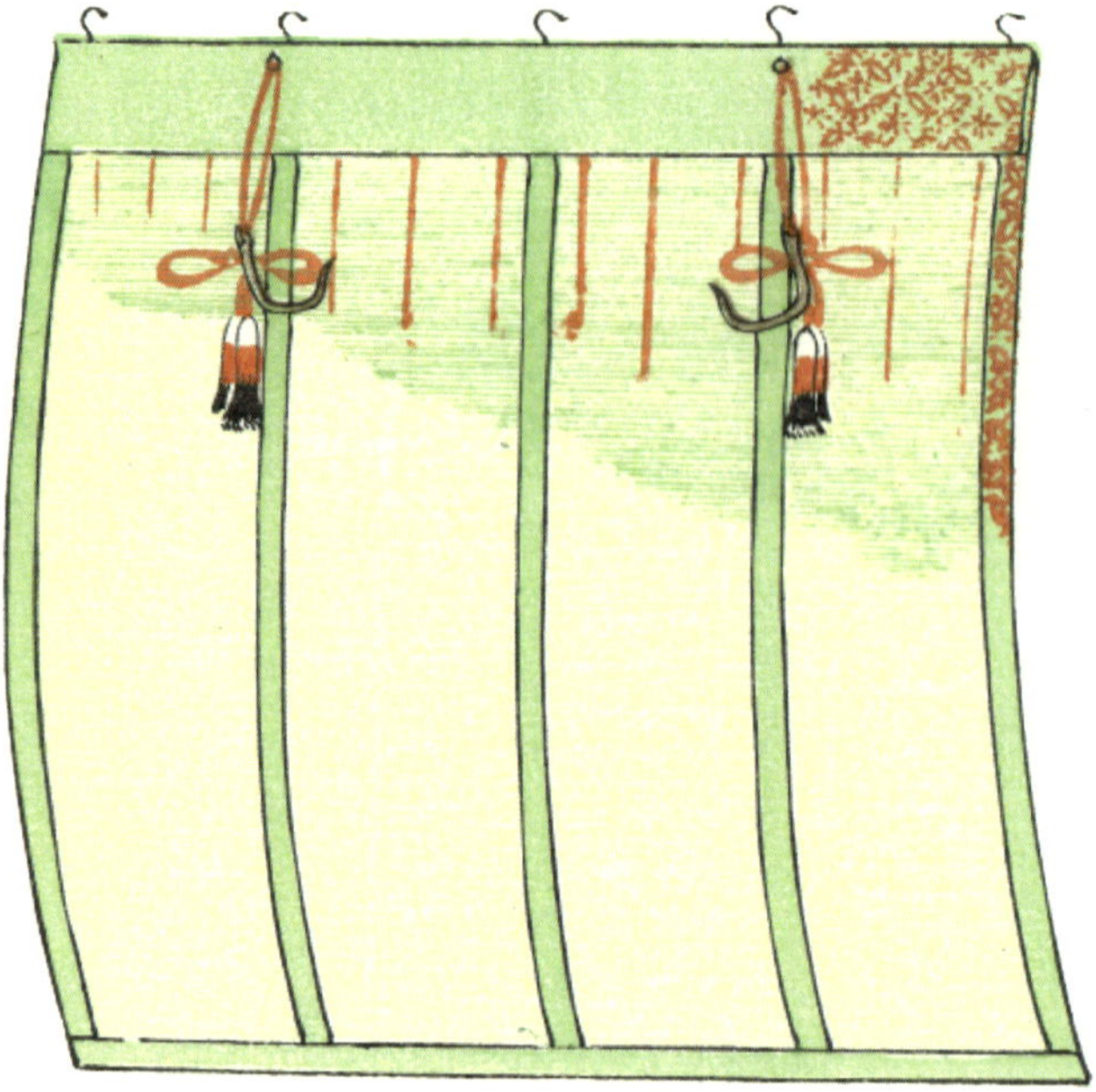

外部の簾圖

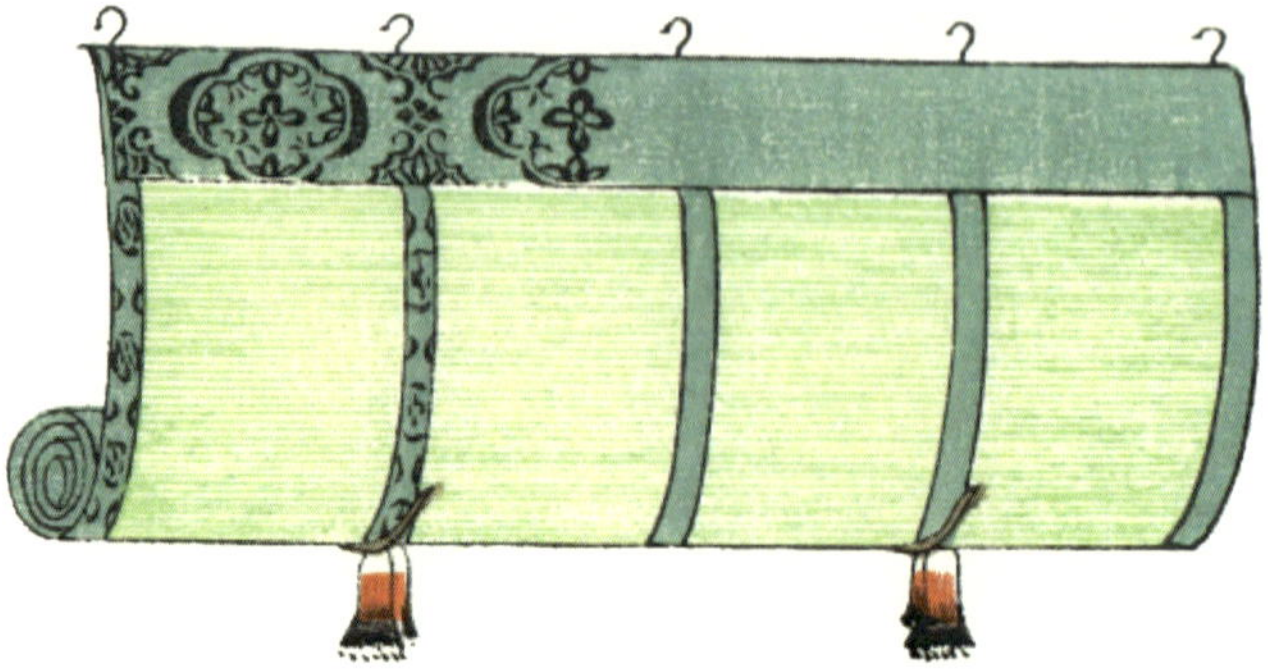

幌《トバリ》

内陣簾の内に掲《カヽ》ぐ地大和錦真紅《シムク》の褰紐《カヽゲヒモ》を付す又堅地《カタチ》織物《オリモノ》或は平絹にて作り朽木形《クチキガタ》などを摺《ス》り野《ノ》筋《スヂ》を付するもあり次の壁代《カベシロ》の如し

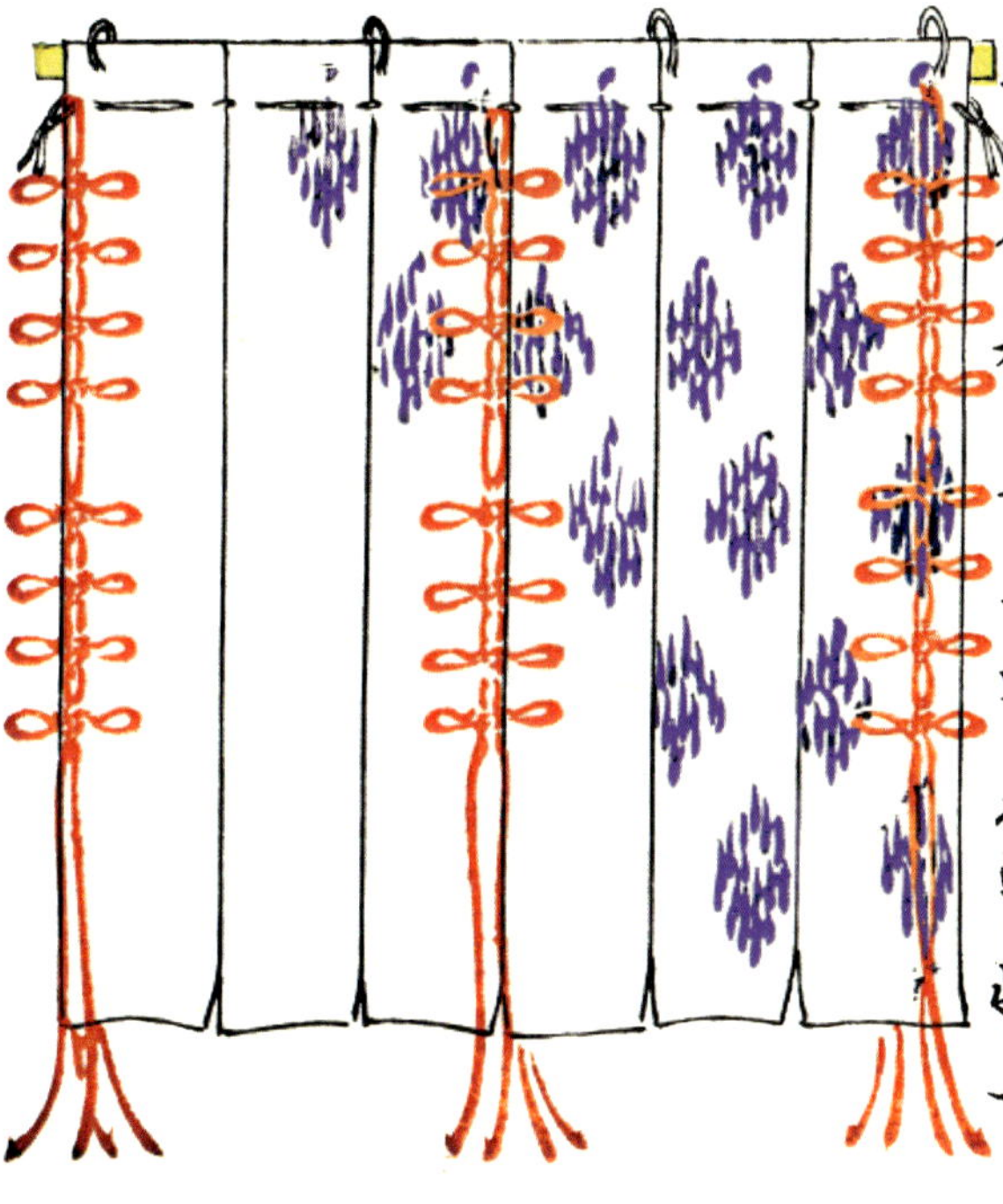

此処に檜の棹《サヲ》を入れ上の輪を折釘《オレクギ》に懸くべし

壁代《カベシロ》

内陣の前面扉《トビラ》の處を除《ノズ》き周圍の羽目板《ハメイタ》の上に掛く地表裏白平絹《シロノヘイケム》或は略して晒布《サラシヌノ》を用るもあり野筋《ノスヂ》は赤と黒との絹を「ハラアハセ」に縫《ヌ》ふなり又紫《ムラサキ》のみなるもあり胡粉《ゴフム》にて蝶鳥《テフトリ》を畫《エガ》く

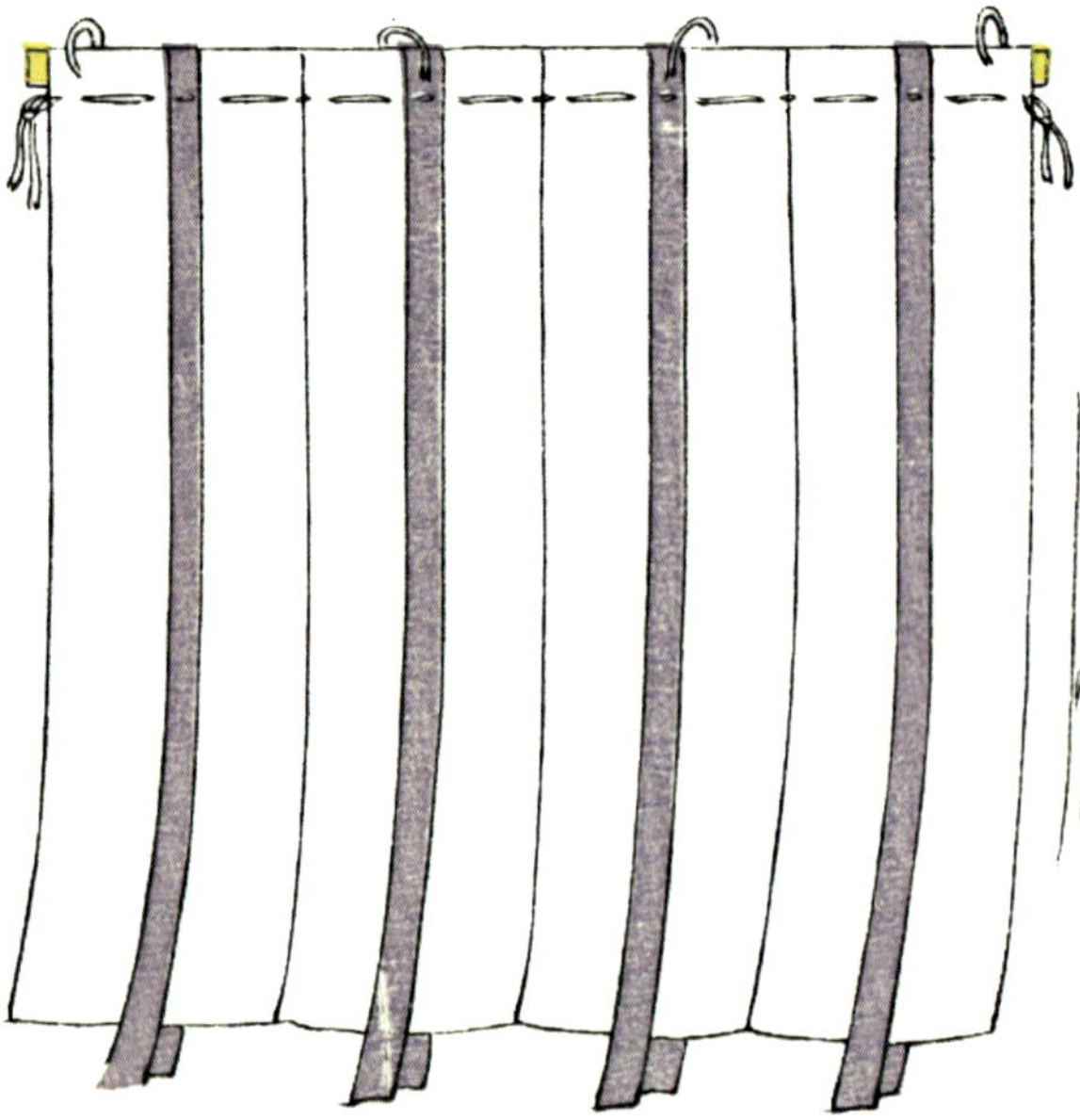

蝶　鳥

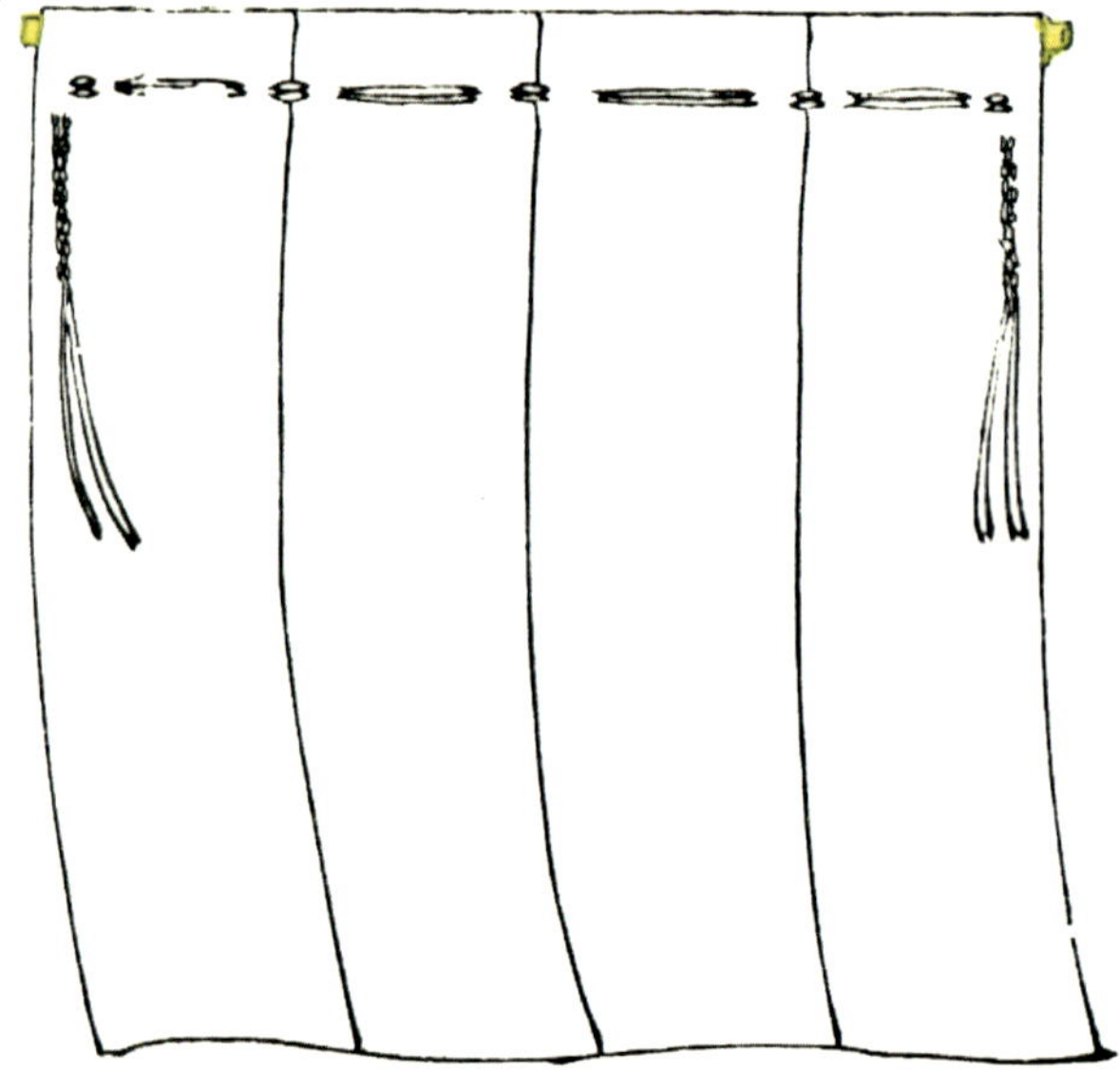

又圖　白絹又は白布裏なし

帳臺《チヤウダイ》

帳臺は帳内に靈代《ミタマシロ》を安置する物なり
又堅固なるを計りて下框《シタガマチ》を四隅に分たず四面通じて造るもあり

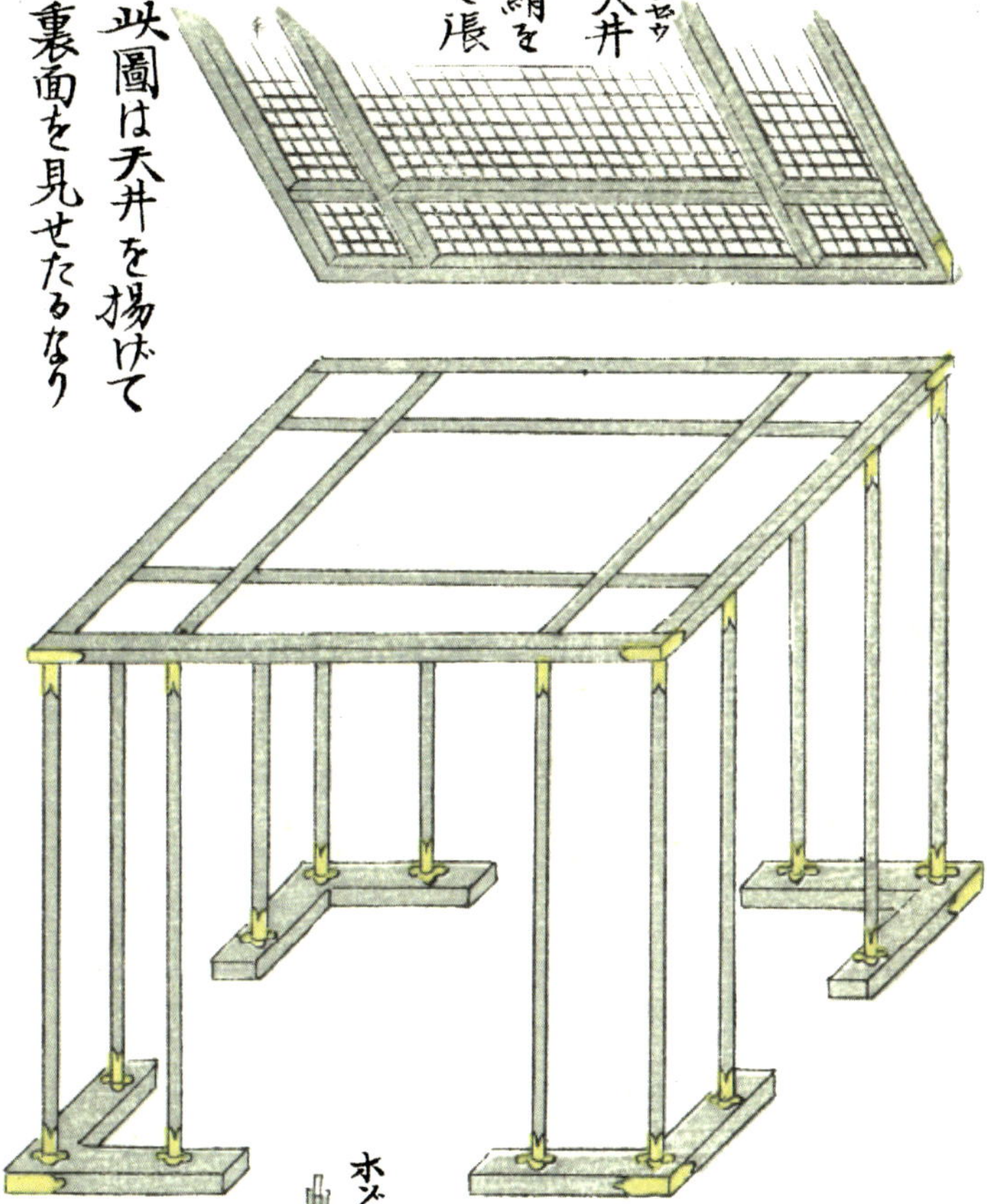
格天井
白絹を
以て張
る

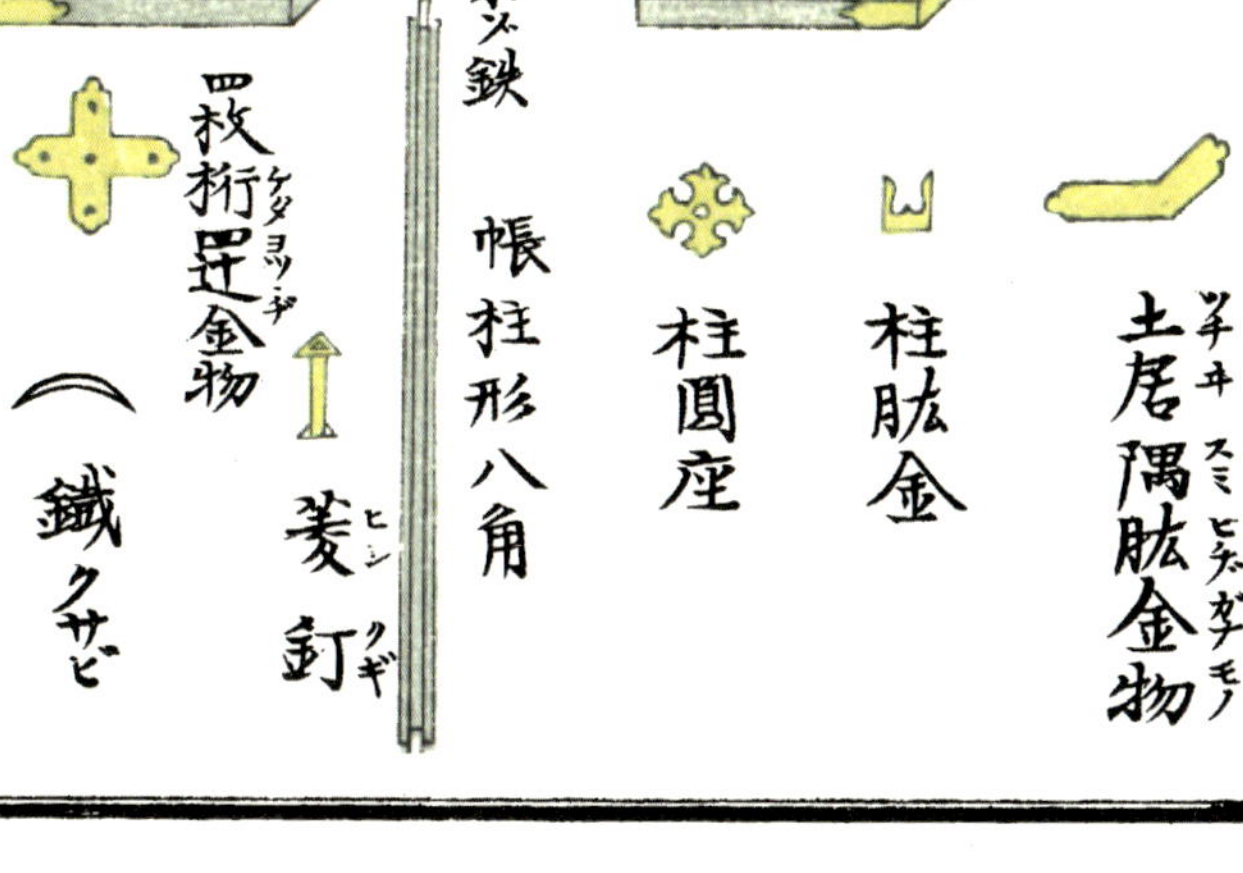

厚《アツ》畳《デフ》

帳臺の下に敷く畳を云但二畳の合せ目を前とすべきなり或は横となすものあり一畳ならば繧《ウ》繝《ゲン》端《ベリ》を前とすべし

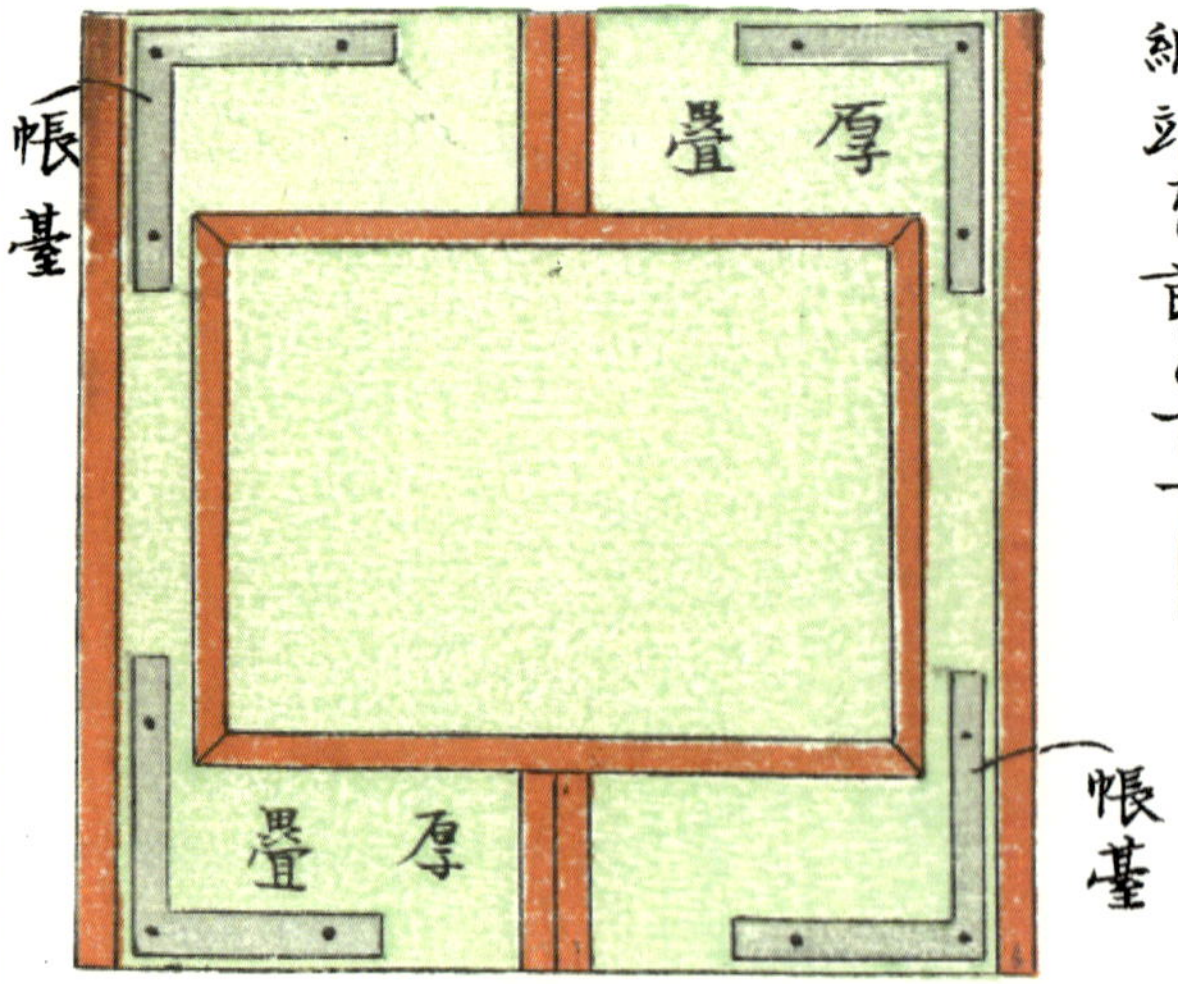

濱《ハマ》床《ユカ》

帳臺を載する臺なり下に拡《ゴザ》莚《ムシロ》を敷くべし

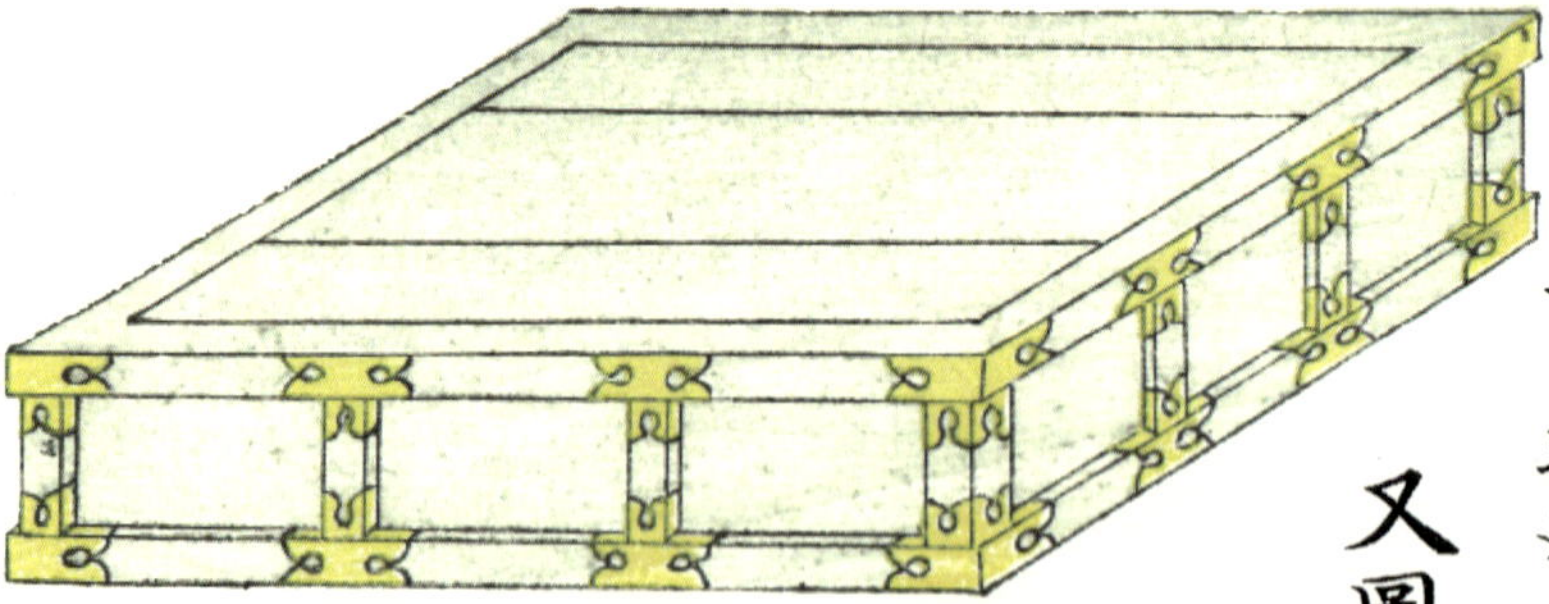

又圖

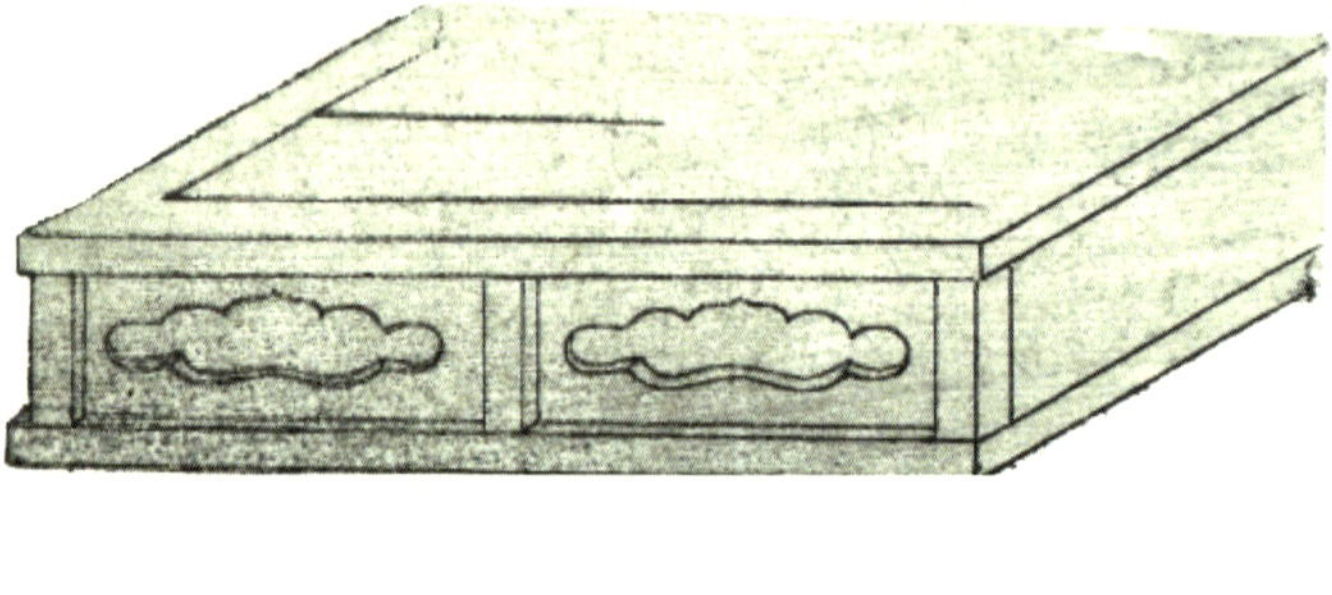

錦蓋《キムカイ》

帳臺の格天井に掛て霊代を覆《オホ》ふ物なり又は内陣天井より掛け垂して帳臺の上を覆ふもあり但垂絹は大和錦又白綾なとを用るなり

帽額《モカウ》

帳臺四面の上框《ウハグマチ》を環らし懸く両端を後の真中にて合すなり表裏帷に同じ

襞《ヒダ》をとる

帷《カタビラ》

帳臺の四面四隅に懸く用る様次の絵図に見ゆ

表織物又は平絹夏は生《スゞミ》
冬は練《ネリ》 裏白絹

此分四條

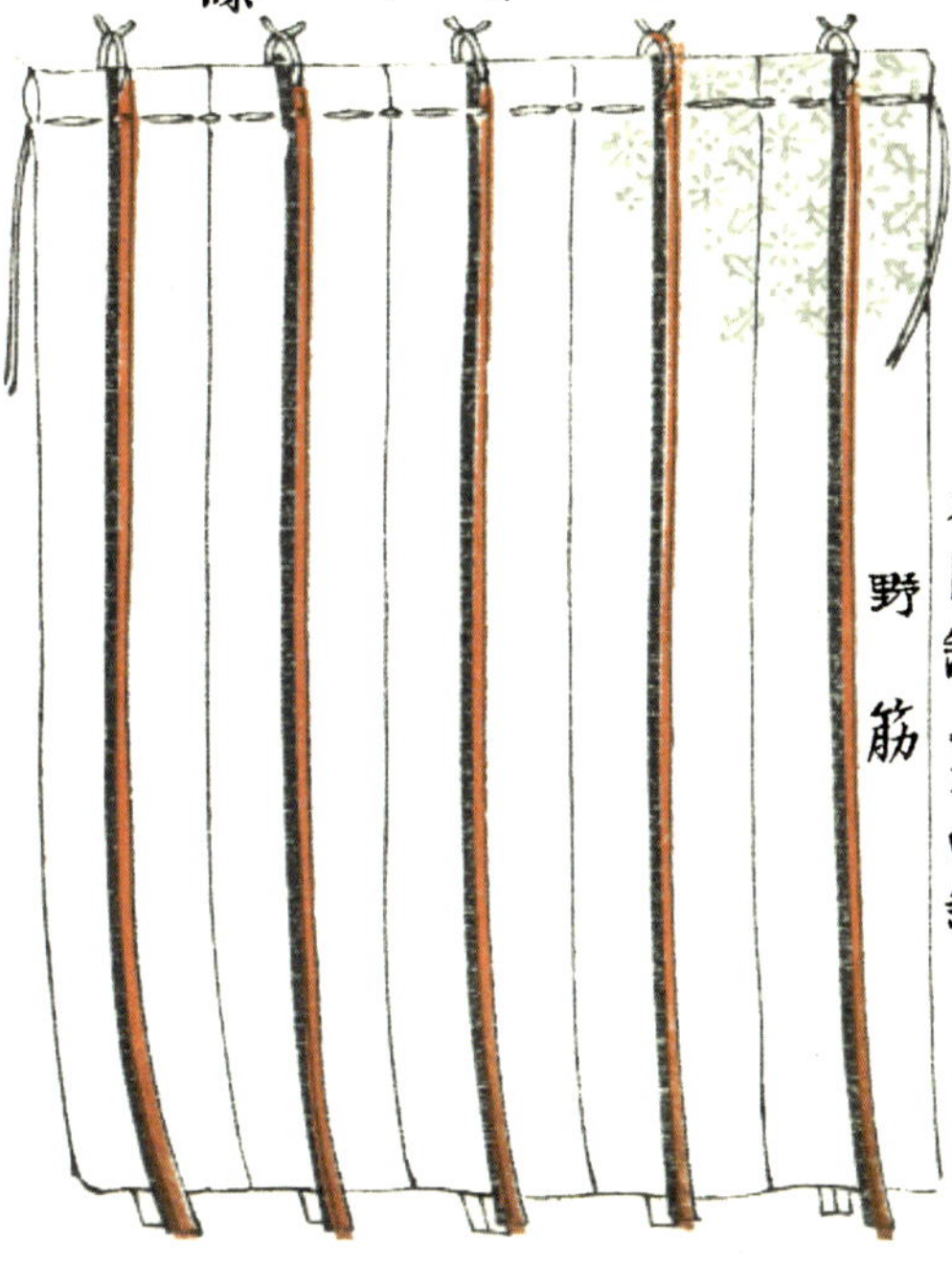

野筋

此分四條

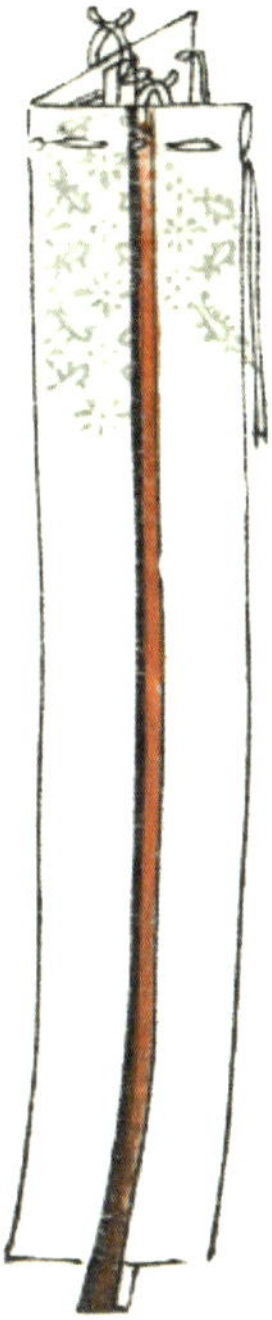

衾《フスマ》

白地織物或は白平絹又は大和錦裁縫表裏同じ

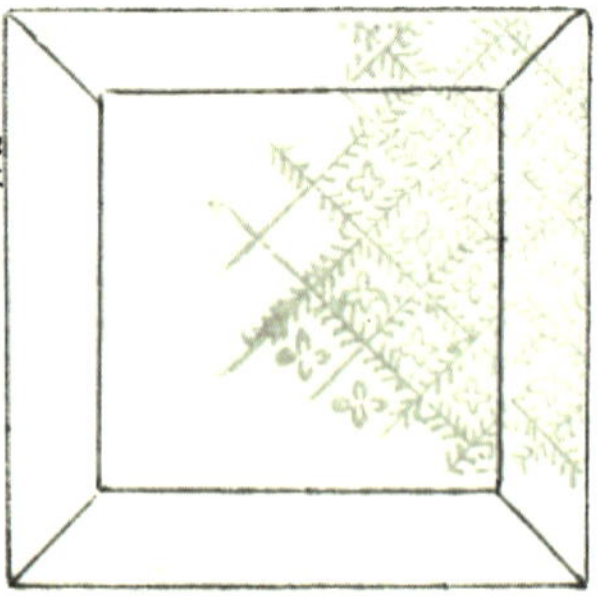

茵《シトネ》

鏡《カヾミ》地白綾に繍《ヌヒ》又白地織物裏緋精好《セイゴウ》

縁大和錦

八重疊《ヤヘダヽミ》

敷方次の図を見て知るべし

繧《ウ》繝《ゲン》端《ベリ》

大床子《ダイシヤウジ》

黒漆《クロヌリ》

厚疊《アツデフ》の上に之を置く但しふちなきもあり

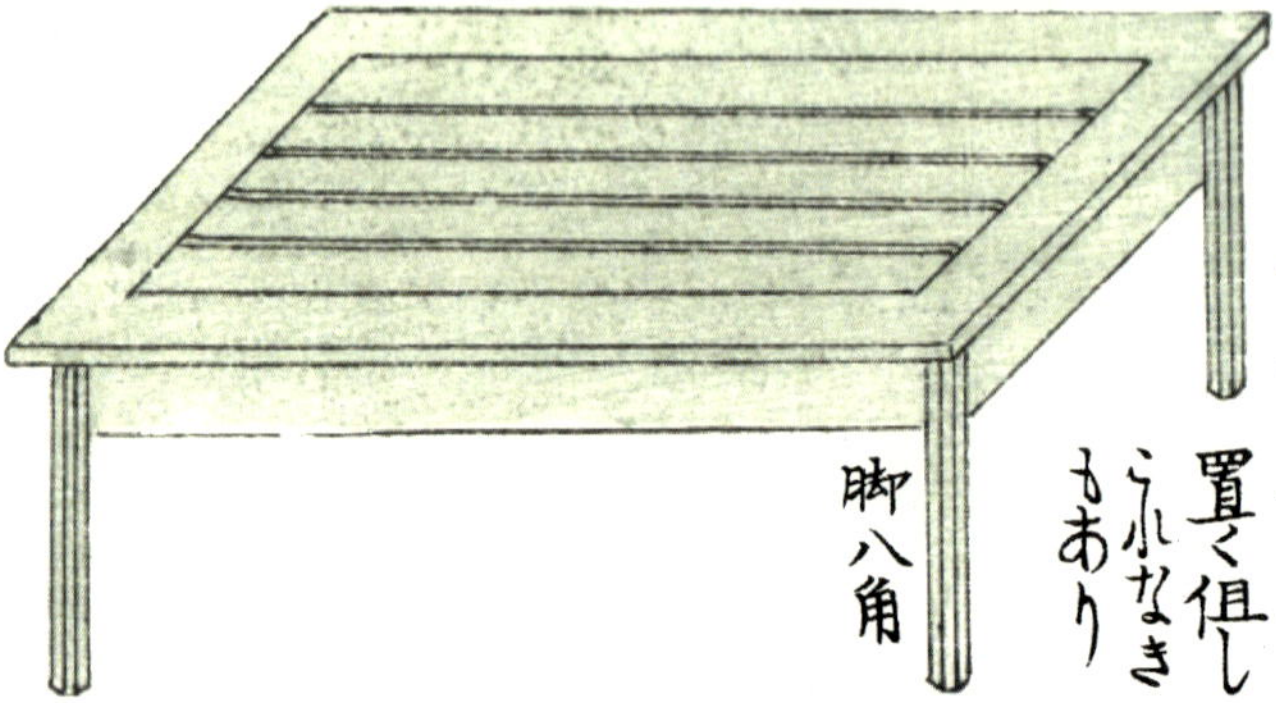

脚八角

龍鬢《リウビム》

龍鬢草を以て織る故に龍鬢と云ふよし然れども現今は畳の表を以て作るなり縁面八所に繍《ヌヒ》の龍紋を貼《テフ》漈《セツ》す又之なきもあり

帳《チヤウ》臺《ダイ》餝《カザリ》付《ツケノ》圖《ヅ》

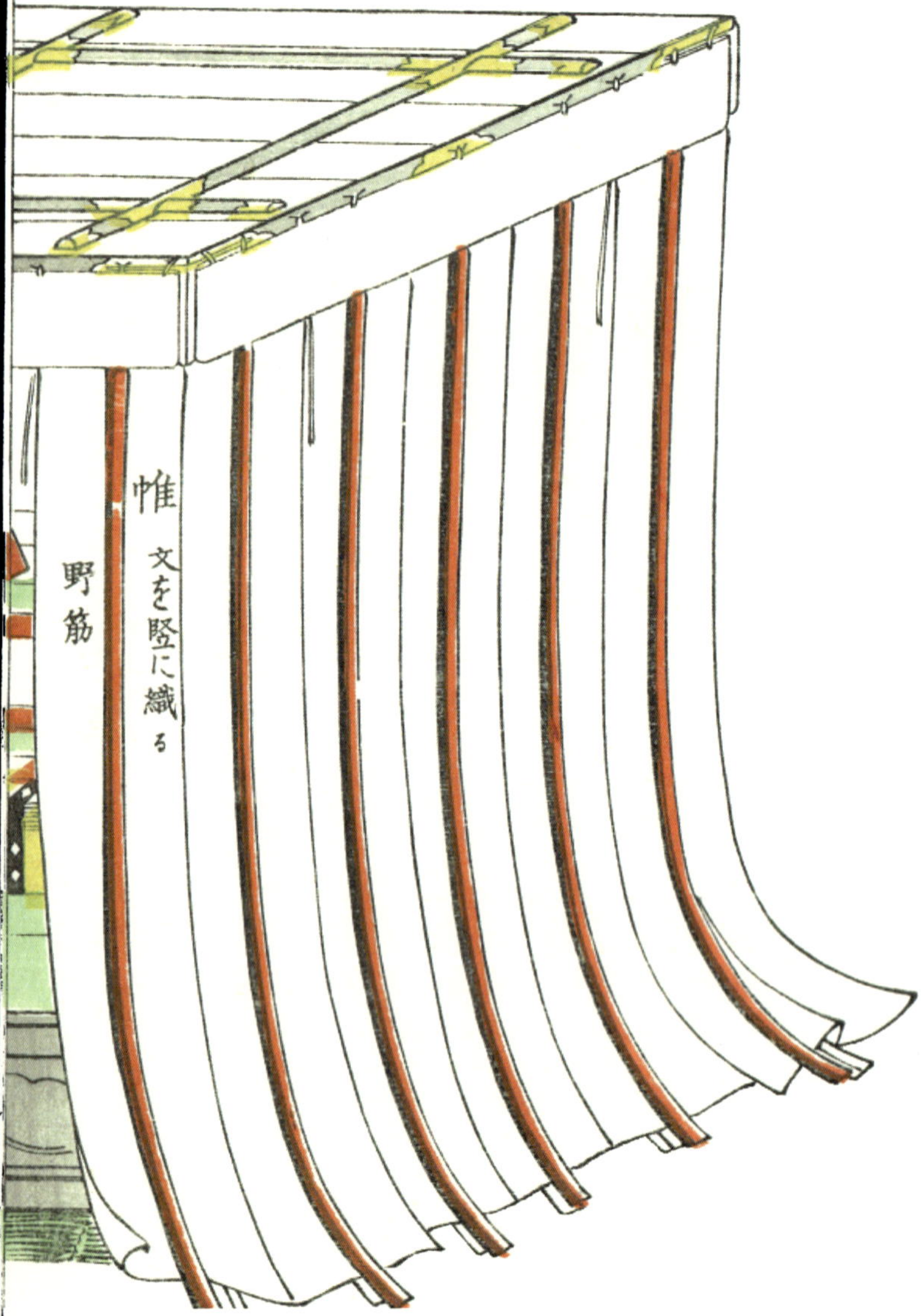

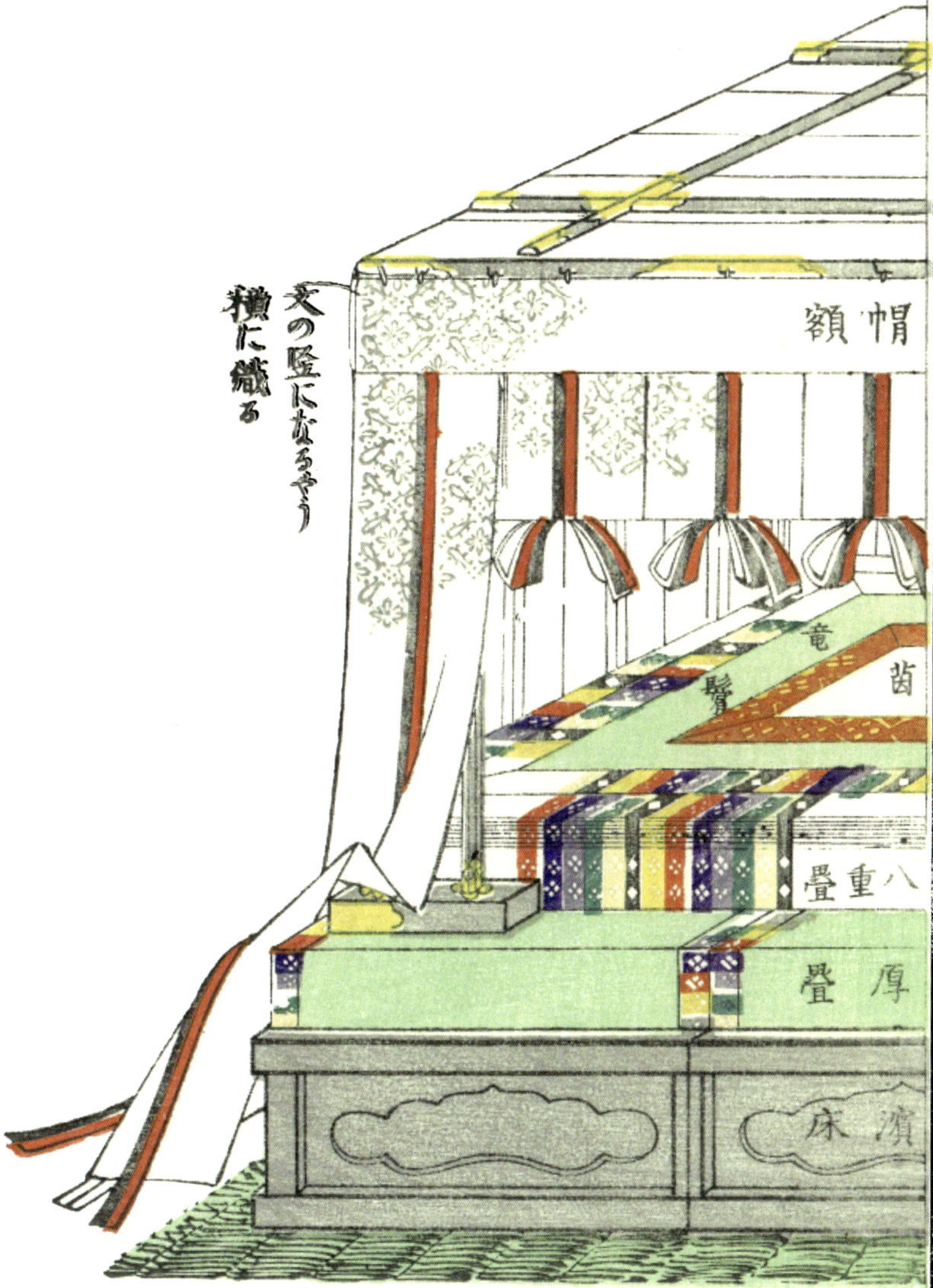
文の竪になるやう
横に織る
帽額
竜鬢
茵
八重畳
厚畳
濱床

鏡《カヾミ》 弘《ヒロサ》一尺二寸二面
帳臺後面中の左右柱に懸く物具凡て下の鏡臺の図に記す

犀角《サイカク》の懸角《カケツノ》二枚
帳臺前面中の左右柱に懸く
角 沈《ヂム》又檳《チキ》を以て造る

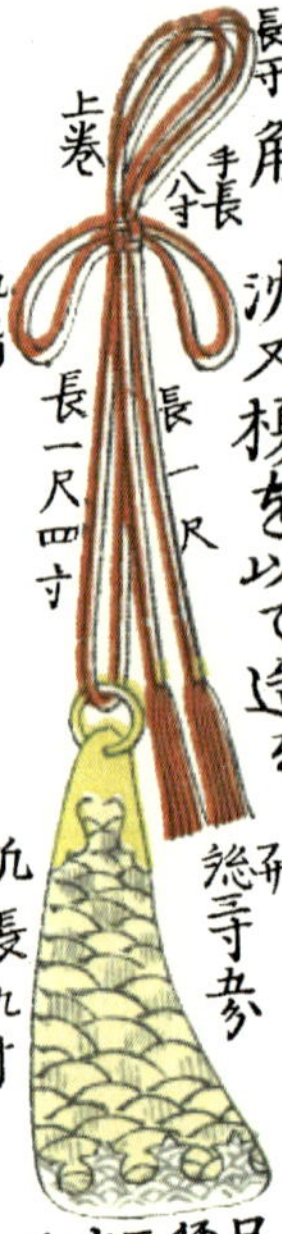

但此角及び鏡を帳臺に掛ること類聚雑要抄《ルヰジユザウエウセウ》に據《ヨ》る而るに宮中の式今無し賀茂別雷《カモワケイカヅチ》神社には角鏡枕を掛けたり

帳臺に角鏡を懸けたる圖

褥《ニク》茵《タム》

表大和錦裏白平絹
渡御の時帳臺の下
より之を前に延《ヒ》くべし

獅《シ》子、狛《コマ》犬　臺黒漆《クロヌリ》

帳臺前左右に相對す

左
獅子
黄色口開

右
狛犬
白色口閉

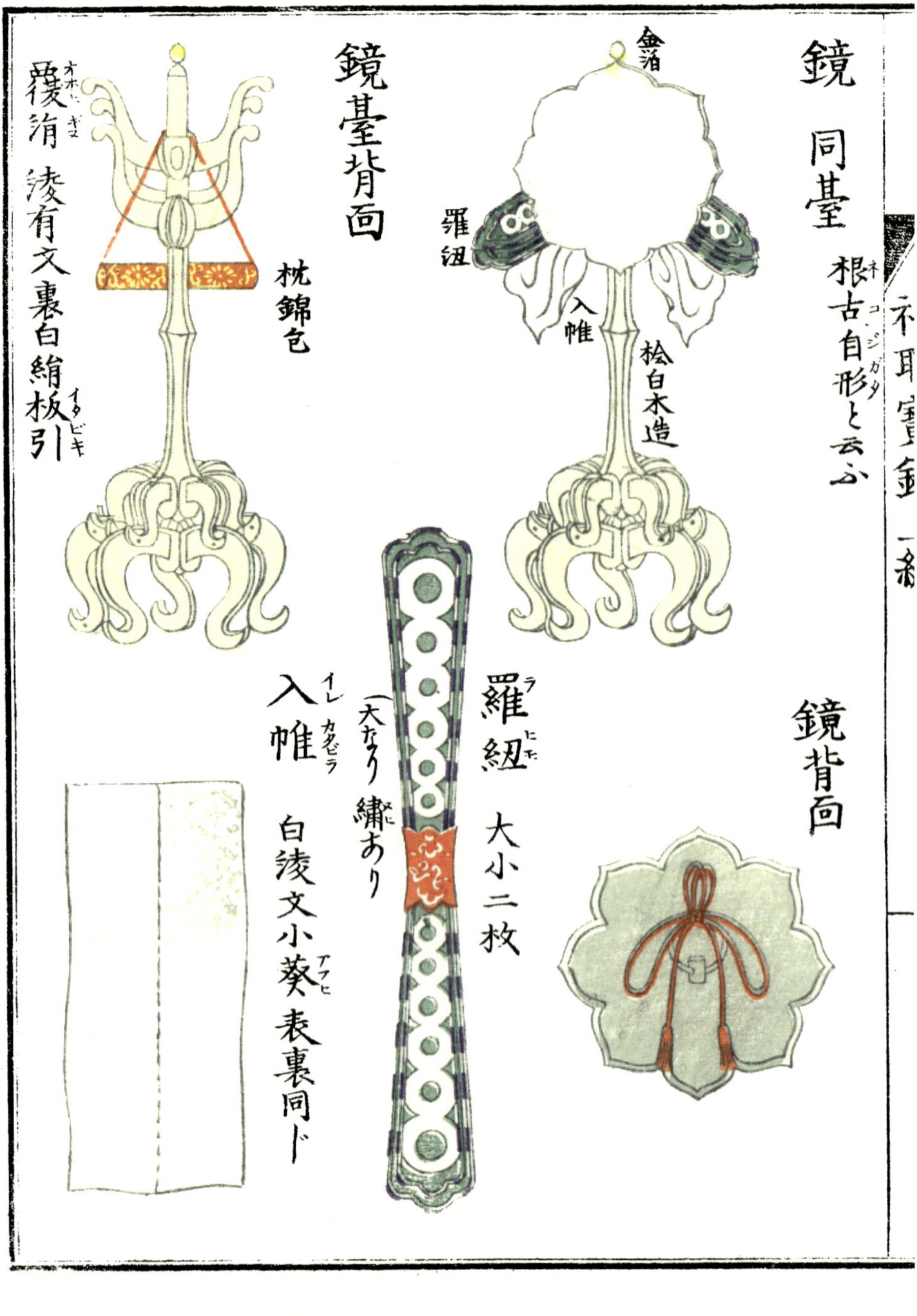
鏡 同臺
根《ネ》古《コヽ》自形《ジガタ》と云ふ
金箔
羅紐
入帷
桧白木造
鏡臺背面
枕錦包
覆《オホヒ》絹《ギヌ》 綾有文裏白絹板引《イタビキ》
鏡背面
羅《ラ》紐《ヒモ》 大小二枚
（大なり 繍あり
入《イレ》帷《カタビラ》 白綾文小葵《アフヒ》表裏同ド

几《キ》帳《チヤウ》

二基又は四基にして三尺几帳四尺几帳などあり帳臺の左右に立つ夏表生綾《スヾシアヤ》有文《ウモム》又平絹摺文《スリモム》裏白練野筋生綾《スヾシアヤ》又平絹泥繪《デイエ》蝶鳥《テフトリ》冬表綾有文又平絹摺文裏白練野筋綾又平絹蝶鳥を繍《ヌ》ふ釣緒《ツリヲ》練《ネリ》繰糸《クリイト》飾糸《カサリイト》総打《フサウチ》五筋蜷結《ニナムスビ》

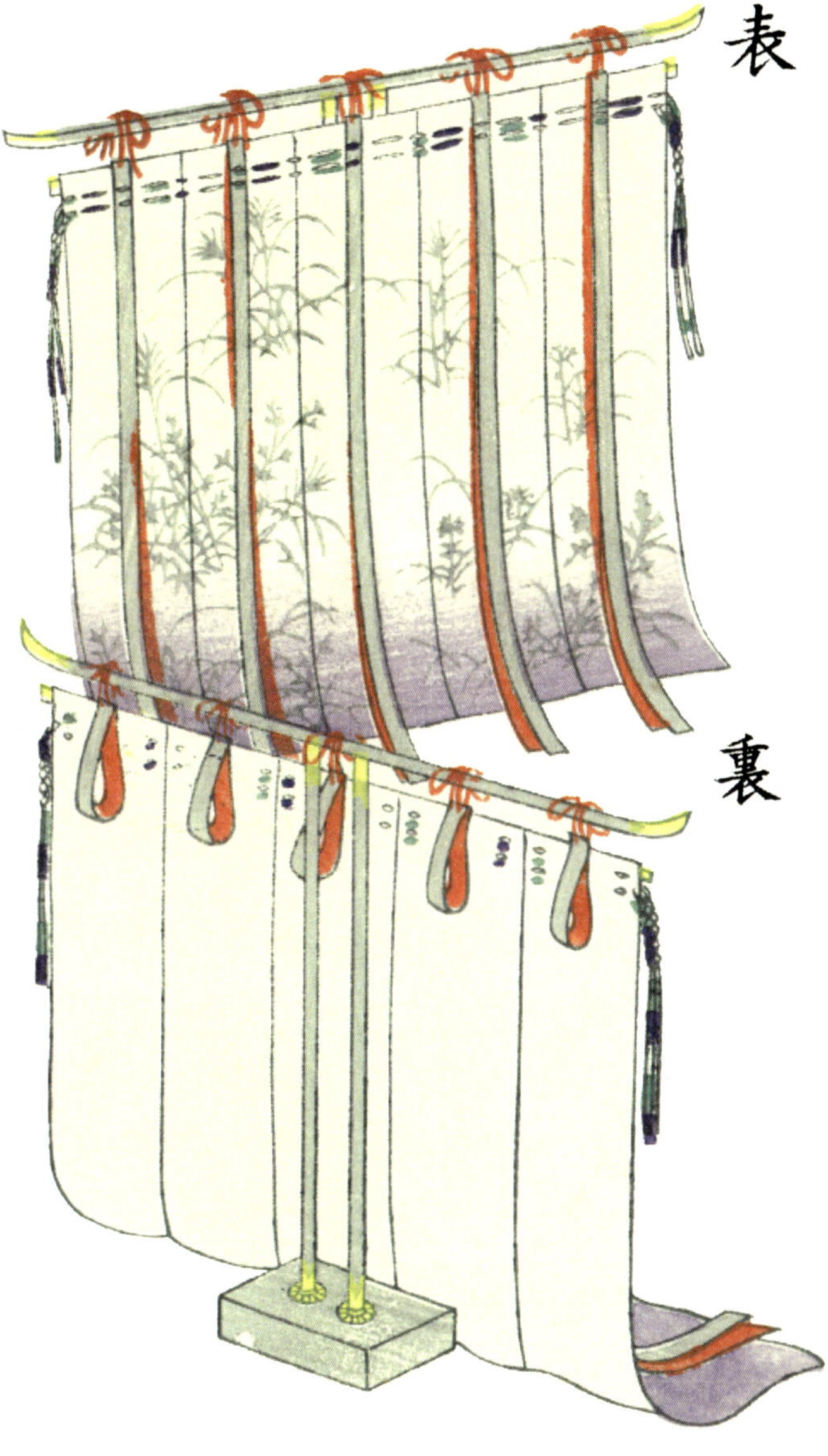

屏《ビヤウ》風《ブ》 一雙 錢形《ゼニガタ》又錢形ならざるもあり

帳臺の後に立つ五尺十一帖一双月次《ツキナミ》繪四季を各三帖に宛てゝ之を画く花鳥を画くもあり

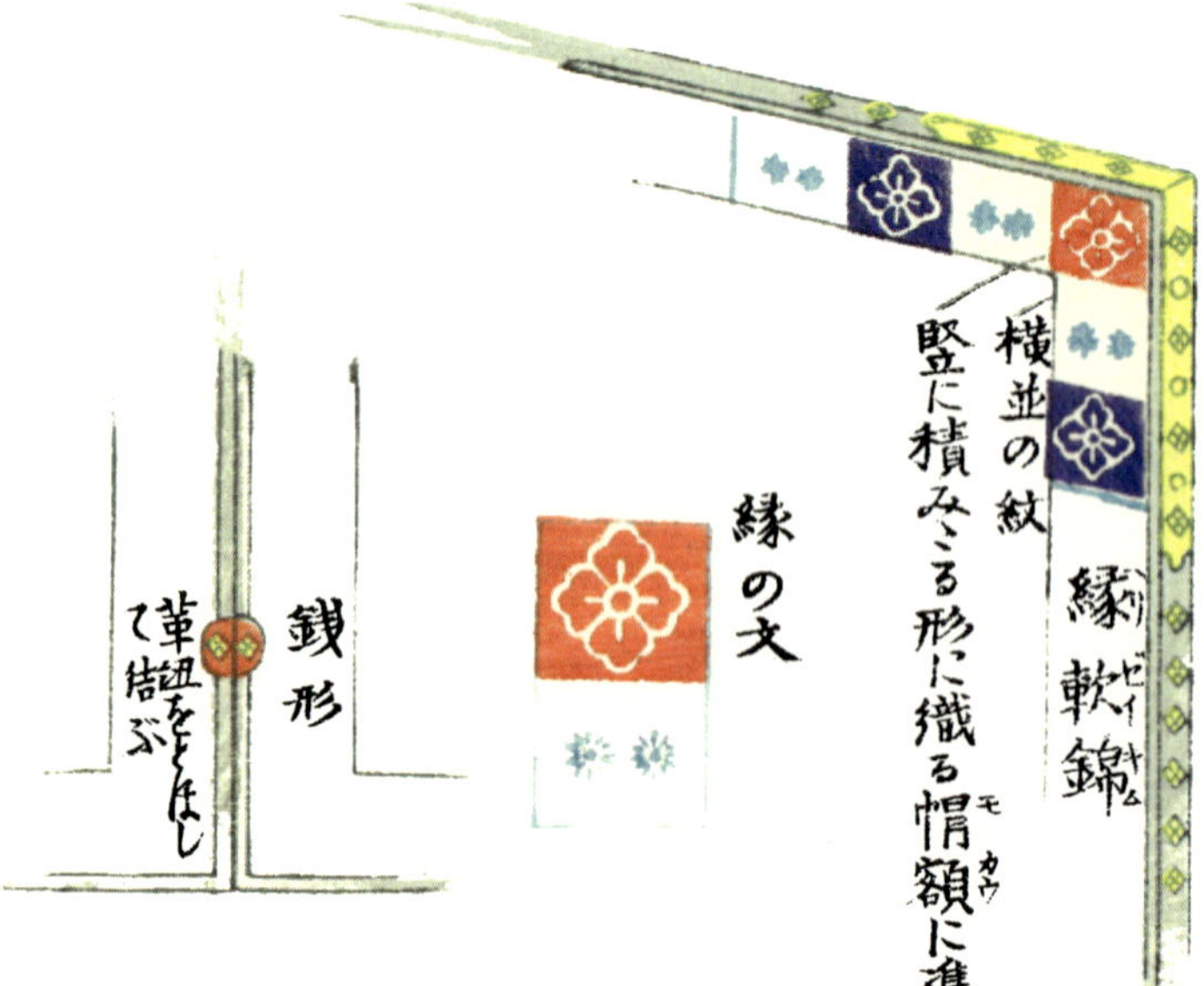

泔《ユスル》坏《ツキ》　同臺

覆《オホヒ》　生絹

銀

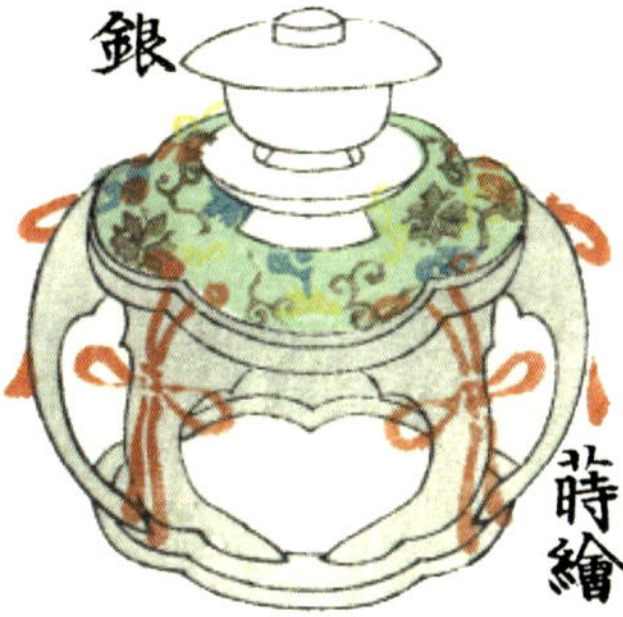

蒔繪

打《ウチ》亂《ミダレイ、》筥《ハコ》　蒔繪

櫛《クシ》筥《バコ》　蒔繪

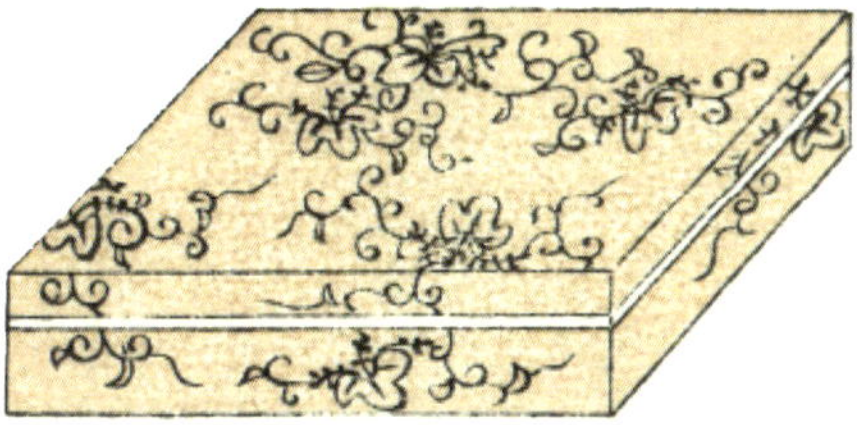

硯《スヾリ》筥《バコ》　蒔繪

櫛筥内圖《クシバコ》

耳決《ミヽカキ》　鋏《ハサミ》　鑷子《ケヌキ》

櫛《クシ》　髪掻《カミカキ》　櫛掃《クシハラヒ》

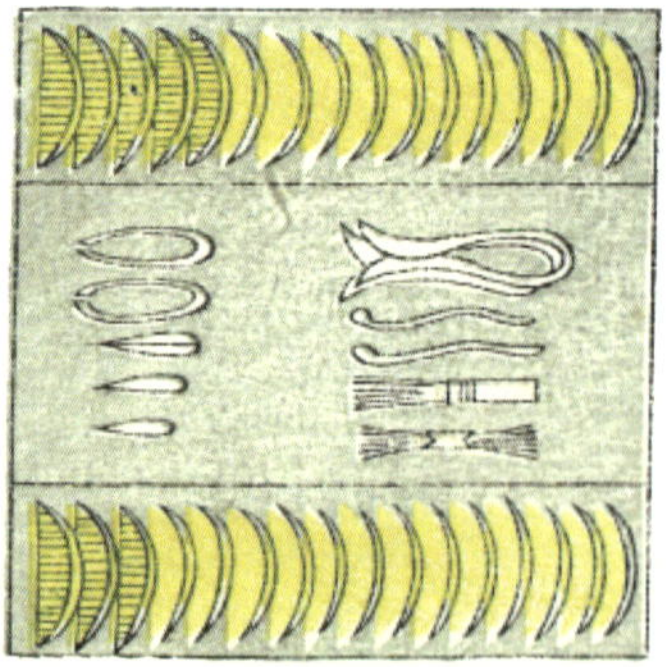

硯筥内圖

硯《スヾリ》　水注《ミヅサシ》　墨《スミ》　小刀《コガタナ》　瑩《ミガキ》

尺《サシ》　筆《フデ》

上重《ウハガサネ》

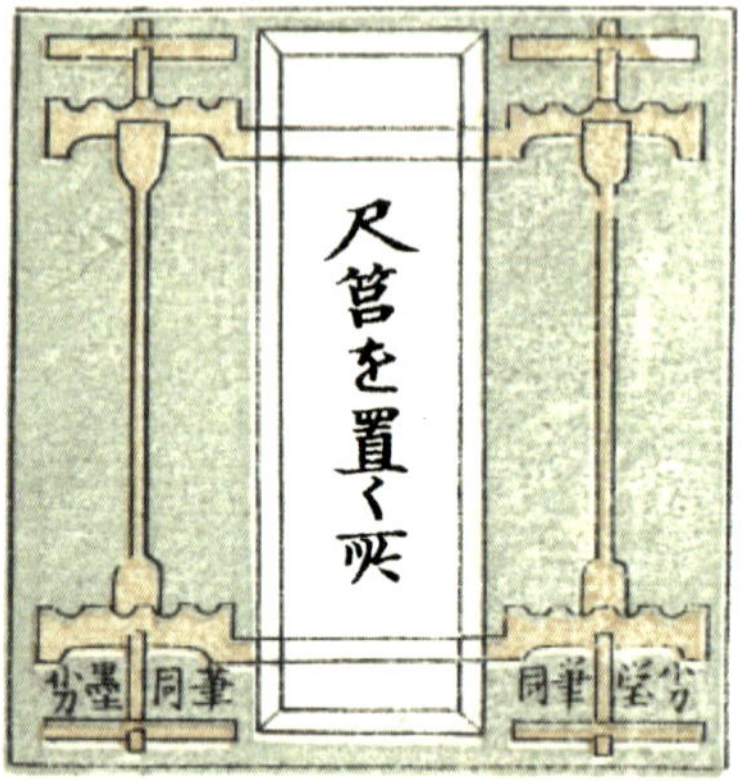

下重《シタガサネ》

右泔坏等は厨子《ヅシ》又は机に陳列し置くべし是類猶ありといへども

今其一二を挙るのミ

劍《ケム》

木地《キヂ》螺鈿《ラデム》
蒔繪《マキエ》螺鈿《ラデム》

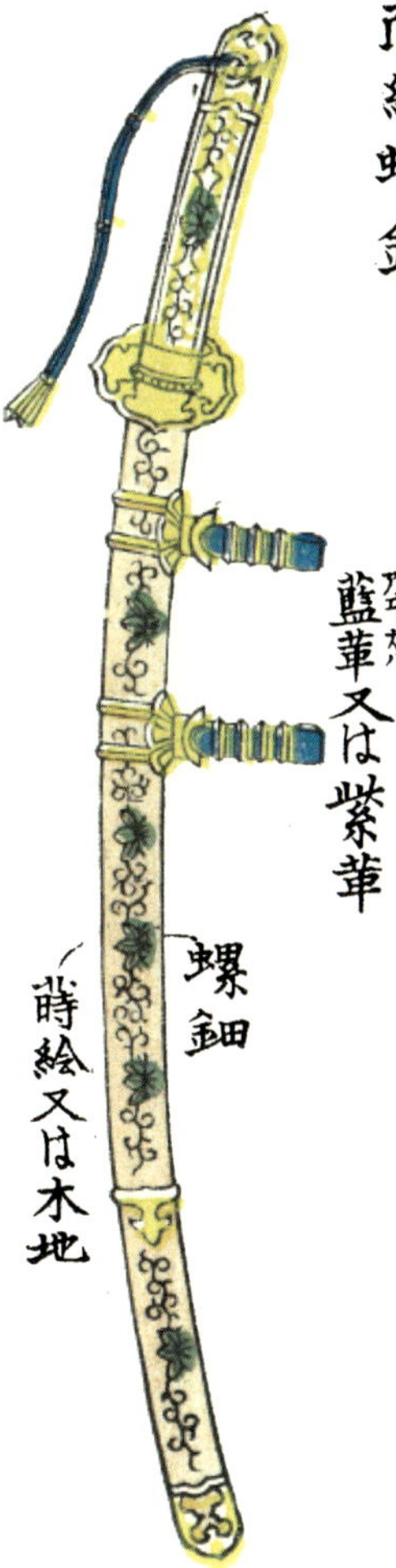

袋大和錦裏紅平絹紐白練《ヨロノネリ》繰糸《クリイト》八打《ヤツウチ》總付《フサツキ》

平緒《ヒラヲ》

紫緂《ムラサキダム》纈帶《カラクミ》 或は白糸平打無文《シロイトヒラウチムモム》

此を續《ツヾキ》平緒《ヒラヲ》といふ

剣又圖

古式

玉纏《タママキノ》太刀《タチ》

檜扇《ヒアフギ》

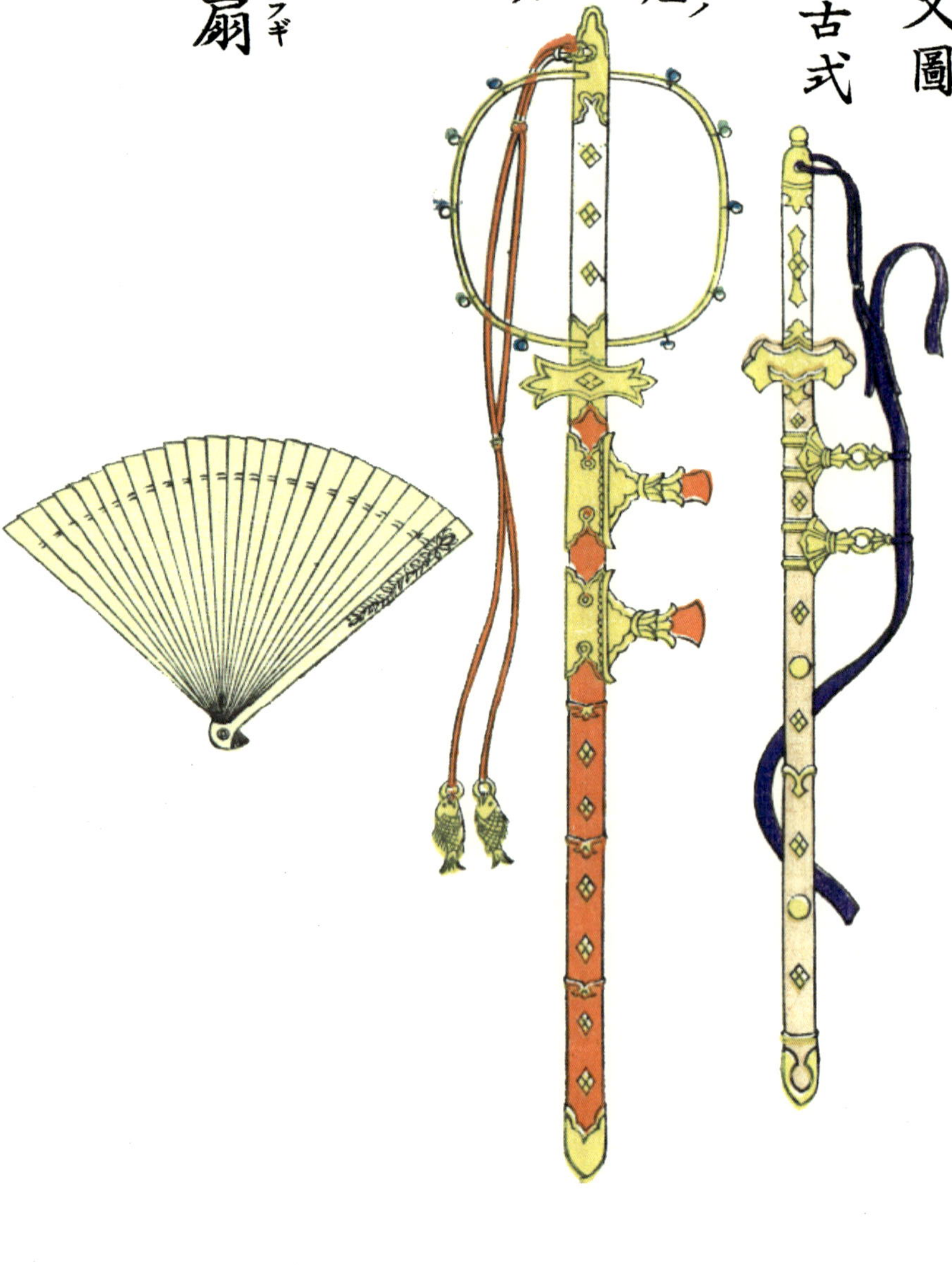

弓《ユミ》

彇《ユハヅ》銀或は塗物 弣《ユヅカ》錦又は綾 樺巻《カバマキ》は檀紙《ダムシ》 弦《ツル》生絹一幅

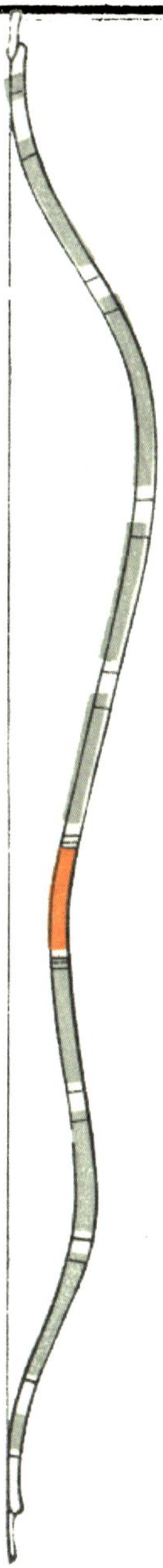

袋《フクロ》 大和錦裏紅平誚紐白練繰糸八打

矢《ヤ》

蟇目《ヒキメ》

雁又《カリマタ》

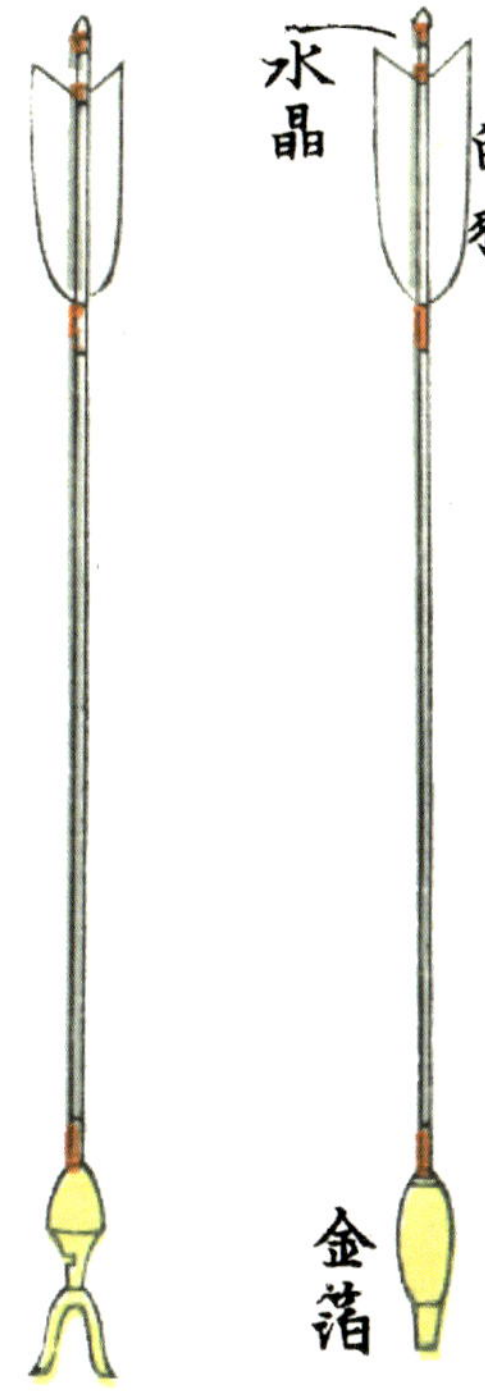

平《ヒラ》胡《ヤナ》籙《グヒ》

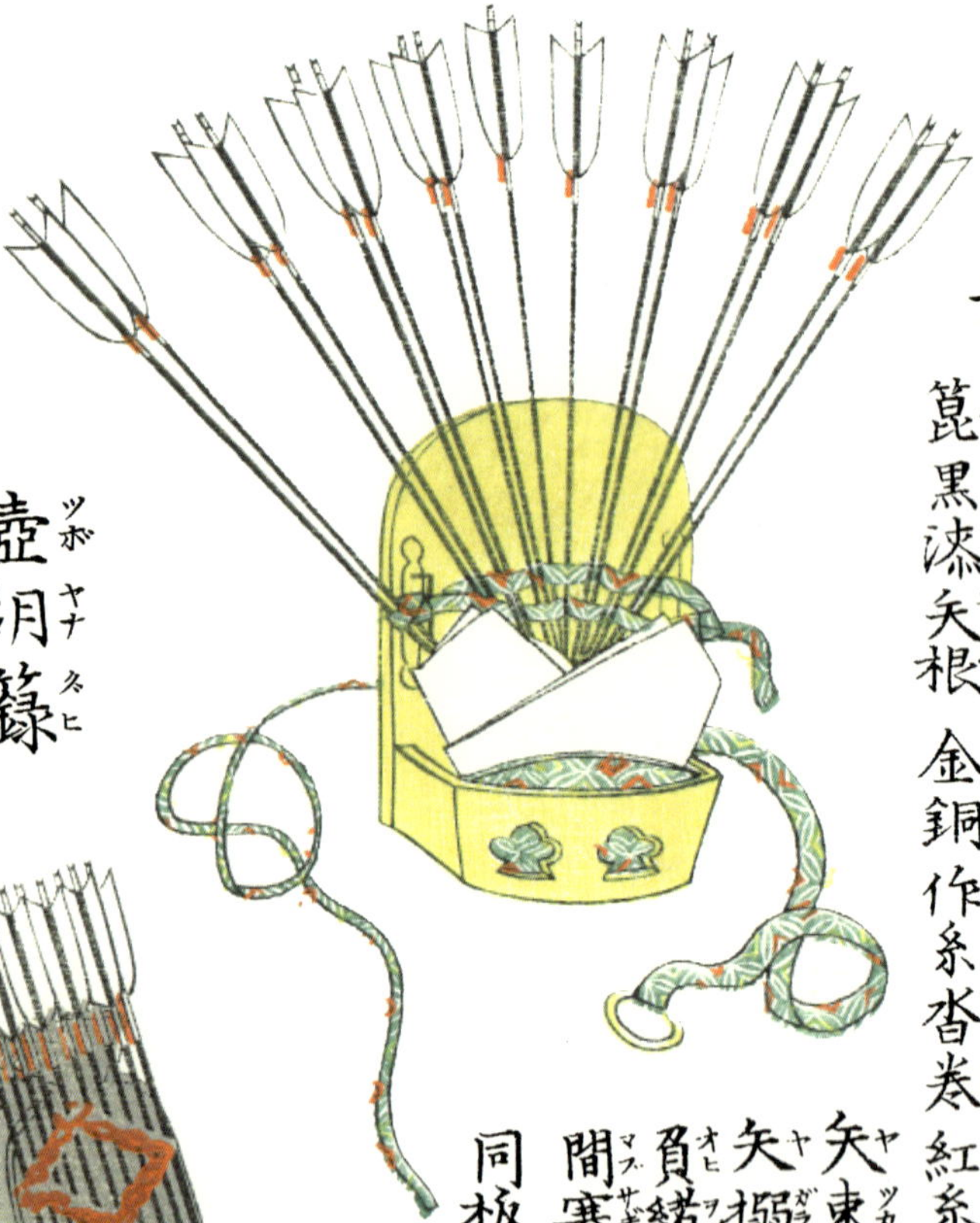

蒔《マキ》繪《エ》又木《キ》地《ヂ》螺《ラ》鈿《テム》蒔繪螺鈿

矢

征《ソ》矢《ヤ》上《ウハ》差《ザシ》共廿一筋又十六筋もあり鷲白羽水晶筈《ハズ》

箆《ノ》黒漆矢《ヤ》根《ネ》 金銅作糸沓《クツ》巻《マキ》紅糸

壺《ツボ》胡《ヤナ》籙《クヒ》

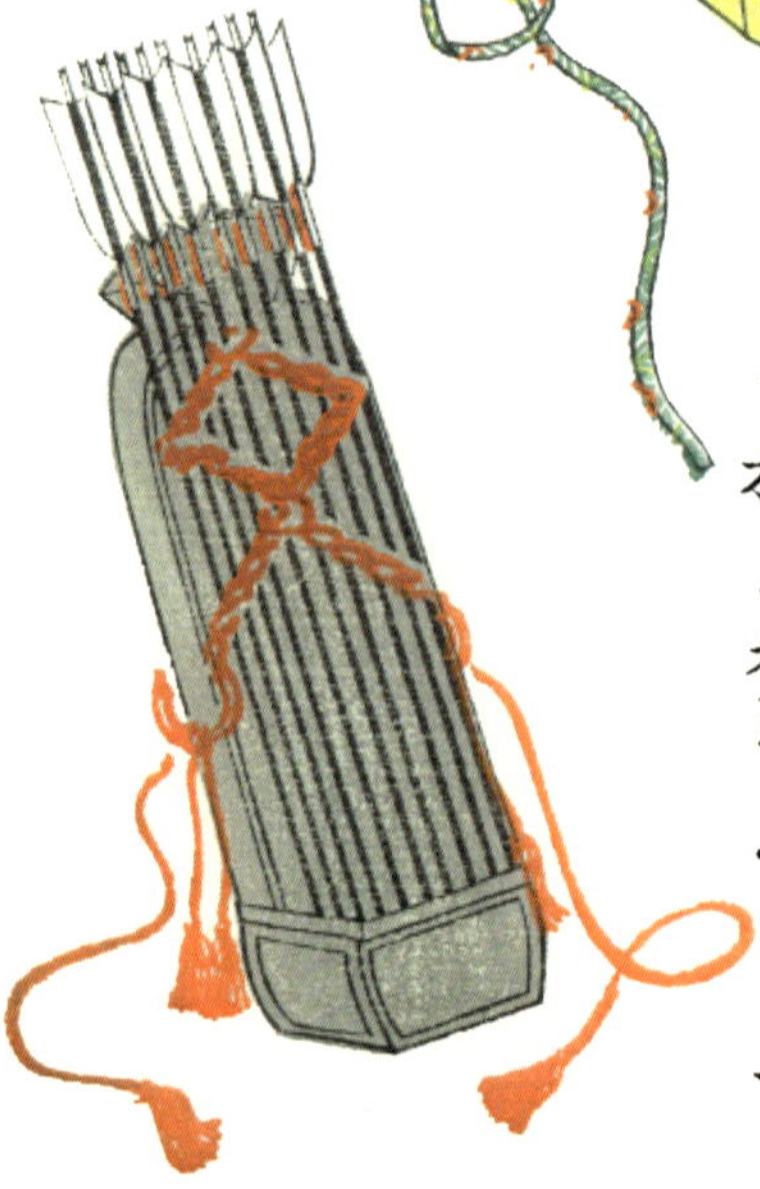

矢《ヤ》束《ツカ》 紅白綾蝶《テナ》緒《ヲ》露《ツユ》 水晶

矢《ヤ》搦《ガラミ》 大和錦平紐

負《オヒ》緒《ヲ》 同上 鐶《クハム》付

間《マブ》塞《サギ》 白檀紙二枚重

同板 大和錦を以て之を裹む

内陣装飾位置略圖

調度具は帳臺の左右に奉置すべし但剣は宮中の式南面の御座には東に置き柄《ツカ》南刄《ハ》東なり北面之に同じ御座の右なり東面には南に置き柄西刄南なり御座の右なり西面之に同じ御座の左となるなり

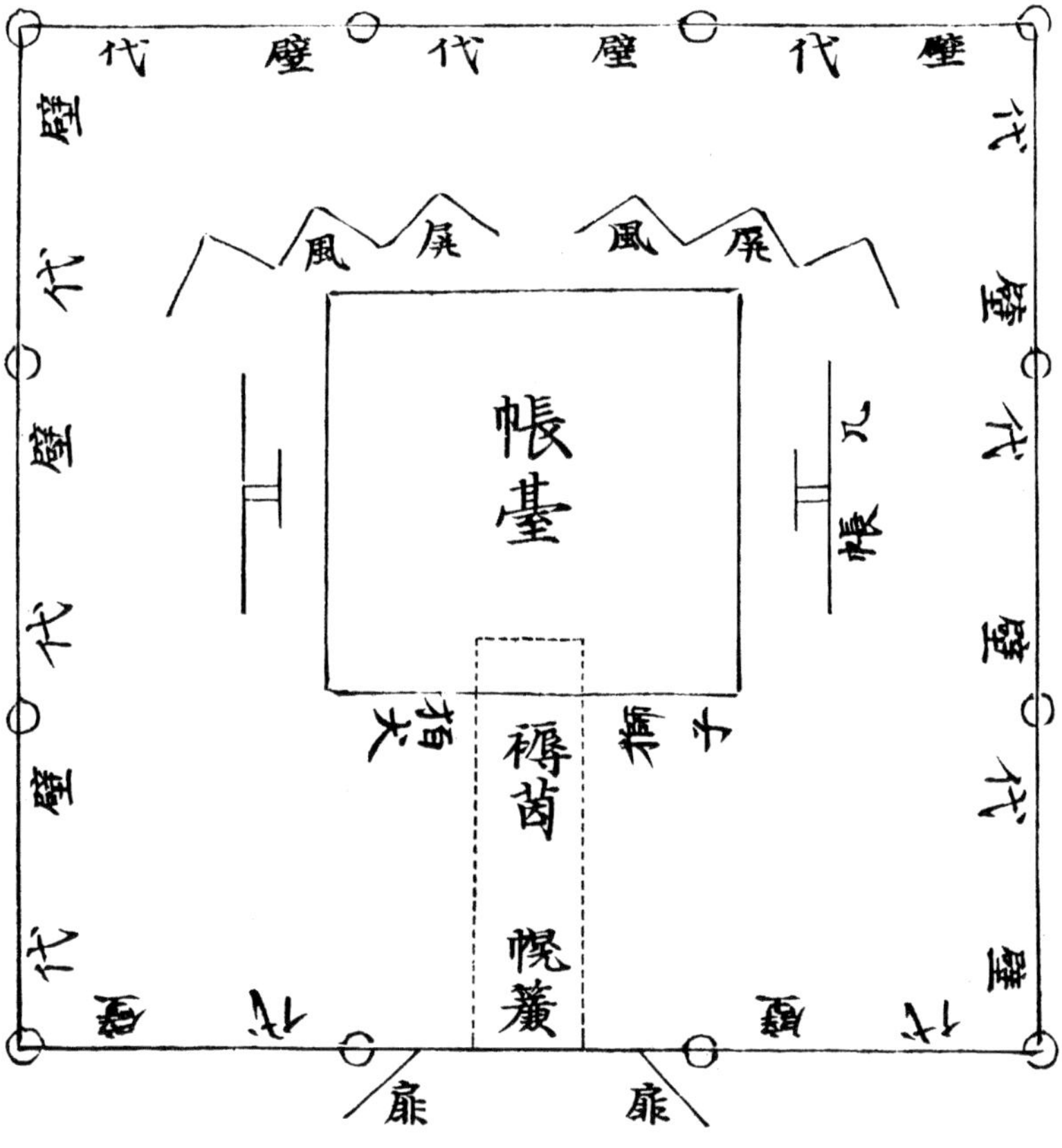

門帳《モムチヤウ》
白地織物又平絹野筋共表裏同じ又平絹にして野筋なきもあり中門大門の扉外に懸くべし

真榊《マサカキ》二本
社前左右に之を建つ共に五色の絹を垂れ左に鏡玉右に劔を挂《カ》くべし

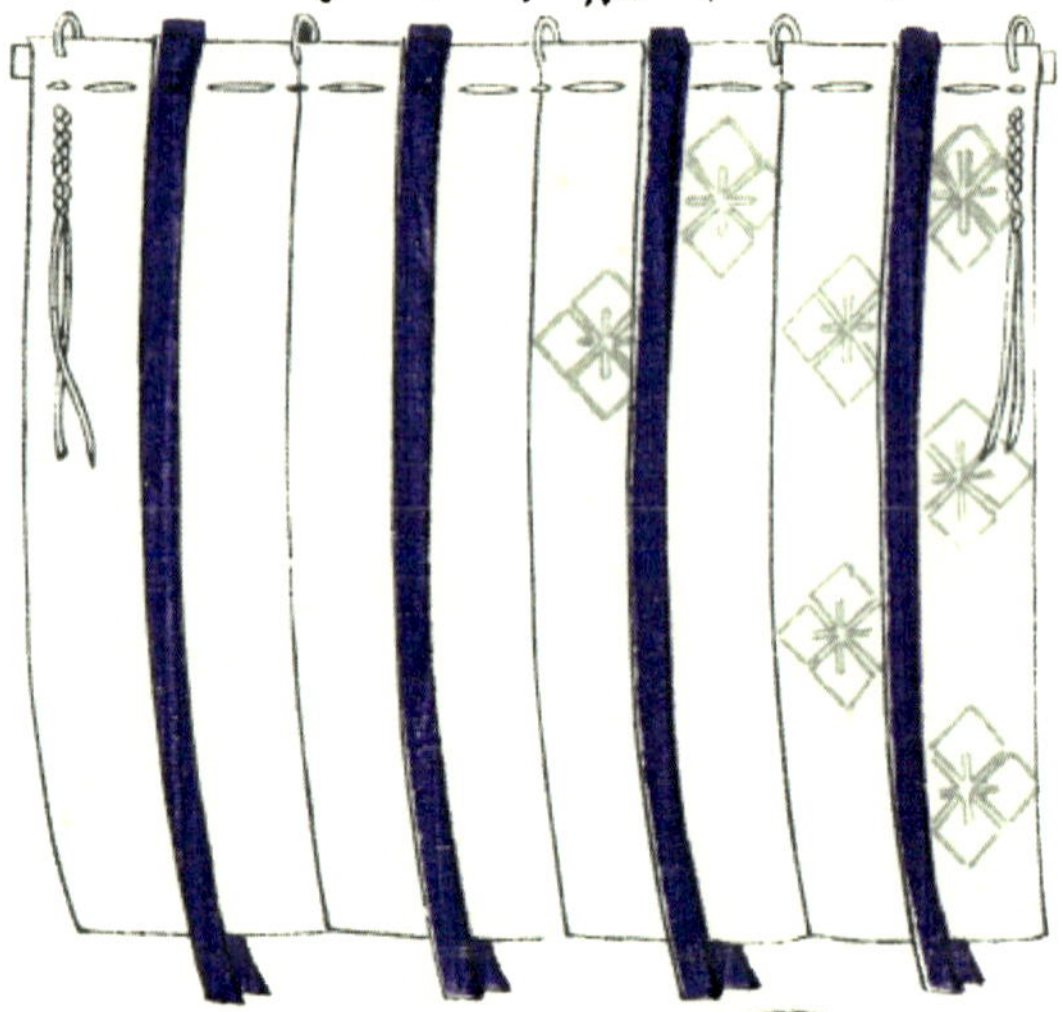

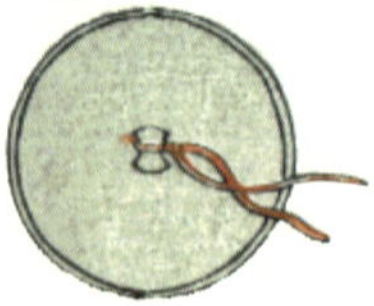

劔
白《シラ》鞘《サヤ》に収め大和錦袋入真紅《シンク》の総を付くべし

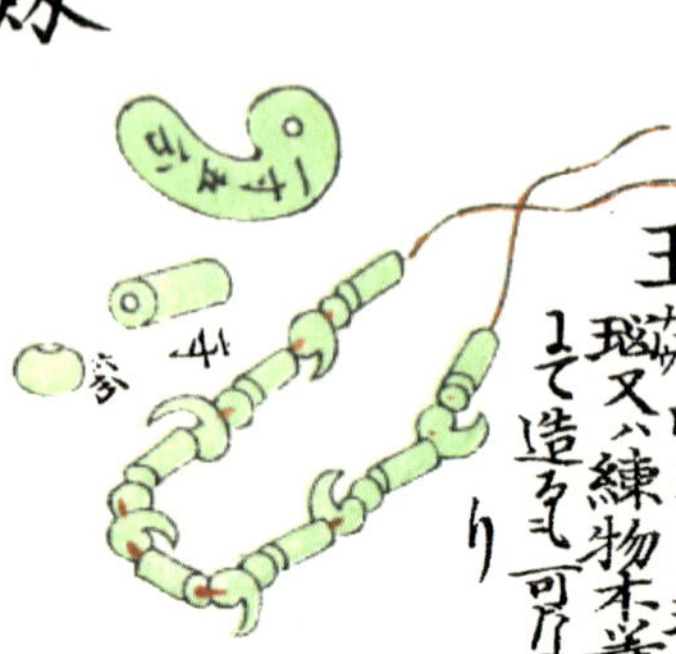

鏡
径八寸許裏に図の如く紐を付くべし

玉
水晶或は瑪《メ》瑙《ナウ》又ハ煉物木等にて造るも可なり

楯《タテ》

表裏黒漆《クロヌリ》

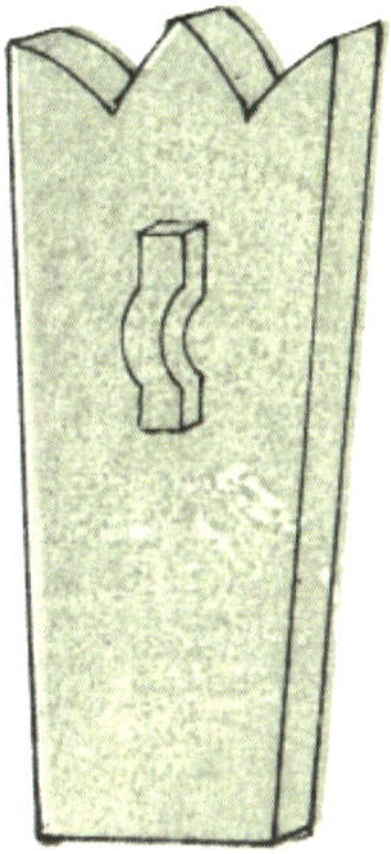

矛《ホコ》

鋩《ホサキ》銀箔　鍔《ツバ》金箔

柄《エ》黒漆

比禮《ヒレ》赤地錦表裏

同じ

紋金物

旗《ハタ》

祭場に旗を立ること神代の遺風にして朝賀の儀に武官萬《バム》歳《ゼイ》の旗を振る事あり最吉例なれは社前に建てゝよし

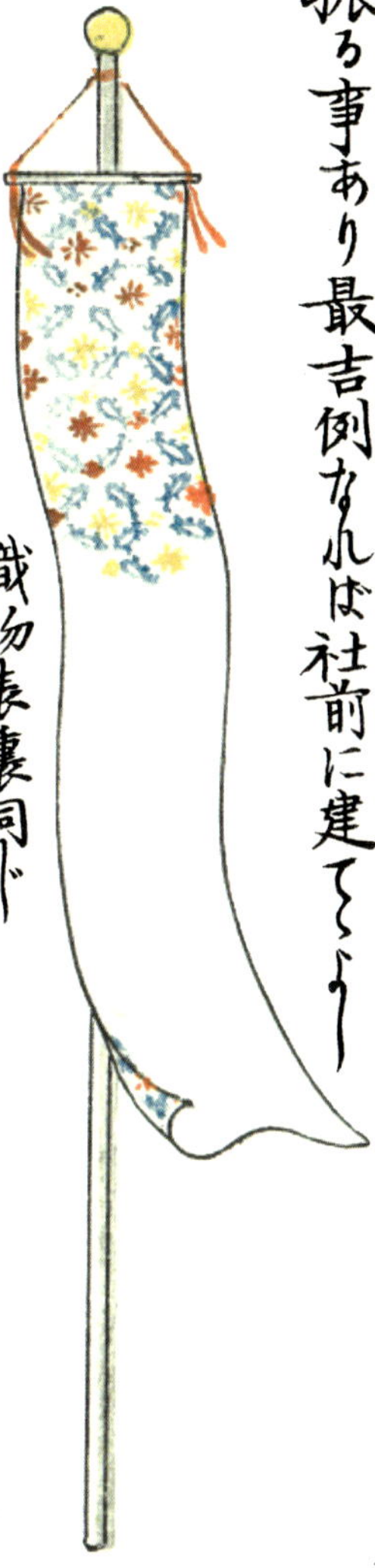

織物表裏同じ

齋《ユミ》竹《ダケ》

葉付の青竹に注連縄を張り四垂紙を付く祭日門鳥居等出入の要所に之を建つ地鎮祭の如きは其地域四面に建て又は一本で四隅にたつべし

祭器及樂器

神社祭式及び其他に就きて普通用ゐ易きものを挙ぐ此其大略なり猶諸社在来の式あらば其宜に隨ふべし

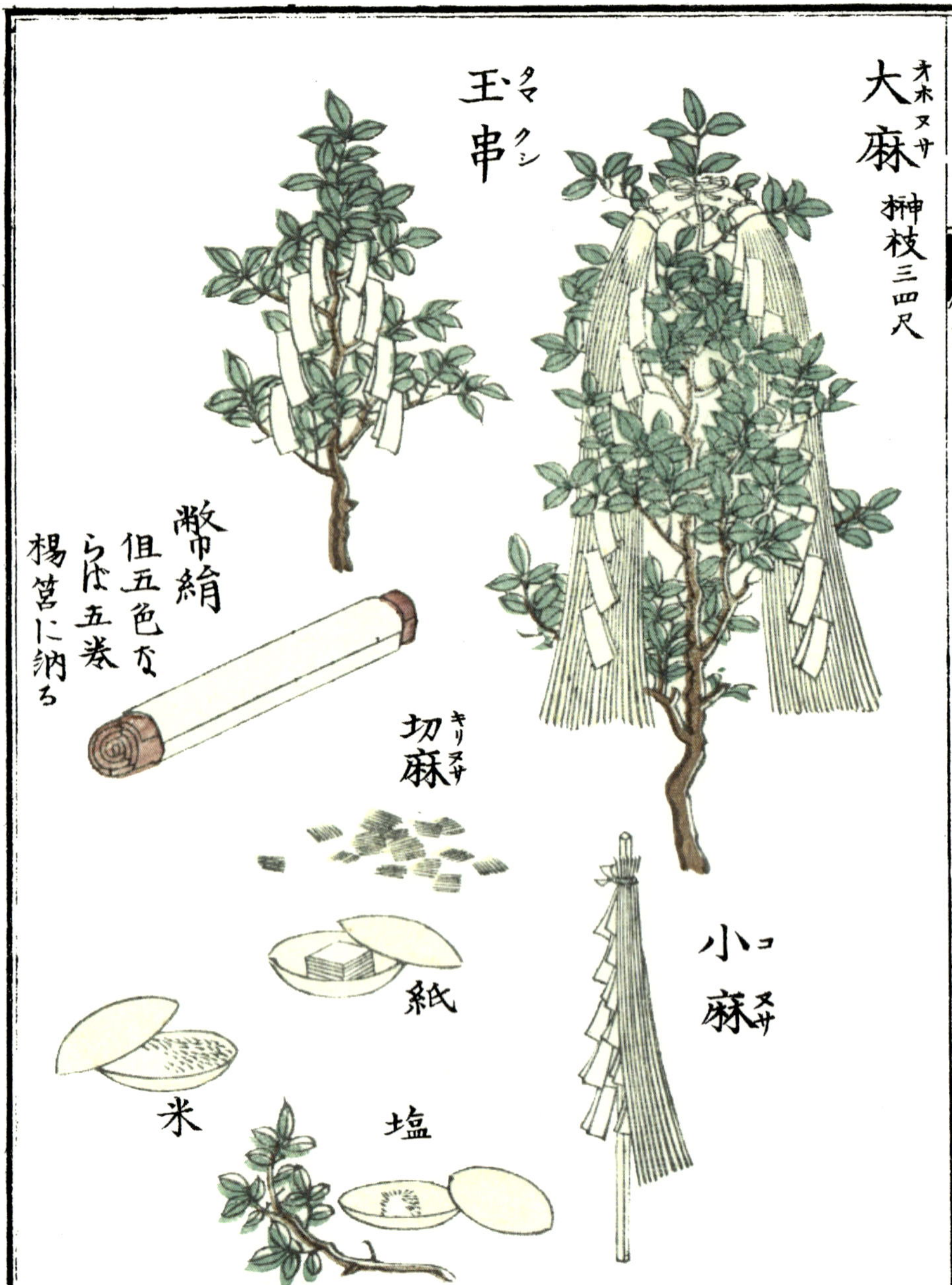
大麻《オホヌサ》
榊枝三四尺
玉串《タマクシ》
切麻《キリヌサ》
幣絹
但五色ならば五巻
楊筥に納る
小麻《コヌサ》
紙
米
塩

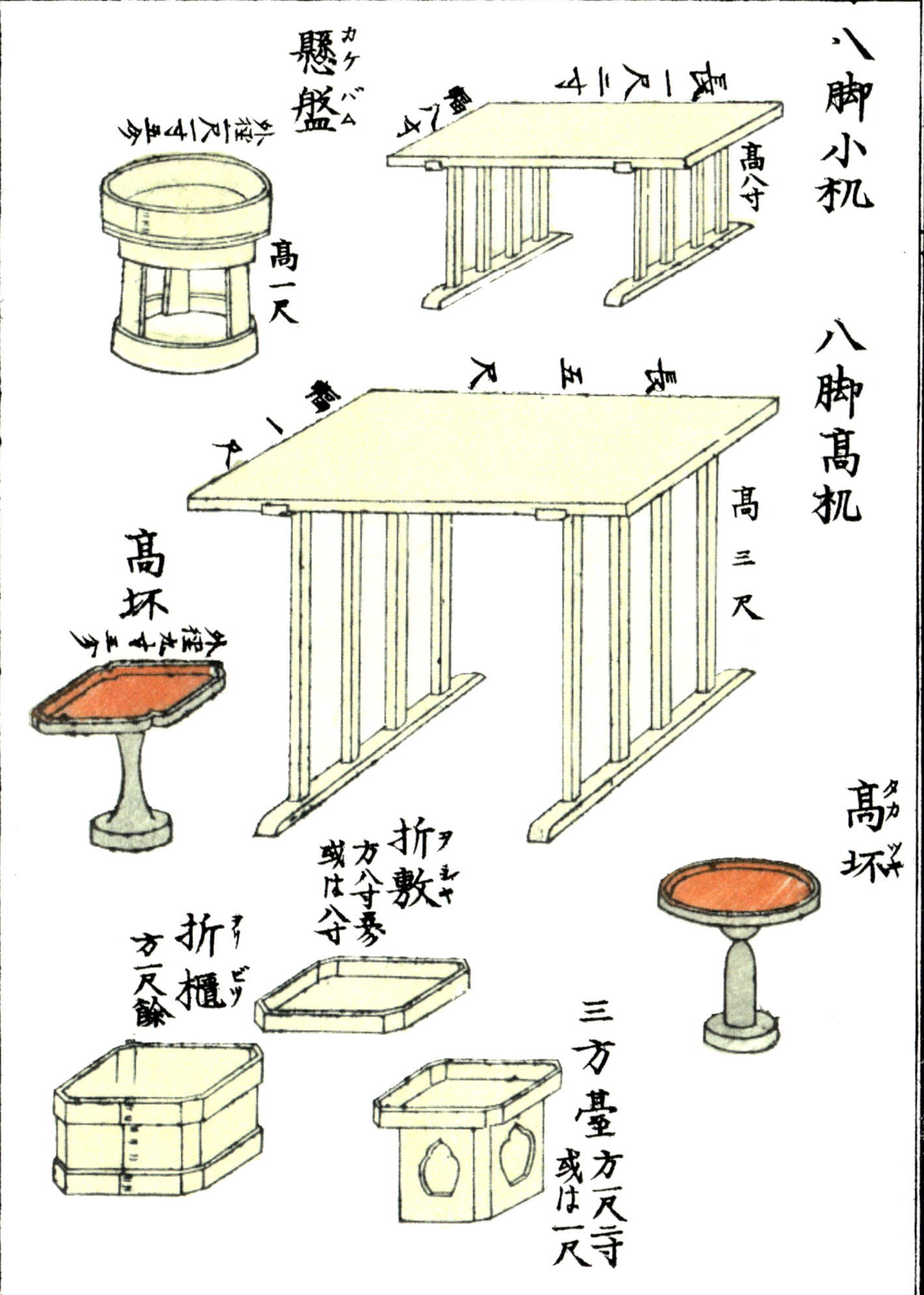
八脚小机
長一尺二寸
幅八寸
高八寸
懸盤《カケバム》
外径一尺一寸五分
高一尺
八脚高机
長五尺
幅一尺
高三尺
高坏
外径九寸五分
高坏《タカツキ》
折敷《ヲシキ》
方八寸参
或は八分
折櫃《ヲリビツ》
方一尺餘
三方臺
方一尺寺
或は一尺

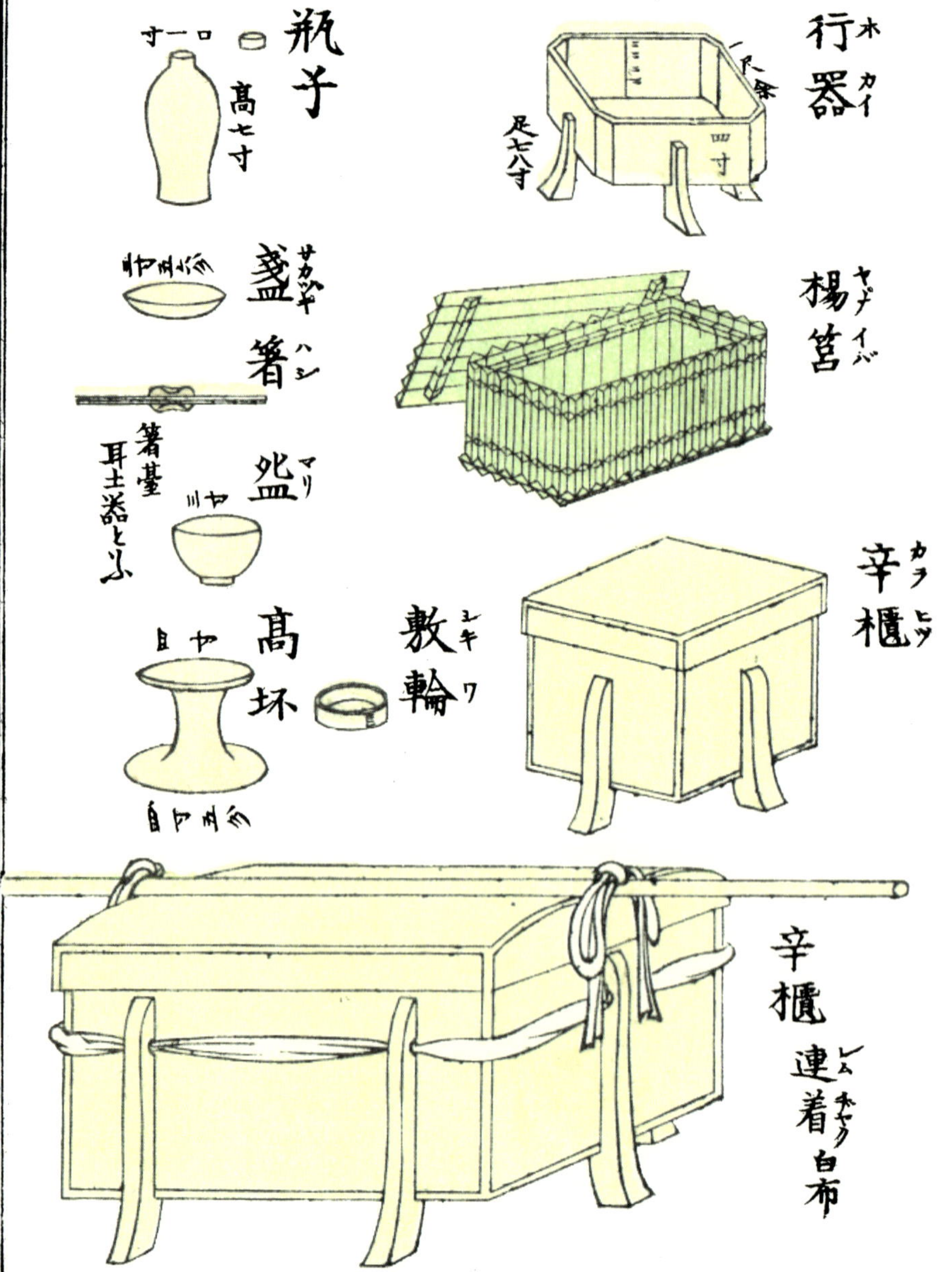
瓶子
口一寸
高七寸
行器《ホカイ》
足七八寸
楊《ヤナ》筥《イバ》
盞《サカヅキ》
箸《ハシ》
箸臺
耳土器とふ
埦《マリ》
高坏
敷《ユキ》輪《ワ》
辛《カラ》櫃《ヒツ》
辛櫃
連着白布

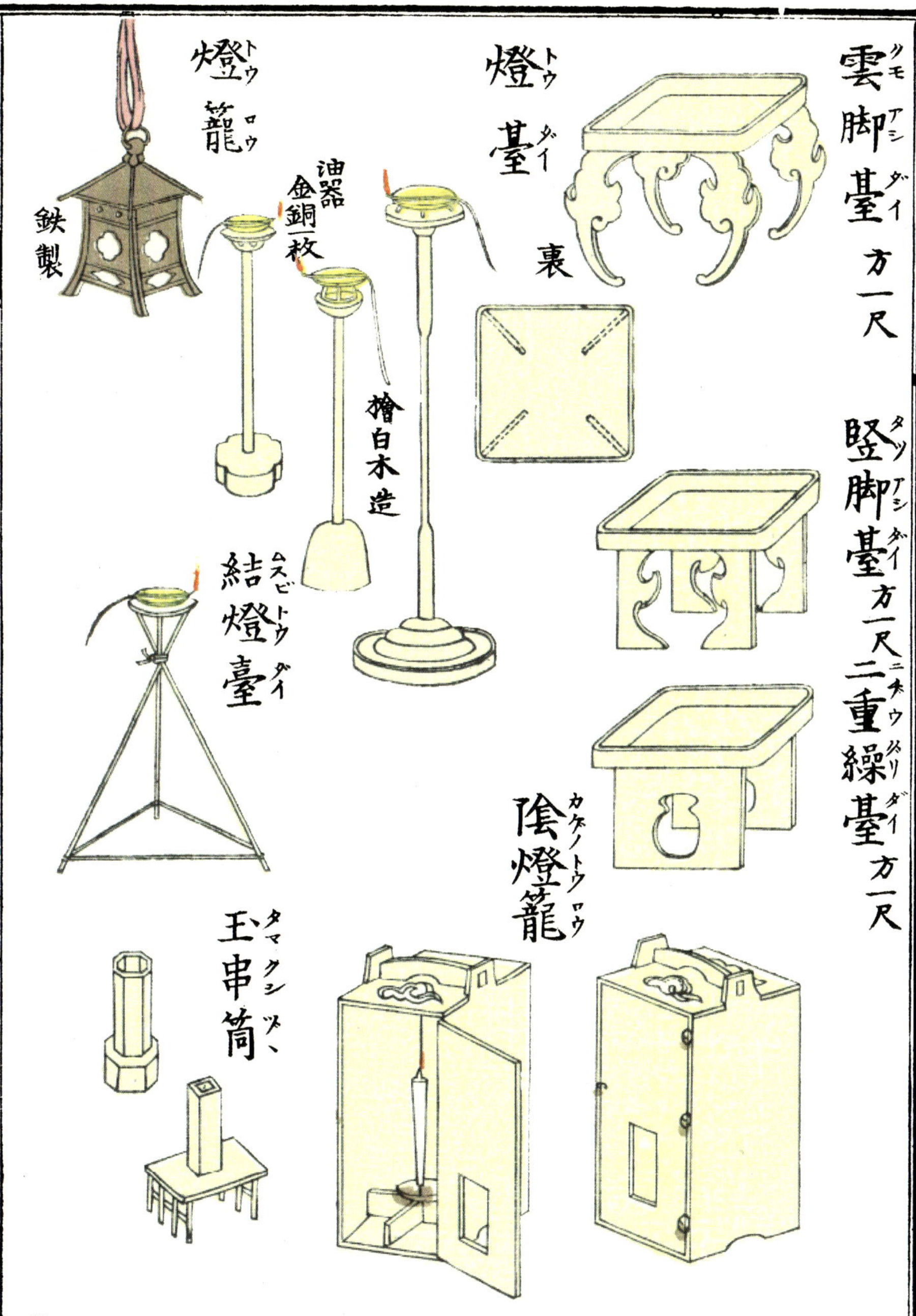
雲脚臺《クモアシダイ》方一尺
裏
燈臺《トウダイ》
燈籠《トウロウ》
鉄製
油器
金銅一枚
檜白木造
竪脚臺《タツアシダイ》方一尺
二重繰臺《ニヂウクリダイ》方一尺
結燈臺《ムスビトウダイ》
陰燈籠《カゲノトウロウ》
玉串筒《タマクシヅヽ》

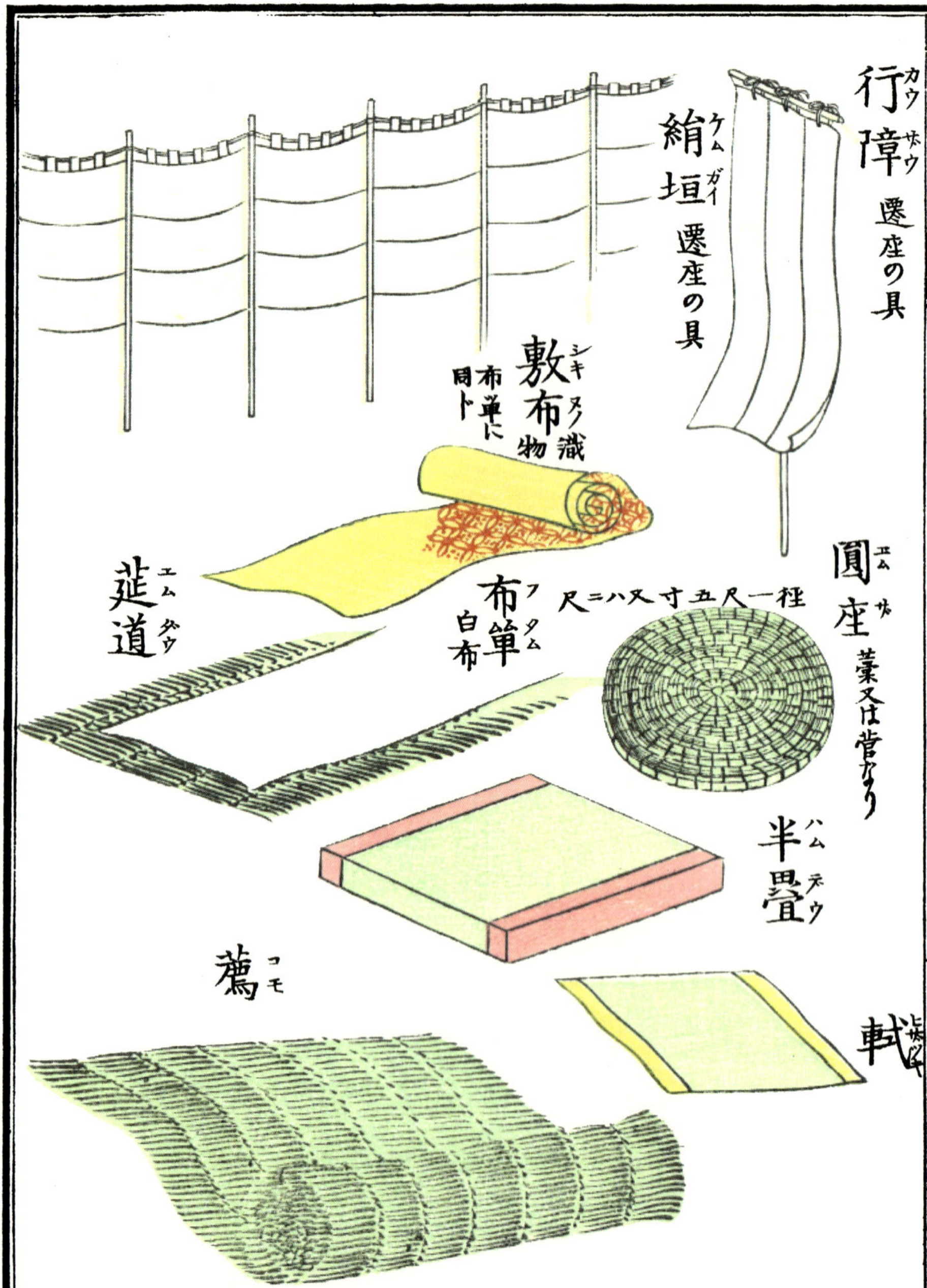

行障《カウサウ》
遷座の具
絹垣《ケムガイ》
遷座の具
敷布《シキヌノ》
織物
布単に同ド
圓座《エムザ》
藁又は菅なり
径一尺五寸又ハ二尺
布単《フタム》
白布
莚道《エムダウ》
半畳《ハムデウ》
軾
薦《コモ》

幔《マン》

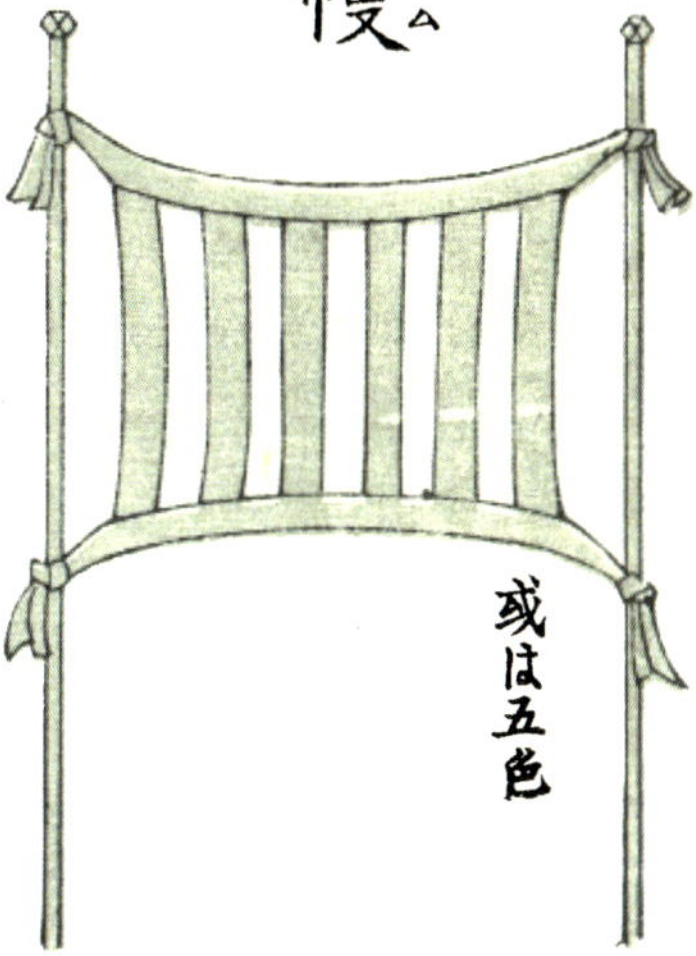

斑《ハン》幔《マン》

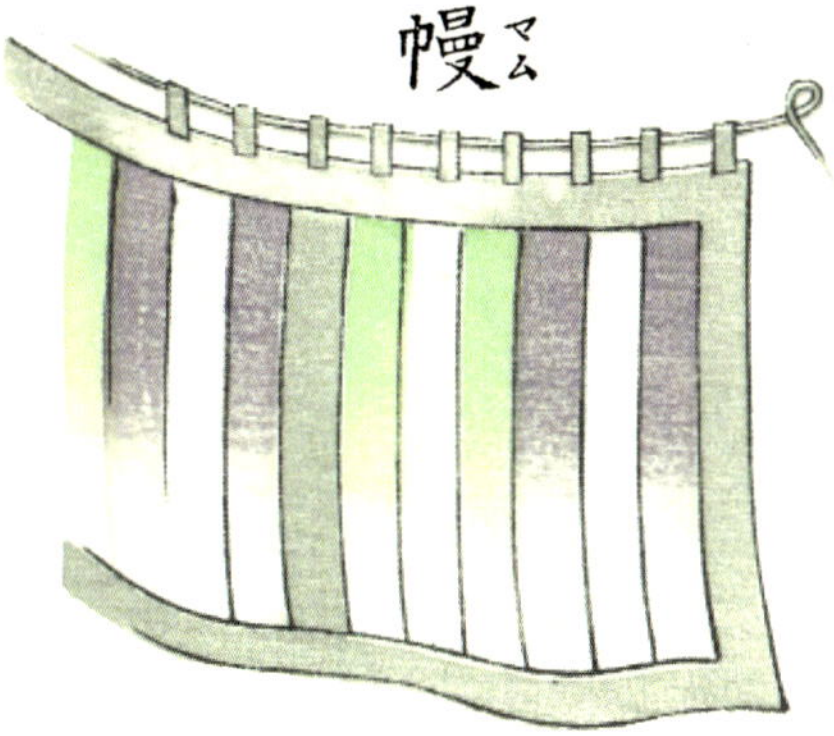

白《ハク》幔《マン》

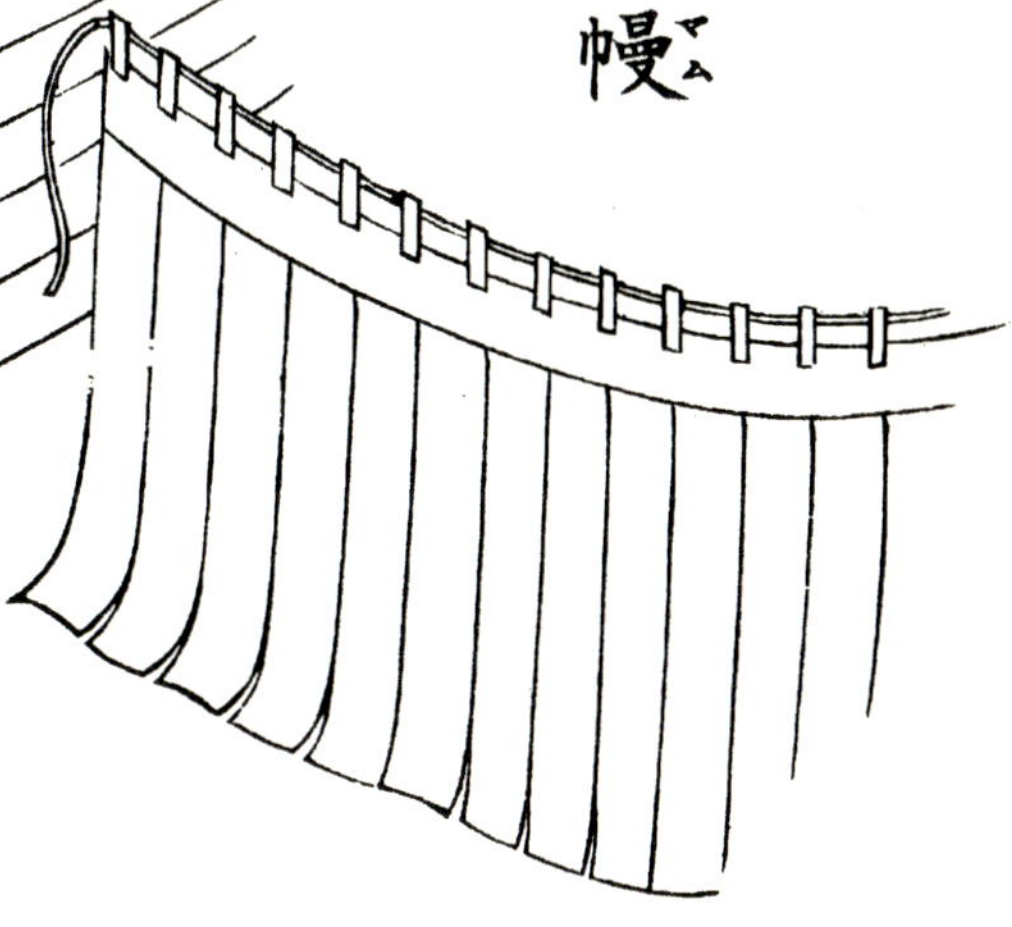

幕《マク》

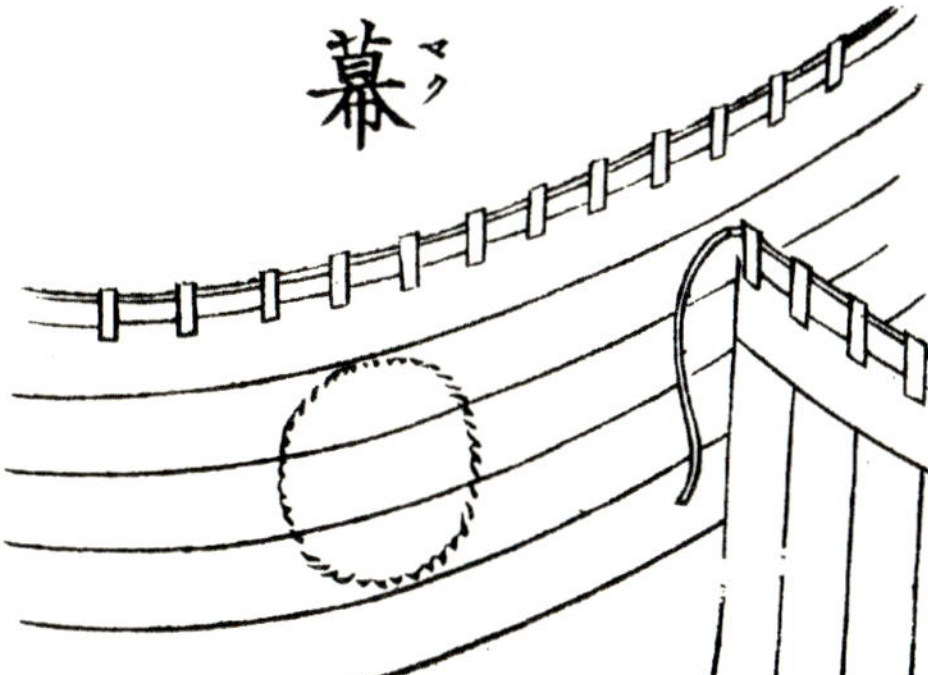

幄《アク》舎《シヤ》

屋は板雨障子等にて葺き三方へ幔を張るべし

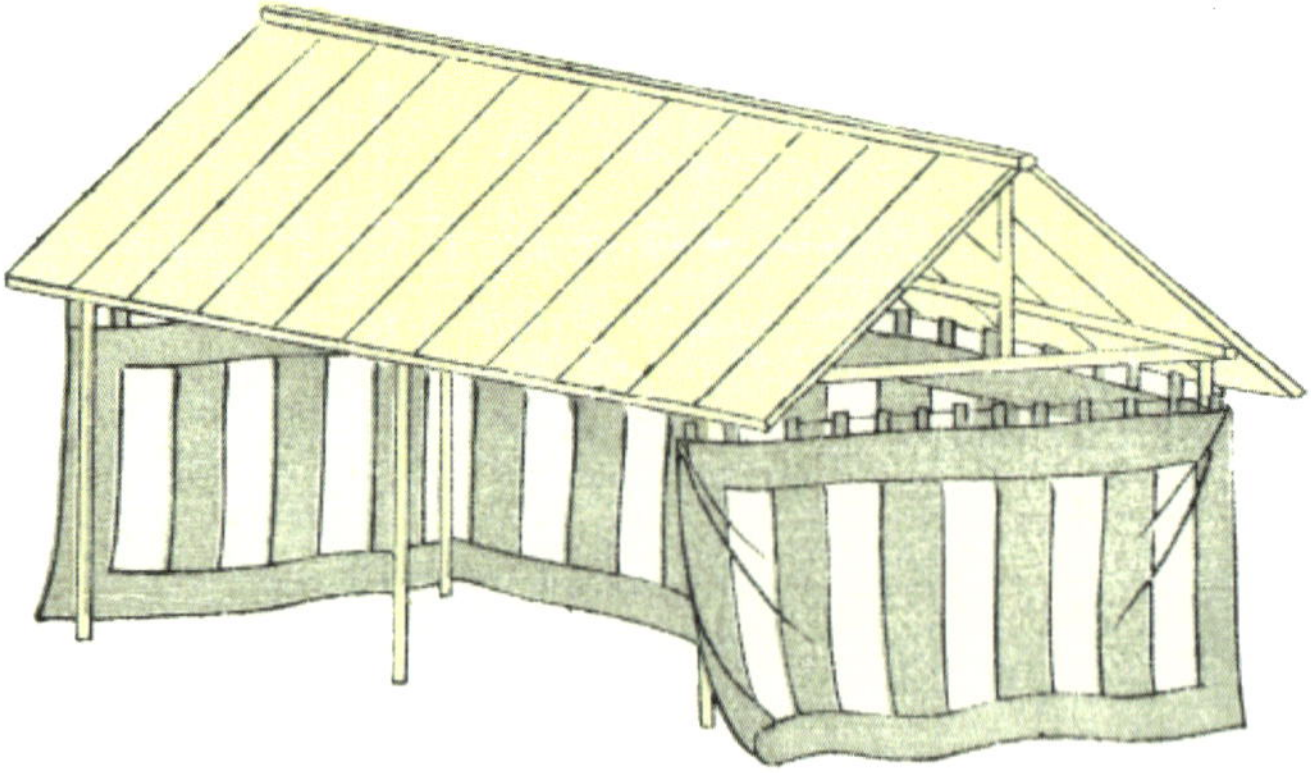

又圖

幔を以て作る

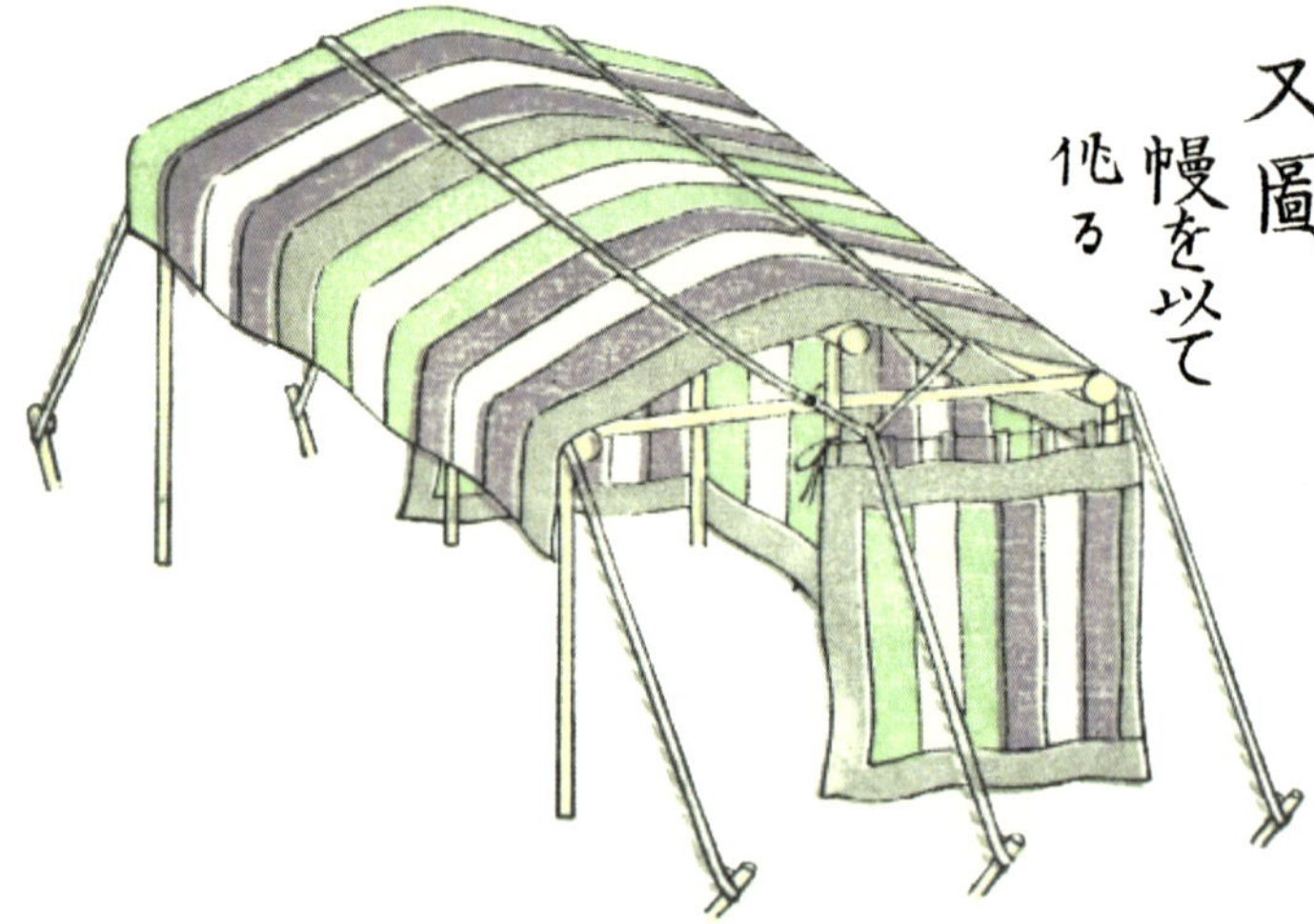

手水桶《テミヅヲケ》

杓

手拭紙《テヌグヒガミ》

水漉《ミヅコシ》

同臺

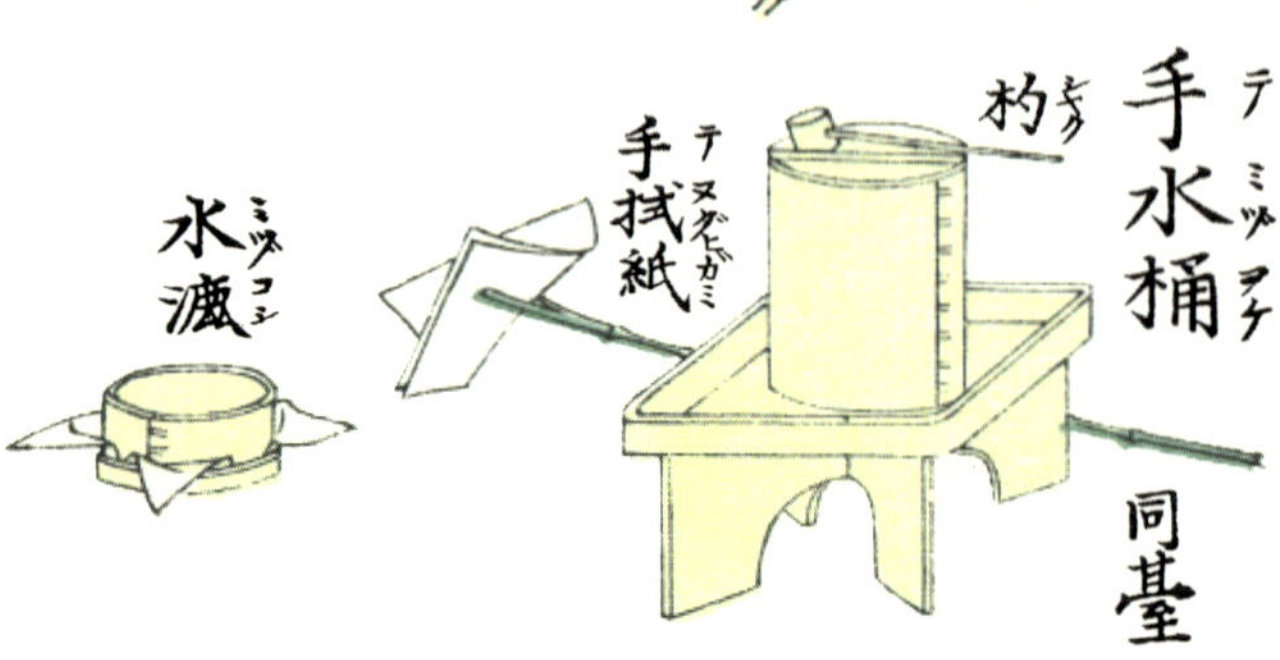

羽車《ハクルマ》

羽車に錦蓋を覆《オホ》ひたる図

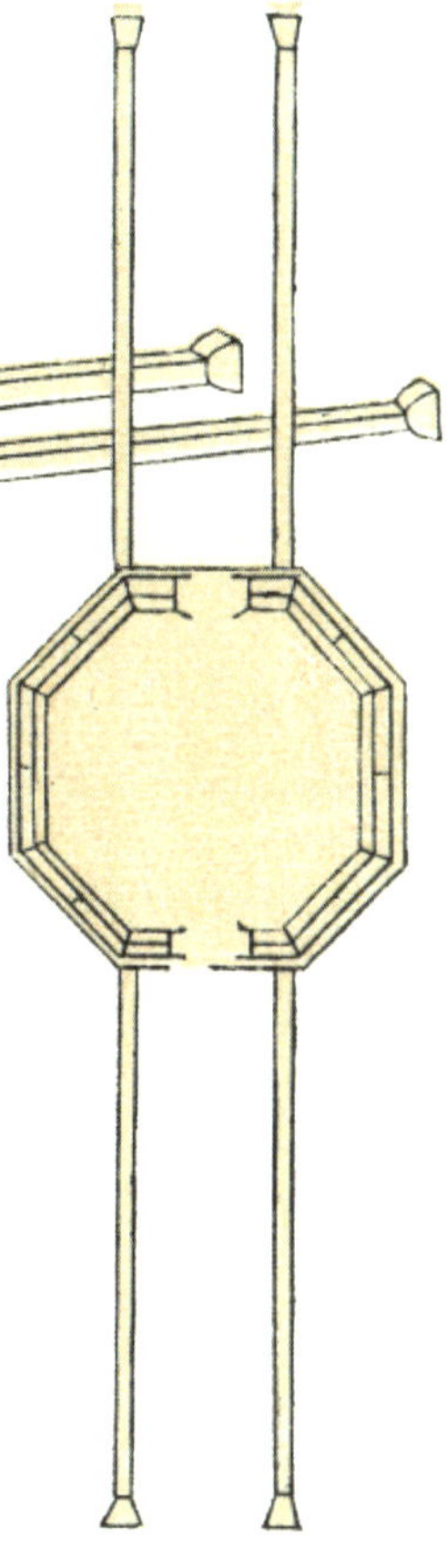

又図

鳳輦《ホウレム》
衾《フスマ》
茵《シトネ》
畳《タヽミ》
壁代《カベシロ》
簾《ミス》
幌《トバリ》
綱《ツナ》
副轅《ソヘナガエ》
連着《レムチヤク》
搦縄《カラミナハ》
呉床《クレトコ》
雨皮《アマカハ》

スタノサシバ 菅翳

タテヲサシバ 紫翳

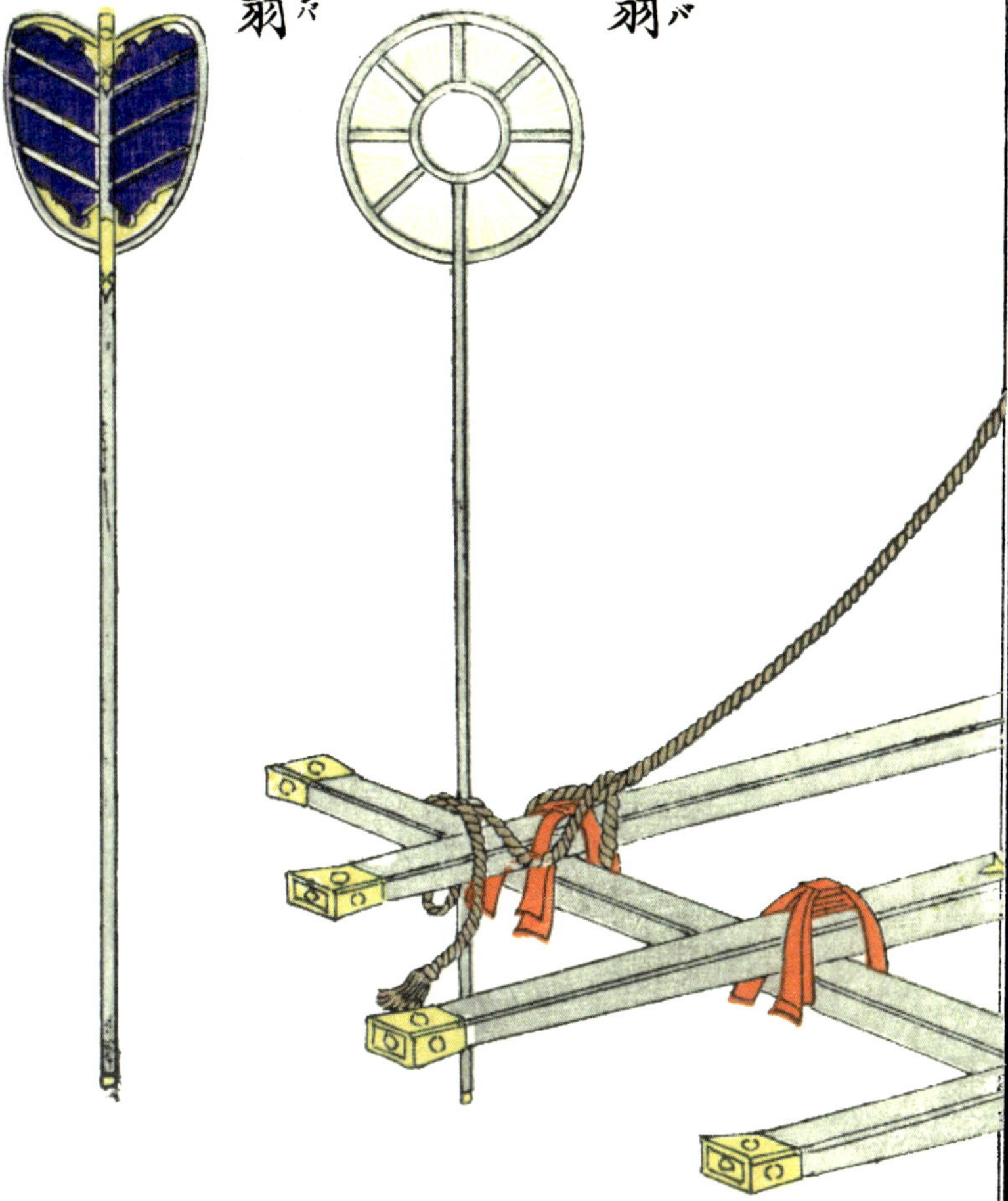

牛車《ギウシヤ》

諸式あり今其一二を擧ぐ庇《ヒサシ》の有無あり女儀は絲《イト》毛《ゲ》車なり

簾 蘇《ス》芳《ハウ》染もあり縁《ヘリ》紫縁《ムラサキベリ》又錦《ニシキ》縁《ヘリ》あり裏縁白綾無紋

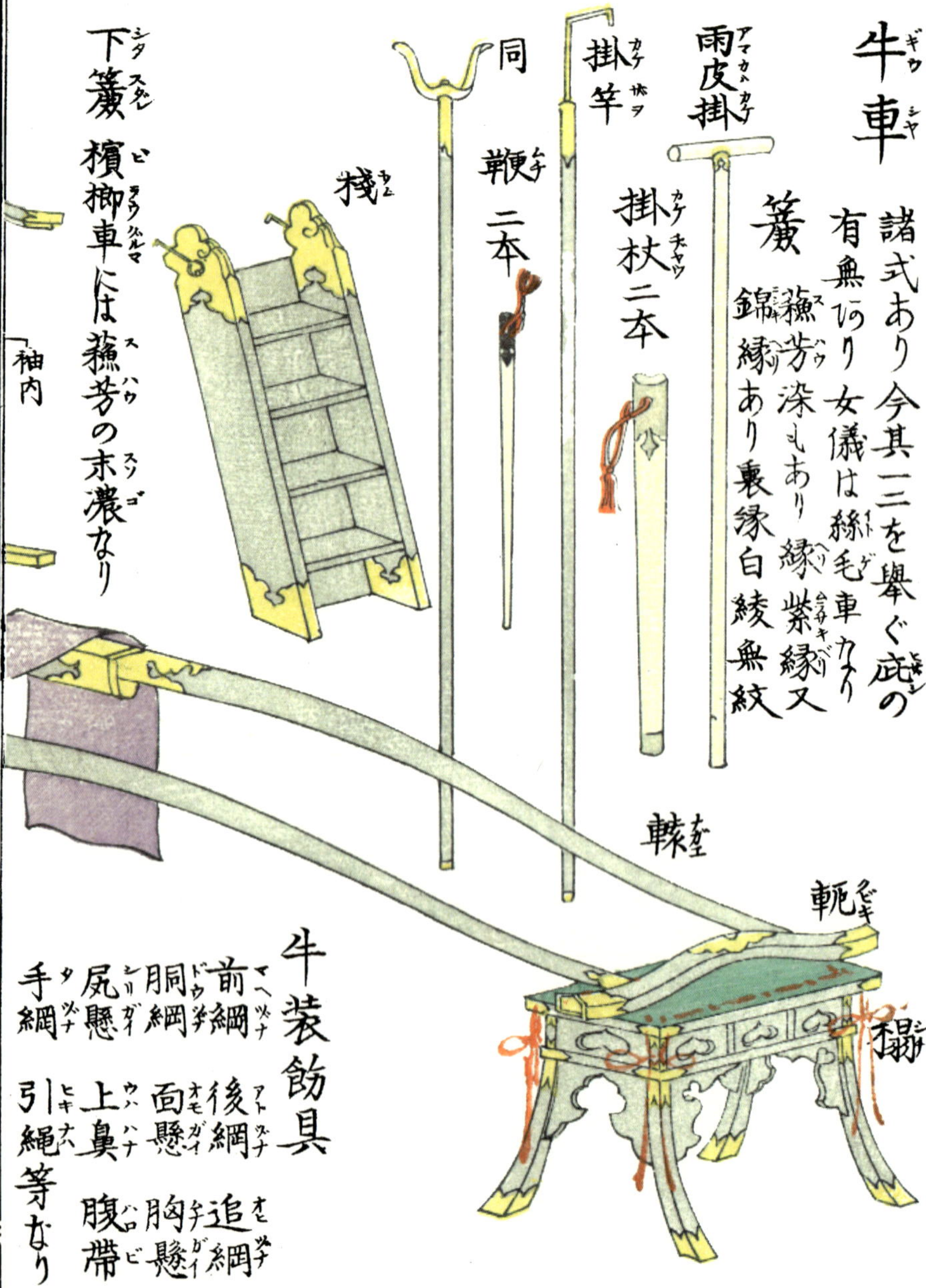

下《シタ》簾《スダレ》 檳《ビ》榔《ラウ》車《グルマ》には蘇《ス》芳《ハウ》の末《スソ》濃《ゴ》なり

牛装飾具

前綱《マヘツナ》 後綱《アトツナ》 追綱《オヒツナ》
同綱《ドウツナ》 面懸《オモガイ》 胸懸《チガイ》
尻懸《シリガイ》 上鼻《ウハハナ》 腹帯《ハロビ》
手綱《タヅナ》 引縄《ヒキナハ》等なり

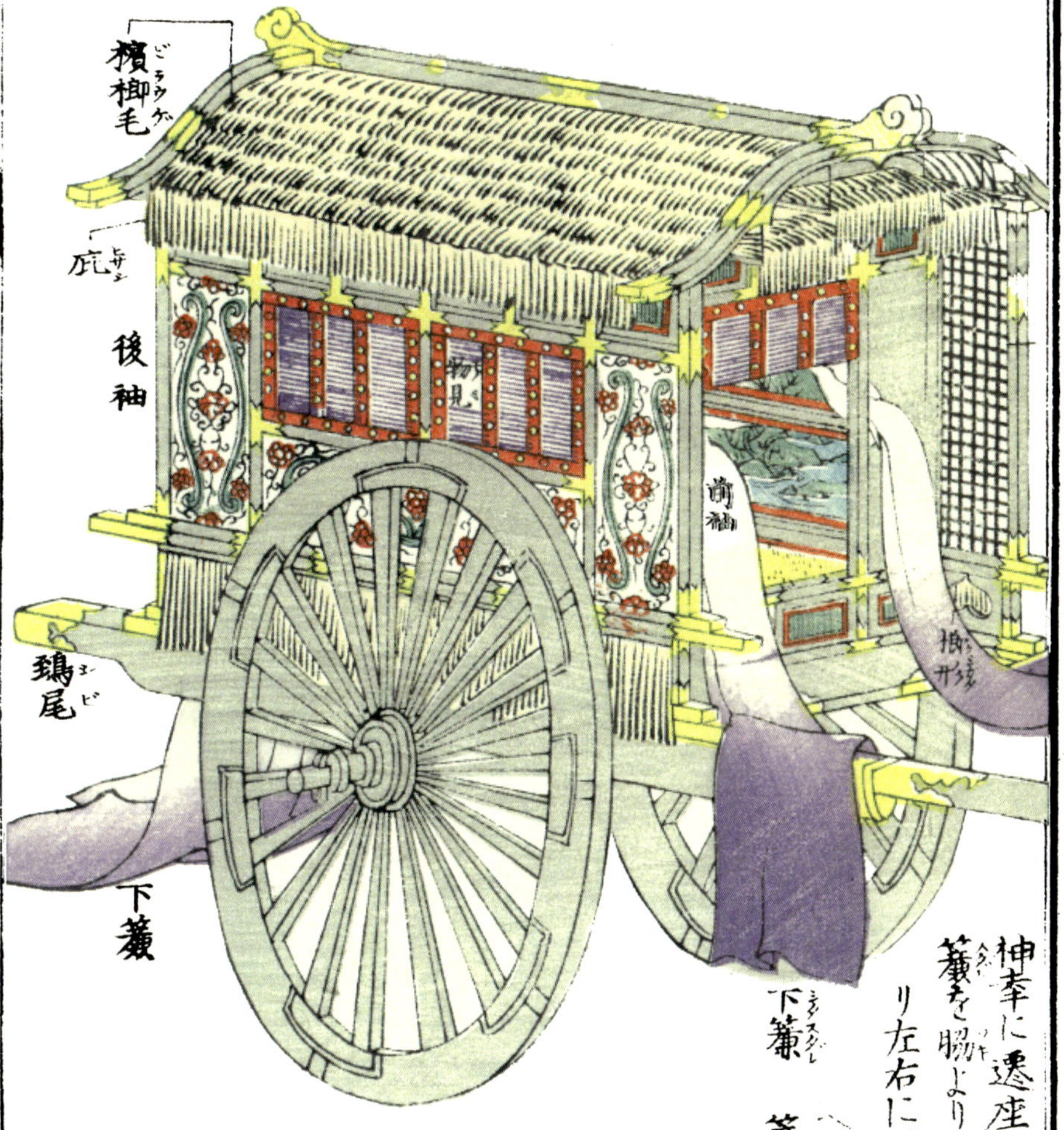

下簾《シタスダレ》

神幸に遷座なば簾を下《オロ》し下《シタ》簾《スダレ》を脇《ワキ》より出さず簾の下より左右に開き轅《ながえ》に掛て外へ垂るべし雨儀には簾の下へ捲《マキ》込むべし

又圖

簾　藍《アヰ》革《カハ》縁《ベリ》　裏同上

下簾《シタスダレ》　網代車《アジロクルマ》には縹《ハナダ》の末《スソ》濃《コ》なり

網代《アジロ》　庇《ヒサシ》の有無又七《ヒチ》葉《エフ》八《ハチ》葉《エフ》其他諸式あり

但網代は男女通用す

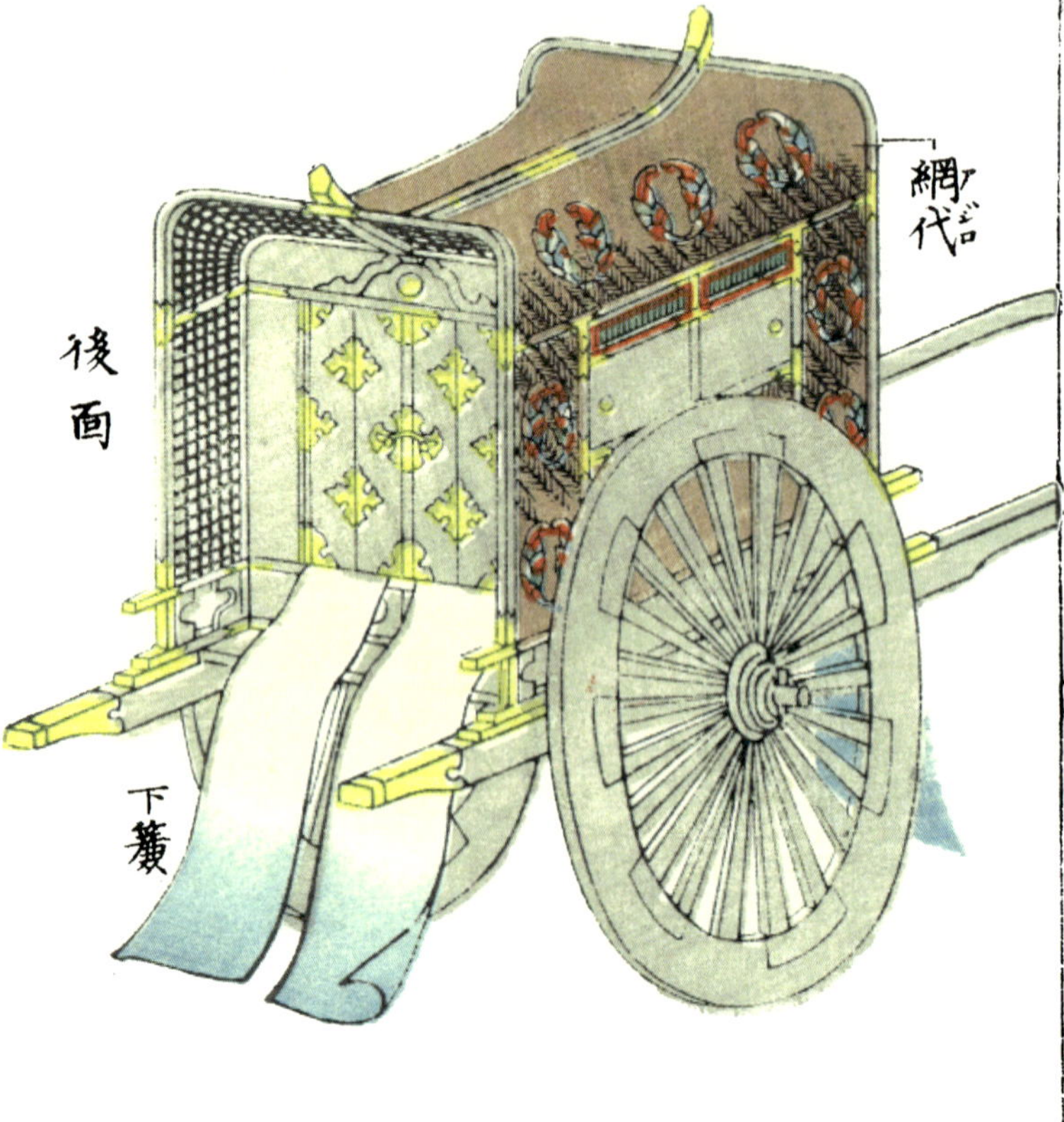

神輿《ミコシ》鵜鳥《ウノトリ》あり葱《ソウ》花《クワ》あり四角造あり六角又八角造あり

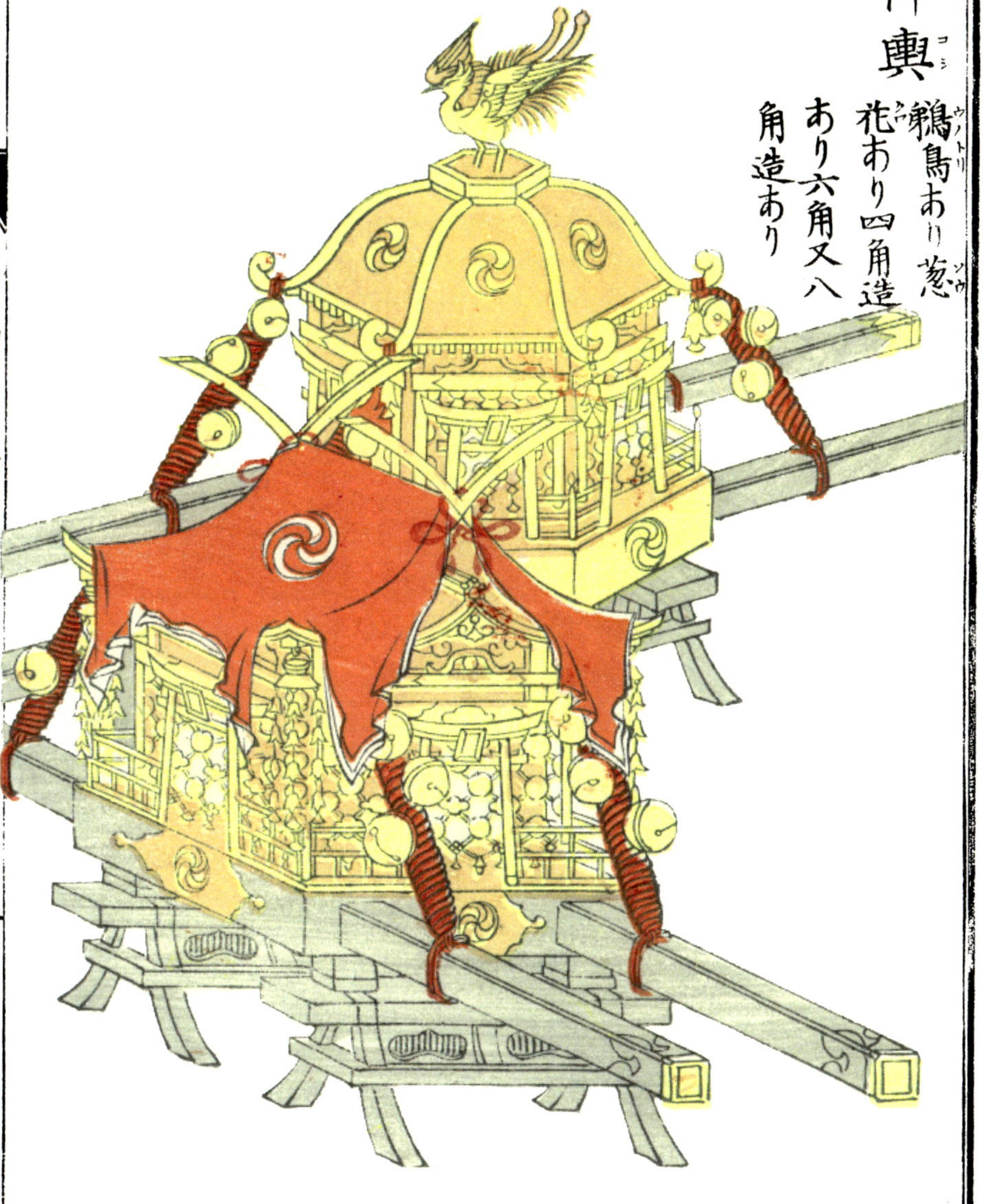

錦《キム》蓋《カイ》

帽《モ》額《カウ》垂《タレ》絹《キヌ》ともに地表大和《ヤマト》錦《ニシキ》但多くは帽額を赤とし垂絹を白として地色《ヂイロ》を同くせず裏白，乎黒《コッ》絹真紅《シムク》の紐《ヒモ》を付す柄ニ漆蒔《マキ》繪《ヱ》金物《カナモノ》あり

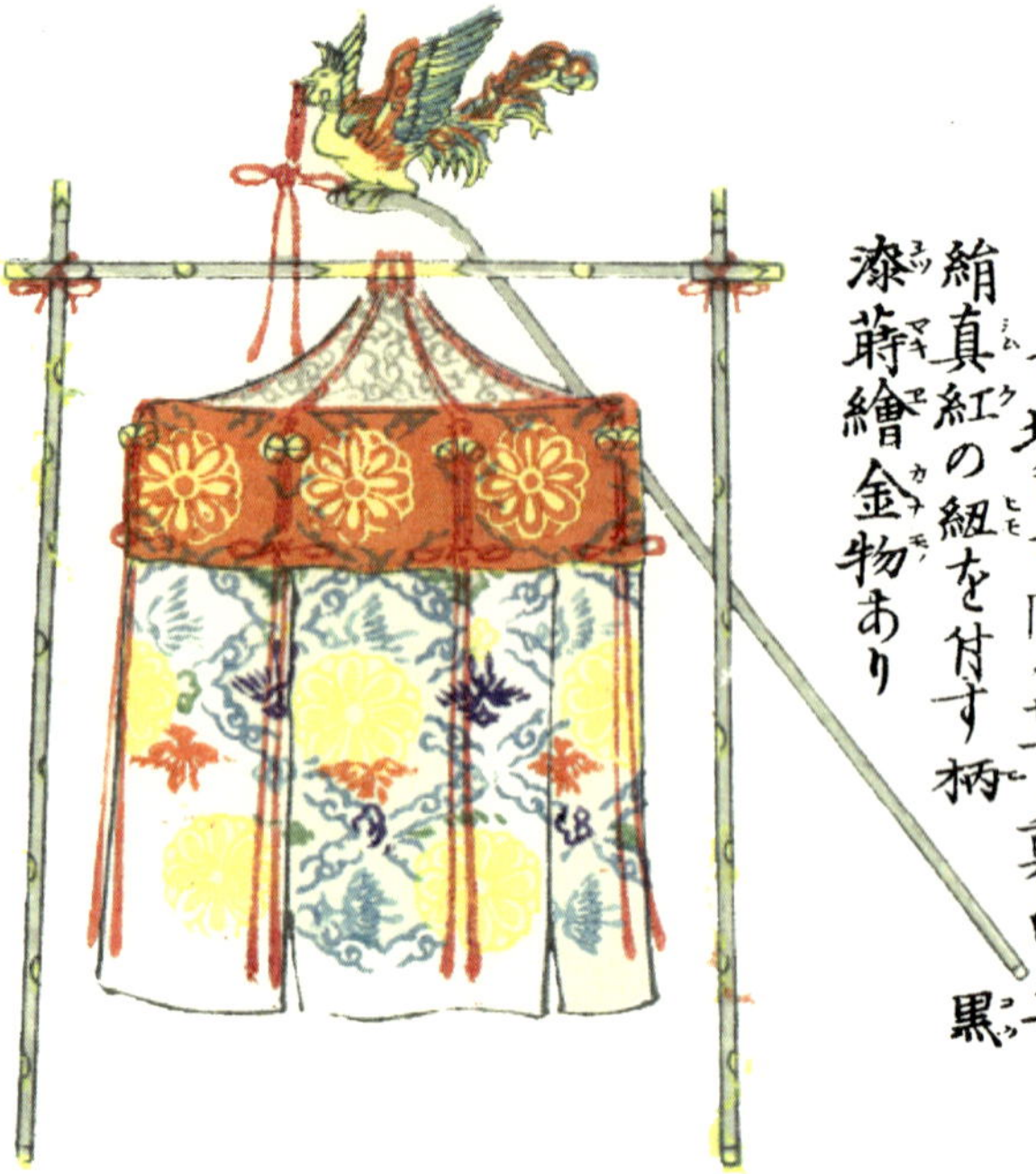

鸞《ラム》鳥《テウ》銅《ドウ》造《ザウ》極《ゴク》綵《サイ》色《シキ》とす又暑して帽額を紫，乎絹垂絹を白，乎絹などに為たるもあり

菅《カム》蓋《カイ》

垂絹地錦蓋に同じ又帽額あるもあり

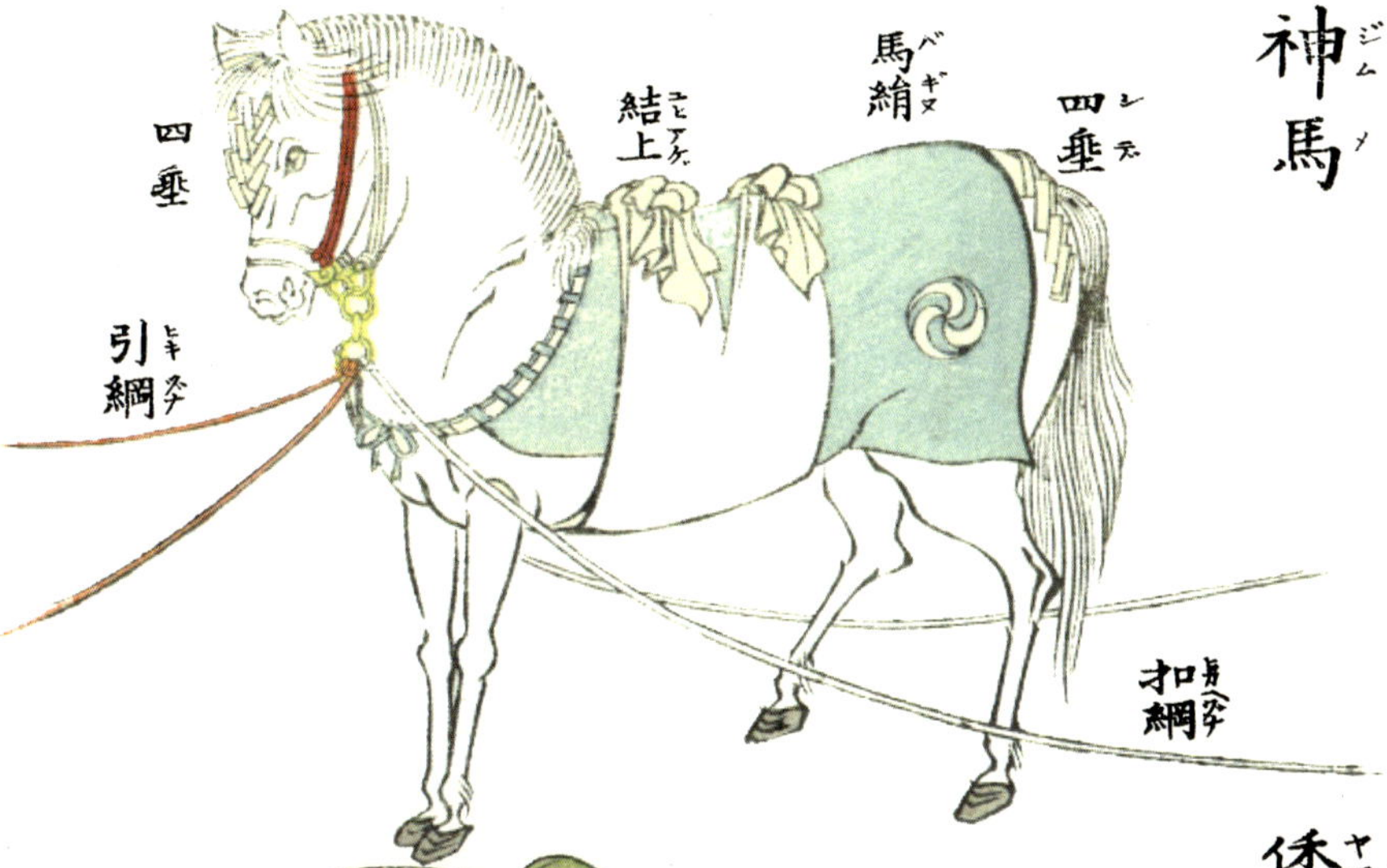
神馬《ジムメ》
四垂《シデ》
馬絹《ベギヌ》
結上《ユヒアゲ》
四垂
引綱《ヒキヅナ》
扣綱

倭鞍《ヤマトクラ》
鞍具
橋《ハシ》
四緒手《シヲデ》
表敷《ウハシキ》
表腹帯《ウハハラオビ》
大滑《オホナメシ》
肌付《ハダツキ》
面懸《オモガイ》
胸懸《ムナガイ》
尻懸《シリガイ》
轡《クツワ》
立聞《タチギヽ》
壺鐙《ツボアブミ》
切《キツ》付の時
舌《シタ》長《ナガ》鐙
手綱《タヅナ》
鞍覆《クラオホヒ》
差縄《サシナハ》
又
切付《キツヽケ》
泥障《アフリ》

唐鞍《カラクラ》
鞍具
表敷《ウハシキ》
表腹帯《ウハハラオビ》
布腹帯《ヌノハラオビ》
橋《ハシ》
四緒手《シヲデ》
力革《チカラガハ》
沓籠《クツカゴ》
八子《ハネ》
輪鐙《ワアブミ》
轡《クツワ》
銀面《ギムヅム》
角袋《ツノブクロ》
尾袋《ヲブクロ》
雲珠《ウズ》
頸総《クビフサ》
大滑《オホナメシ》
肌付《ハダツキ》
又豹切付《ヘウノキツヽケ》
華泥障《カハノアフリ》
鞍覆《クラオホヒ》
杓《シヤク》
華鞦《カハシリガイ》
胸懸《ムナガイ》
面懸《オモガイ》
杏葉《ギヨエフ》
手綱《タヅナ》
差縄《サシナハ》
引《ヒキ》差縄《サシナハ》

樂器《ガクキ》

和琴《ワゴム》 六絃《ロクゲム》

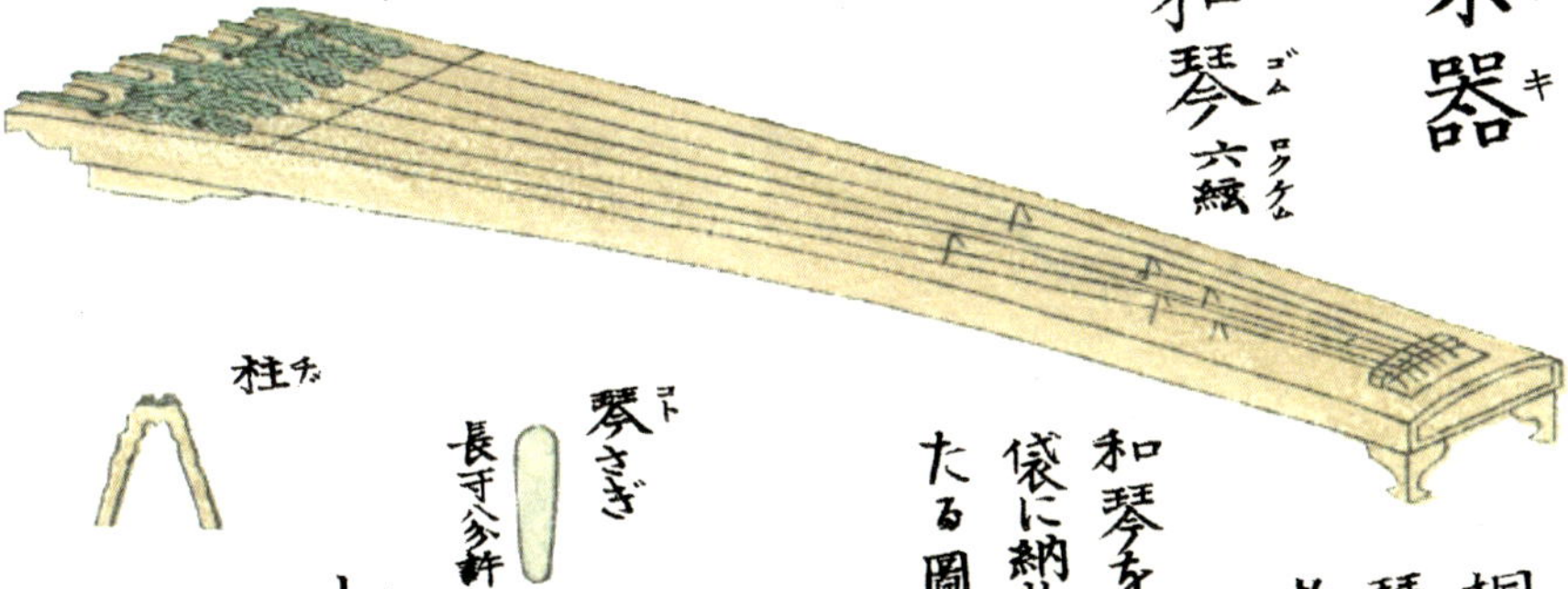

葦津緒《アシツヲ》青白の練糸を用

柱《ヂ》

琴《コト》さぎ 長寸八分許

桐又杉を以て造る柱《チ》は楓《モミヂ》の枝の股《マタ》を用る琴さぎは水牛《スイギウ》などにて製す笏の形の小さき者なり

和琴を袋に納したる圖

袋表大和錦裏平絹紐《ヒモ》紅丸打《マルウチ》蜻蛉《トムボ》受緒《ウケヲ》

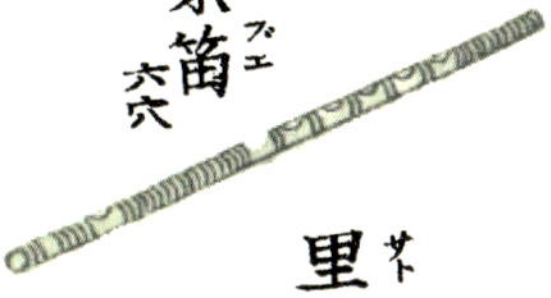

神樂笛《カグラブエ》 六穴

笏拍子《シヤクビヤウシ》

枇杷《ビハ》を以て造るを宜とす

里神樂《サトカグラ》の具 鈴數十二

鈴緒

羯鼓《カツコ》

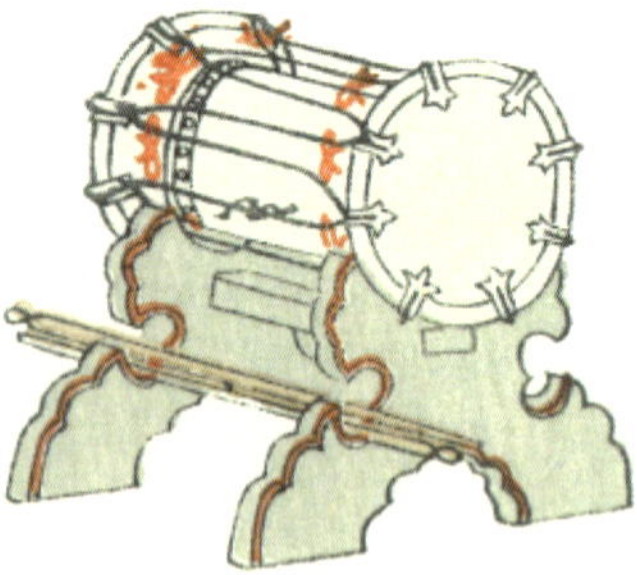

太鼓《タイコ》

笙《シヤウ》

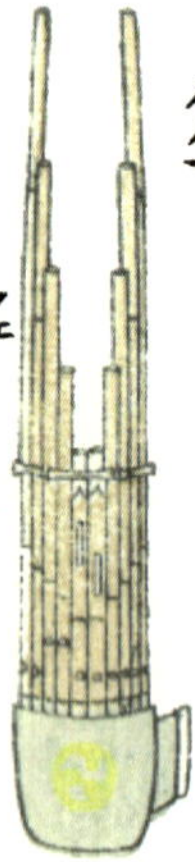

笛《フエ》 七穴

篳篥《ヒチリキ》

狛笛《コマブエ》 六穴

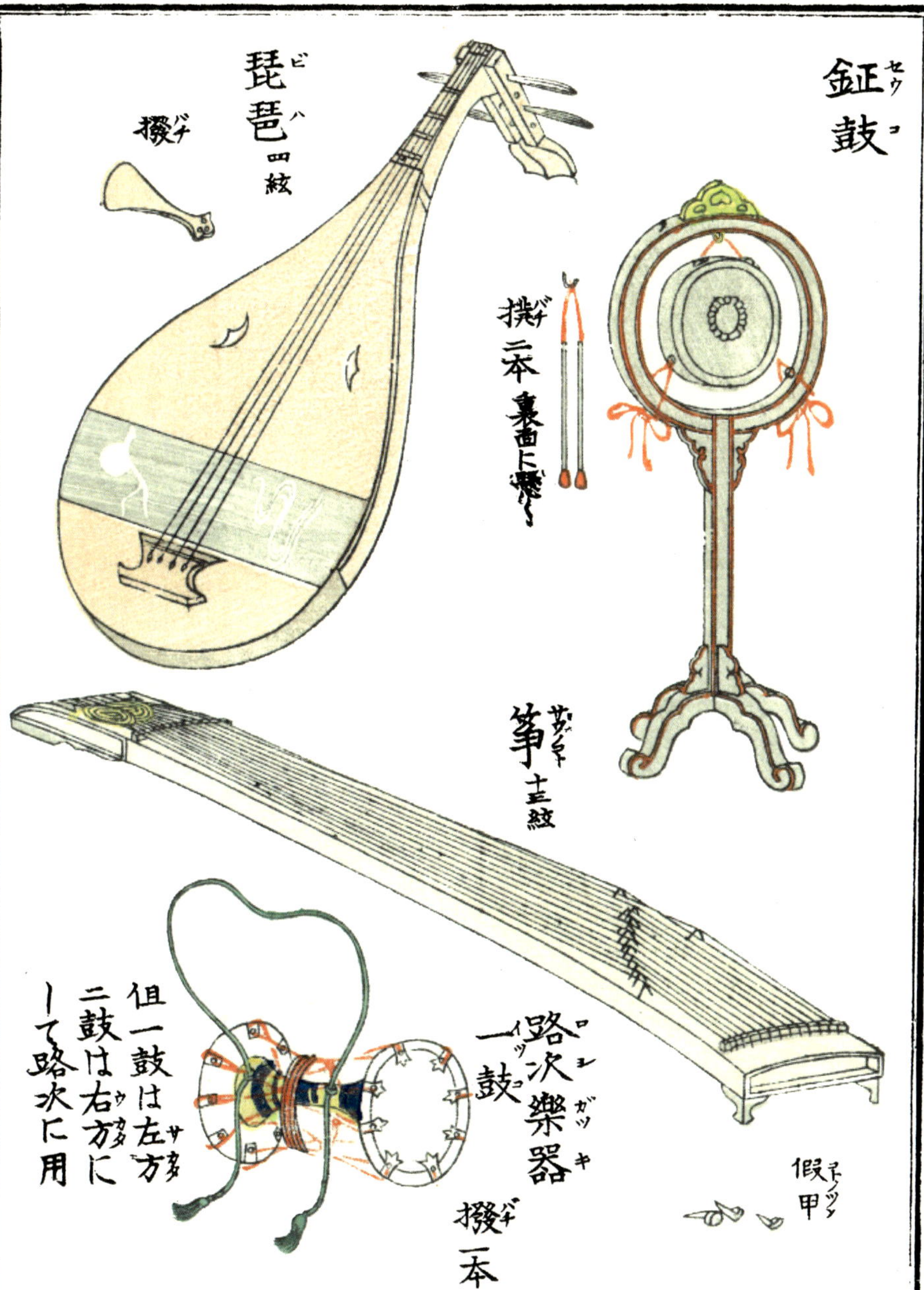

鉦鼓《セウコ》
撥《バチ》二本 裏面に懸く
琵琶《ビハ》四絃
撥《バチ》
箏《サウノコト》十三絃
路次《ロジ》楽器《ガツキ》
一鼓《イツコ》
撥《バチ》一本
假甲
但一鼓は左方二鼓は右方にして路次に用

路次樂器

荷太鼓《ニダイコ》

神幸路次には左方を前陣とし紋三巴《ミツドモヱ》右方を後陣とし紋二巴《フタツドモヱ》

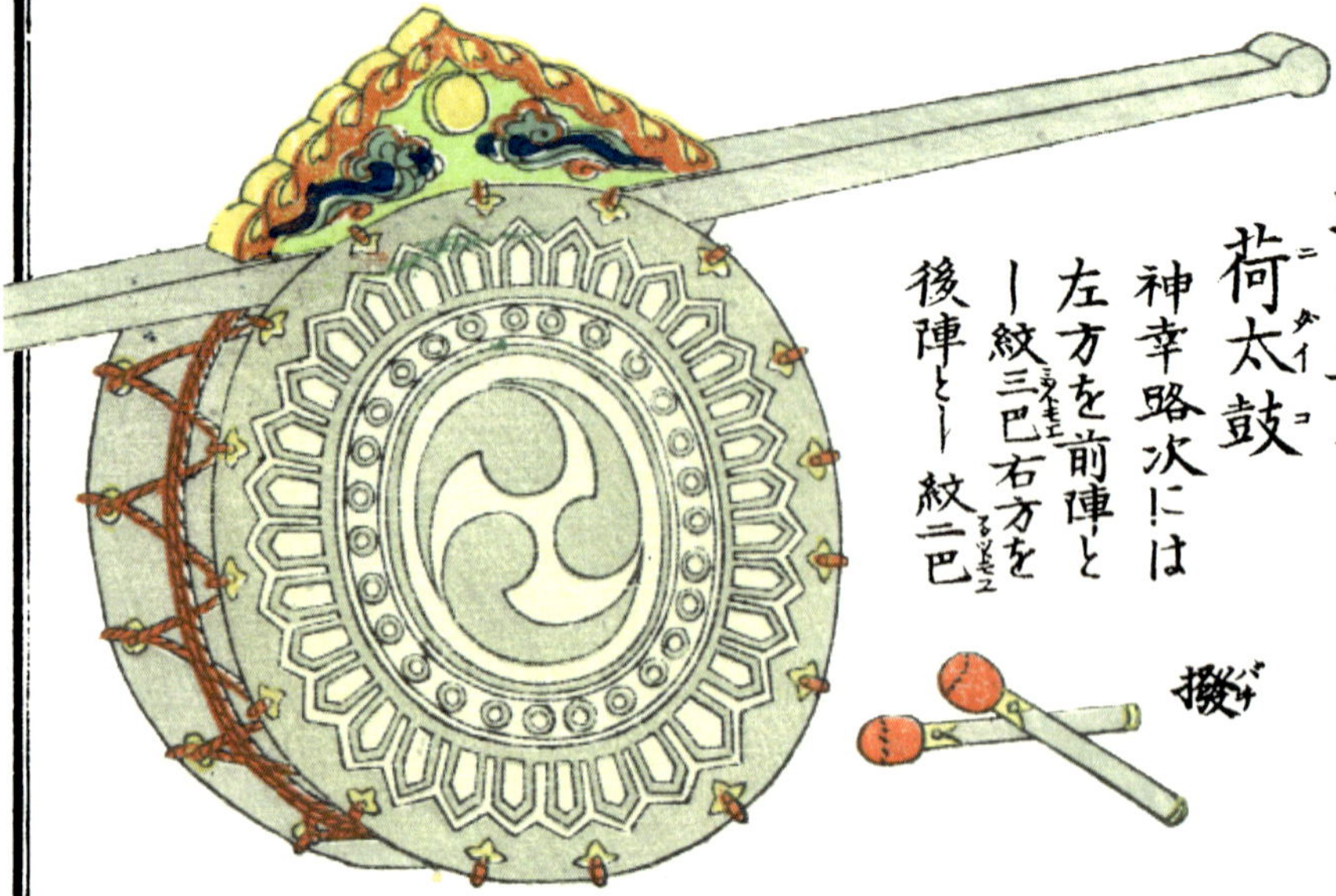

撥《バチ》

同

荷鉦鼓《ニセウゴ》

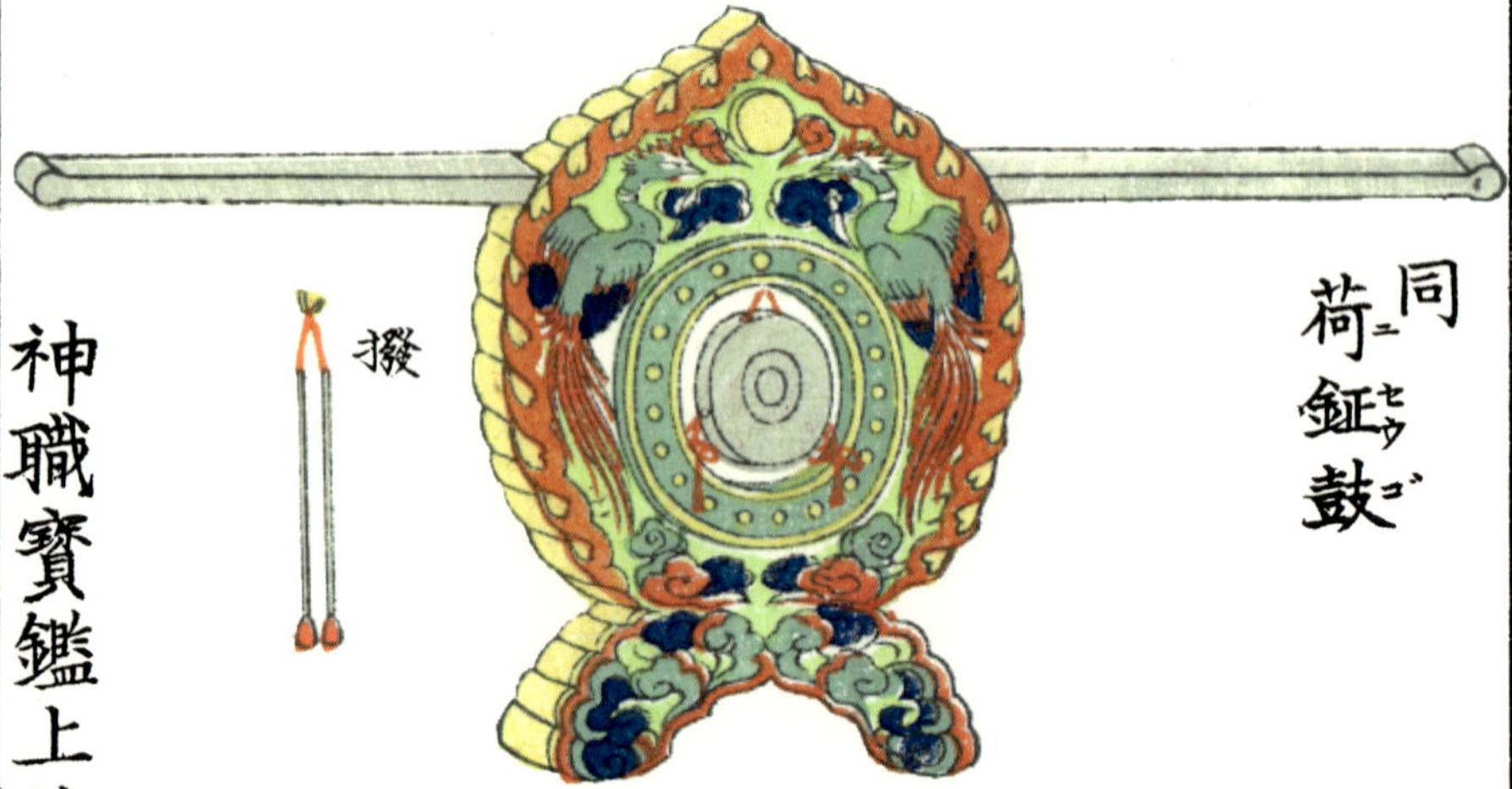

撥

神職寶鑑上編終

神職寶鑑下編

祭典

半井真澄編輯

修祓《シユウバツ》之部

祓所《ハラヒド》式〔降神《ゴウシム》弾琴《タムキム》の有無其時宜に随《シタガ》ふべし〕

毎年二季大祓又臨時解除《ハラヒ》を行ふ外恒例《ゴウレイ》祭臨《リム》時《ジ》祭等の前には必修祓するを正儀とすれども恒例月次《ツキナミ》等の小祭には殊更に祓所を装飾《サウシヨク》せず適宜《テキギ》の場所にて切麻《キリヌサ》若は塩《シホ》水を用て清祓を為すも妨《サマタゲ》なし

祓所職員《シキヰム》

祓主《ハラヒヌシ》一人　弾琴役《コトヒキヤク》一人　琴持《コトモチ》二人　大麻《オホヌサ》役一人

塩湯《シホユ》役一人　祓物《ハラヘツモノ》役二人　軾《ヒザツキ》役一人　典禮《テムレイ》一人

先づ祓主以下職員祓所の座に着く

其儀〔典禮祓主に目す〕諸員手水の儀畢りて祓所に着到し皆揖《クツイフ》し座に就きて坐揖す〔立禮には着床す以下之に倣《ナラ》ふ〕

次に齋主以下職員祓所の座に着く

其儀〔典禮先導す〕上に同じ

次に降神《カミオロシ》を奉仕す〔此間菅掻《スガガキ》衆員平伏す立禮には起立す昇神《カミアゲ》の時も亦同じ〕

其儀〔典禮祓主に目す〕祓主揖し起《タチ》て神座の前に進み着座一揖す次に彈琴役揖して起つ琴持揖して起ち琴を持て彈琴役の先に立て横歩す彈琴役琴に從ひて着座一揖す琴持琴を置きて一揖し復坐す祓主再拜し神降詞《カミオロシノコトバ》を白す彈琴役菅掻を奏し〔立禮には琴を持せながら彈ず〕於振《オフリ》三聲す祓主再拜拍手小拜す彈琴役一拜す琴持来りて一揖し琴を持て横歩す彈琴役琴と共に復坐す祓主起坐して復坐す

次に祓物を置く

其儀〔典禮祓物役に目す〕祓物役揖して起《タ》ち祓物を取来りて祓所の中央に置きて一揖し復坐す畢りて輌役輌を祝詞の座に敷く

次に祓詞を讀む〔此間衆員平伏に立禮には起立す〕

其儀〔典禮祓主に揖す〕祓主祓詞文を懐にして一揖し起て神座の前に進みて着坐一揖し再拝して祓詞を讀み再拝拍手小拝して復坐す畢りて輌役輌を撤《テツ》す

次に大麻行事

其儀〔典禮大麻役に目す〕大麻役揖して起ち大麻を執り祓戸の神座の前に大麻を持ちなのら一拝し畢りて退き先つ本祭の神籬を拂ひ次に饌物を拂ひ〔社前の祭儀ならば先つ饌物を拂ふ〕次に職員を拂ひ次に参集諸員を拂ひ大麻を撤して復坐す

次に塩湯行事

其儀大麻行事に準ずべし

次に祓物を撤す

其儀（典禮祓物役に目す）祓物役揖して起ち一揖して祓物を持出て、之を撤す

次に昇神を奉仕す

其儀降神に同し

次に齋主以下祓所を退き神前に參進す

其儀（典禮齋主に揖し先導す）齋主以下各一揖し起ちて參進す

祓所之図

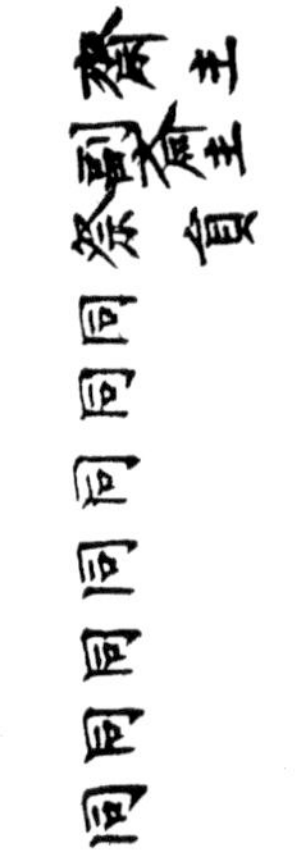

各自に圓座或は長《ナガ》筵《ムシロ》を敷く荒菰なりとも可なり

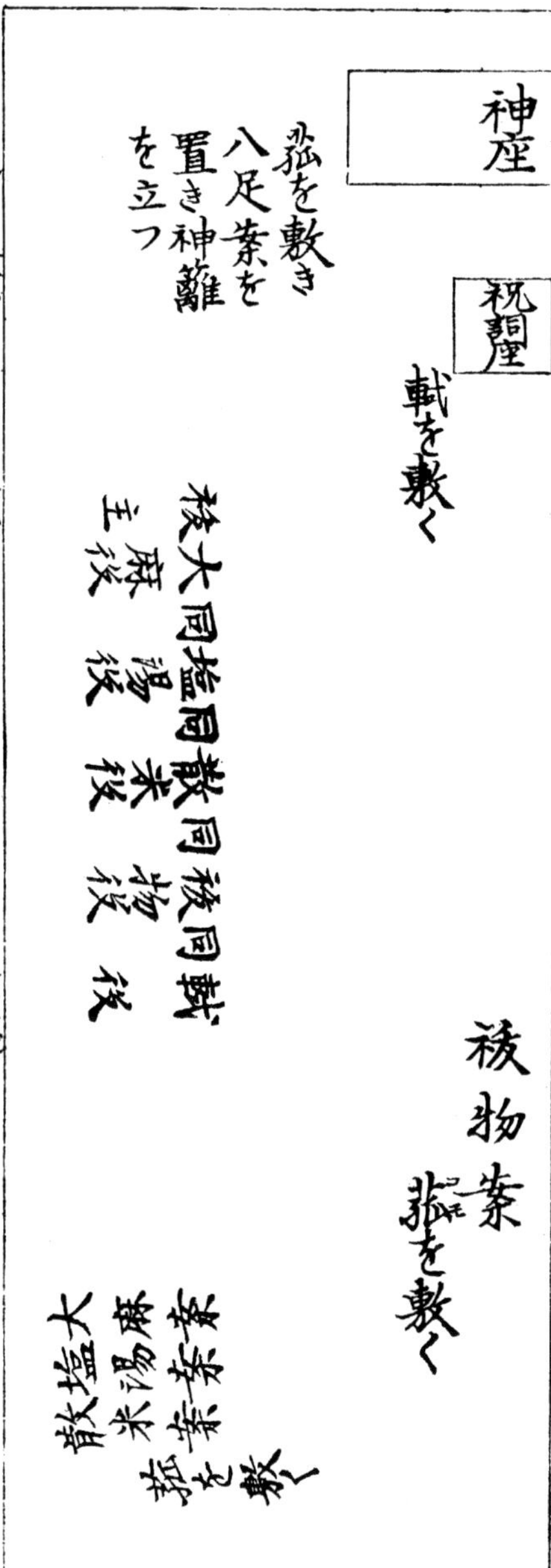

四面注連《シメ》縄《ナハ》を張り幔《マン》を廻らし庭上には幕串《マクグシ》を立て白砂を敷くべし

臨《リム》時《ジ》解《カイ》除《ジヨ》式

臨時解除式は何時にても罪科《ツミトガ》を犯《オカ》し後悔せは此式を行ひて其犯せる心の穢《ケガレ》を祓ひ除《ノゾ》き元の清浄になすを云なり

先祓主着座

次解除を受くる者着座

次降神行事

次祓詞を白す
次受者拜禮
次祓主職員をして形代《カタシロ》を受者に授けしむ
次受者形代を其胸に當畢りて氣息《イキ》を噓《ハ》きのけ職員に返す
次職員形代を壺《ツボ》に納む
次祓主職員をして麻を受者に授けしむ
次受者麻を以て身体を撫《ヅ》して職員に返す
次職員麻を壺に納む
次祓主職員をして度竹《ハカリダケ》を以て受者の体を度《ハカ》ること三度畢りて之を折りて壺中に納む
次職員其壺を受者に授く
次受者壺に氣息を入るゝこと三度〔受者従前の罪科悉皆遷却する心を以てすべし〕

次祓主其壷を封し職員に付して神前の中央に置く
次大麻行事
次切麻散米行事
次受者拝禮
次受者壷を受けて退出し河海に投す
次祓主昇神行事
次退出

形代圖 紙を切て之を作る

度竹

麻

壺を封じたる図

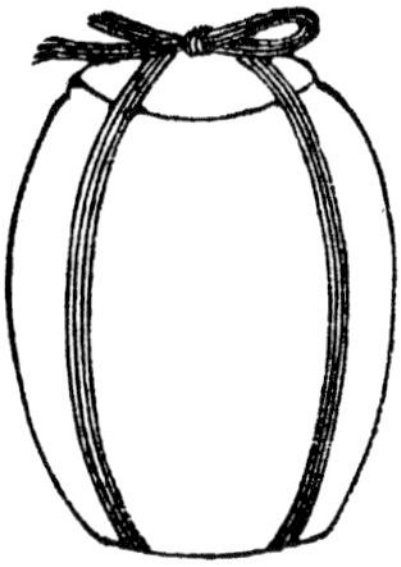

大祭之部

例祭

神社祭式に云く年中祭祀の中大祭一度を以て例祭と稱す本社古例の神事あらば神饌を撤する前之を行ふべし又神幸の式あらば神饌を撤して後渡御あるべしと有り

齋場職員

齋主《イハヒヌシ》一人〔齋主は祭典職員の長を云ふ但し祭主とは書くべからず祭主は伊勢神宮に限りたる稱なれば其他に至りては憚《ハヾカ》るべき事なるべし〕

副齋主一人　傳供長一人　傳供員數人

軾役一人　玉串後玉串案役各一人〔但之を兼ぬるも妨なし〕

典禮一人〔但副齋主典禮は之を欽くも妨なし〕

神職及祭に關《アヅカ》る氏子信徒共に前日より齋戒す

當日早旦神職神殿及祓所を裝飾す

第一祭員一同裝束

第二祓所に着く

祓主請祓を執行す

齋主以下幄舎に着く

其儀（典禮先導す）齋主の外は二行に整列して進むもよし各沓《クツ》

揖《イフ》式の如し

但奉幣使參向の神社は恒例奉幣式の條に據《ヨ》るべし下同ド又幄《アク》舎《シャ》を設けず拜殿を以て幄舎に代用することも有るべし

次祭に關る氏子信徒幄舎に着く一同對揖す

次齋主殿に昇り御扉《ミト》を開き（再拜拍手下同）畢て側に候す　此間奏樂

但神職奏樂を心得ずば一社相傳の神樂《カグラ》歌を奏するもよし又略するも妨なし下同ド

凡て開扉《カイヒ》閉扉《ヘイヒ》祝詞奉奏の際は衆員平伏〔立禮は起立〕すべし下之に同じ

其儀斎主以下齋場の座に着ば〔典禮伶員《レイヰン》に目す〕伶員音樂を始む音取《ネトリ》畢りて三管太鼓等備はり奉らば〔但亂聲《ランゼウ》とて横笛のみなるもあり〕齋主一揖起坐して神前に進み階下にて一拝し畢りて昇階入殿し開扉畢りて下階し坐揖し再拝拍手小拝し起て側の座に着き一揖す

次傳供長已下神饌を傳供す　此間奏樂

其儀〔典禮伶員に目す〕音樂備はり奉らば傳供長一揖起坐し右方に倚《ヨ》り昇階し〔若し左方より進まば左方に倚る〕一拝し饌案を居ゑ一揖して坐す傳供員起坐し各其位に坐し饌至らば起ちて傳送すべし〔坐禮ならば坐して次員に之を傳ぶべし又起すして二三膝行して之を渡すもあり〕畢らば末座より一揖し起《タチ》て復坐

す傳供長奠し畢らば酒瓶水器の蓋を開き器側に置き一拜して下
階復坐す
次祭員軾を敷く
其儀〔典禮軾役に目す〕軾役一揖して起坐し軾を取來りて之を
敷き又一揖して退き復坐す
次齋主祝詞を奏す再拜拍手
其儀〔典禮齋主に揖す〕齋主一揖して起坐し祝詞の座に着き式
の如く儀畢りて座に復す〔祝詞文は豫て懐中すべし又齋主座に
進む前之を齋主に授くる儀もあり〕
次祭員軾を撤す
其儀〔典禮軾役に目す〕軾役一揖して起坐し軾を撤し復坐す
次祭員玉串案を設く
其儀〔典禮玉串案役に目す〕玉串案役一人或は二人一揖して起

坐し玉串案を階下又は拜殿に置き一揖し起て復坐す

次齋主玉串を獻《タテマツ》り拜禮す再拜拍手

其儀齋主一揖して起坐し拜禮の座に着く玉串役一人一揖して起坐し玉串を取來りて齋主の傍に就て之を授け一揖して復坐す齋主之を捧げ再拜拍手儀畢りて退き復坐す但官吏參向の時は齋主に先ちて拜禮あるべし進む前軾を敷くべし

次祭員一同拜禮す

其儀〔典禮副齋主以下に目す〕副齋主以下一齊に起坐し〔副齋主以下は玉串を執らず〕其拜位に趨《スウ》進《シン》して列坐し拜儀畢り退きて各復坐す〔或は員數夥《ク》多《タ》ならば二回又は三回になすべし〕

次氏子信徒惣代玉串を献りて拜禮す

其儀〔典禮氏子信徒惣代に目す〕前に同じ但一回になし難くば二回三回にすべし

次祭員玉串案を撤す

其儀〔典禮玉串案役に目す〕玉串案役之を撤すること之を置く儀に準ずべし

次傳供長已下神饌を撤す　此間奏樂

其儀〔典禮伶員に目す〕其他總て傳供の時に準《ジユン》ずべし

次齋主殿に昇り御扉を閉ぢ再拝拍手畢りて下殿本坐に復す　此間奏樂

其儀〔典禮伶員に目す〕閉扉の時の如くし畢りて下階再拝拍手小拝し起ちて幄舎の座に復す

次各退出

其儀〔典禮齋主に揖す〕齋主一揖して起坐沓を着《ハ》き揖して幄舎を退く〔典禮衆員に揖す〕副齋主以下職員各一揖して起坐し幄舎を退く參集諸員も之に次ぎて退下す

次直會《ナホラヒ》

其儀下に詳なり

祭場圖

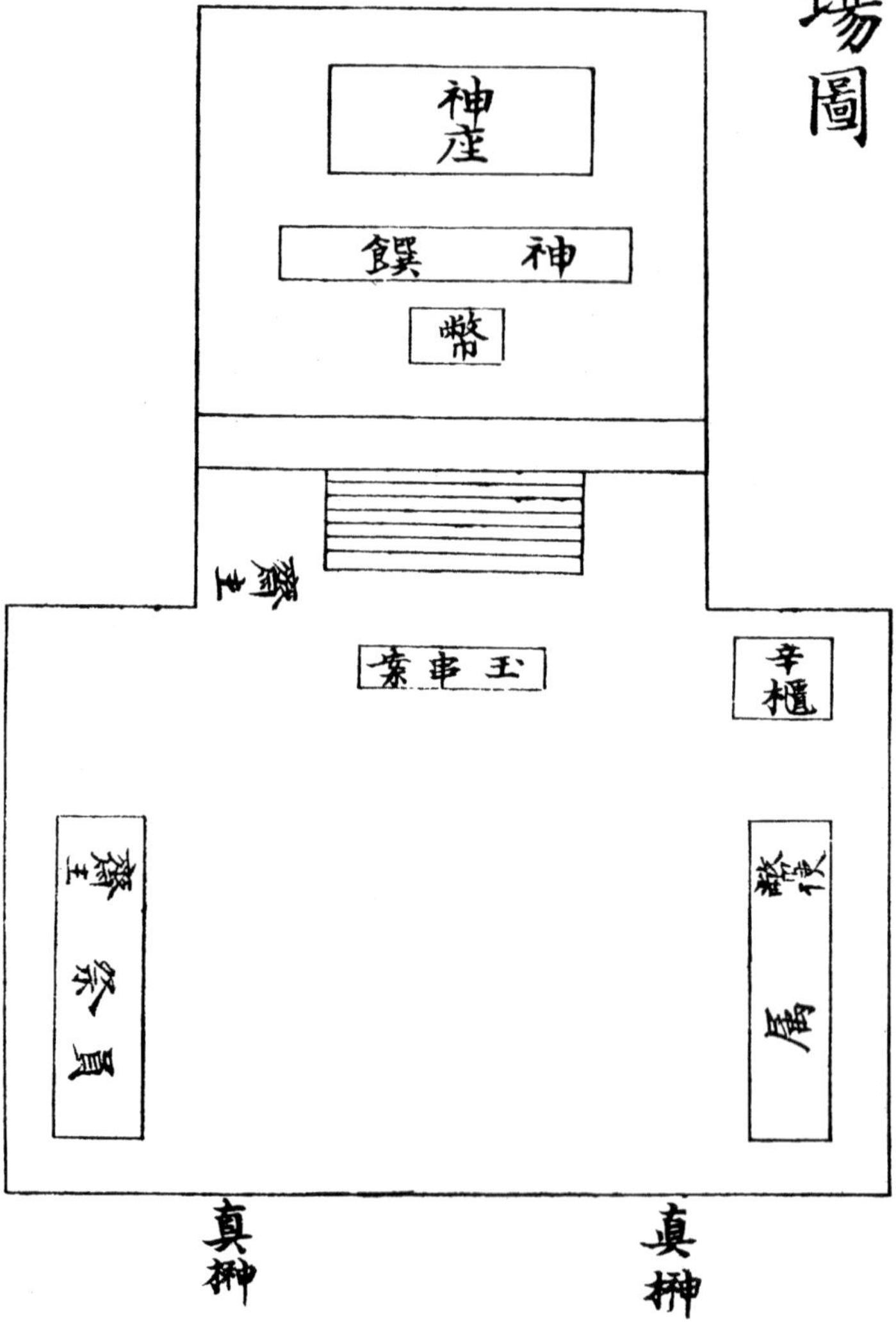

右普通の神社につきて官幣に預る祭場の大要を示す

普通齋場之圖

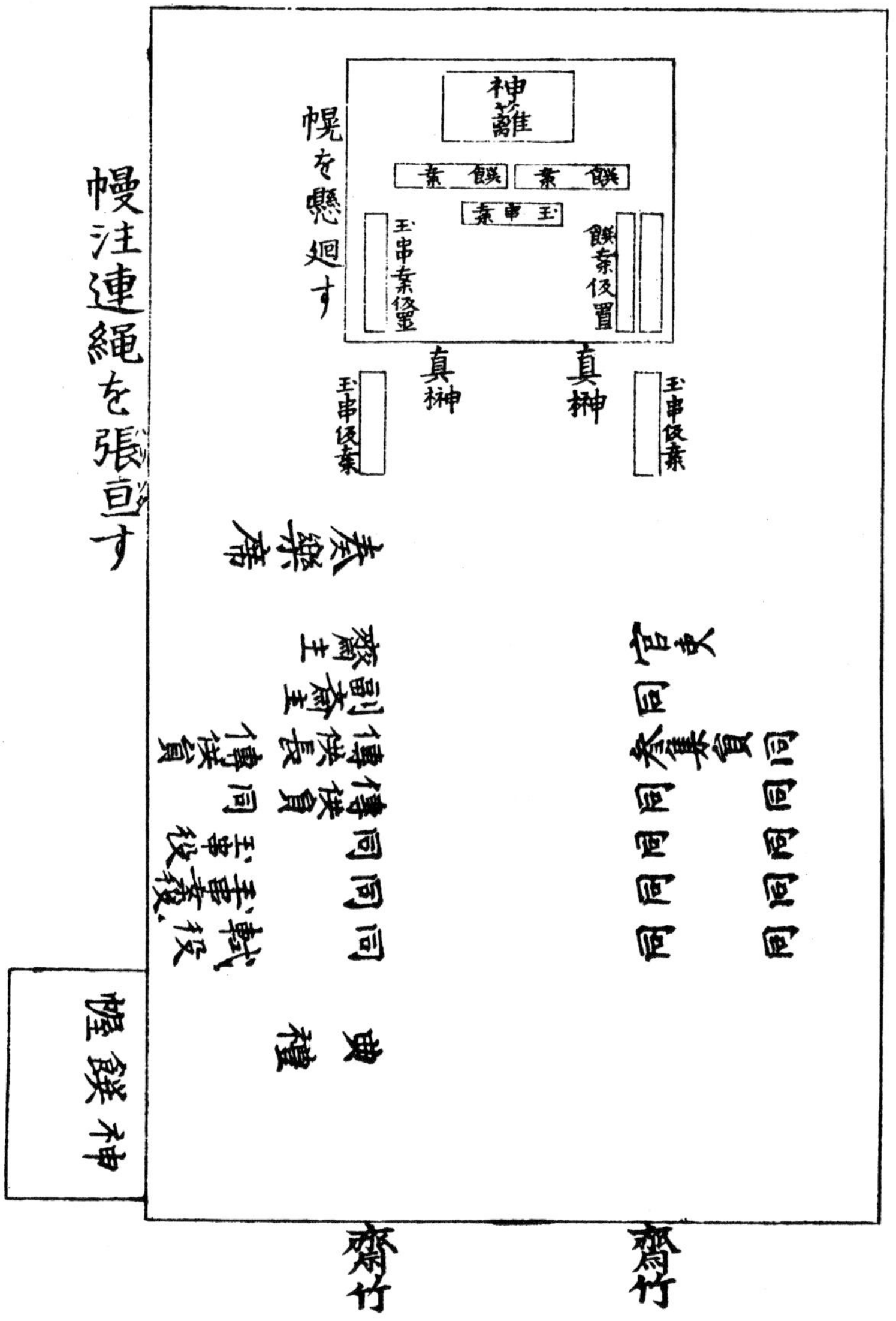

神籬
饌案
玉串案
饌案仮置
玉串案仮置
真榊
玉串仮案
幌を懸廻す
幔注連縄を張廻す
奏樂席
齋主
副齋主
傳供長
傳供員
玉串案役
典儀
神饌幄
齋竹

祈《トシ》年《ゴヒノ》祭《マツリ》 〔伊勢神宮は二月十七日〕

神社祭式に曰く二月四日大政官廳に於て伊勢神宮宮中皇靈等の幣帛を使に班《ワカ》ちて發遣せしむとあり恐くも萬民の為に當年の豊《ホウ》穀《コク》を祈り給ふ御祭なれば各社に於ても能く其旨《ムネ》を体し班《ハン》幣《ペイ》の日又は別に日を撰て祭祀すべし又同書に古例を存する社は其日に因るべしとあれば舊式ある社は格別たり

新《ニヒ》嘗《ナメ》祭 十一月二十三日

神社祭式に曰く十月十日大政官廳に於て幣帛を班ち其式総て祈年祭に同じとあり當年の新穀を聞食し神祇に奉り給ふ御祭にして上下此日を重じ慎みたる事は史乘《シジャウ》に明なり大小神社悉く皆此旨を体し必執行すべき祭典なり

右祈年新嘗両祭の次第は例祭に同じ

恒例奉幣式

此は官國幣社奉幣の式なれども府社以下に於ても特《コト》に奉幣あるときは此式によるべし

當日神職神殿を装飾す

時刻齋主以下幄舎に着く

次使以下幄舎に着く

次屬御幣物辛櫃に添て進み之を砌《ゼイ》上《ヂヨウ》に置く

次齋主殿に昇り御扉を開き 再拝拍手 畢て側に候す 此間奏樂

次傳供長以下神饌を傳供す 此間奏樂

次屬御幣物を辛《カラ》櫃《ヒツ》より出し殿に昇り假に案上に置く（案は豫め便宜の所に設く可し）

次齋主御幣物を神前の案上に奉る 再拝拍手

次齋主祝詞を奏す 再拝拍手

次奉幣使玉串を献り拜礼(再拜拍手)〔玉串は屬執て昇殿し傍に就て之を附す〕畢て下殿幄舍に復す
次屬拜禮
次齋主玉串を献り拜禮(再拜拍手)〔玉串は祭員執て昇殿し傍に就て之を附す〕畢て本所に復す
次祭員拜禮
次傳供長以下御幣物及神饌を撤す　此間奏樂
次齋主殿に昇り御扉を閉つ(再拜拍手)畢て下殿幄舍に復す　此間奏樂
次各退出
次直會

臨時勅使參向式

行幸啓其他の事に依り特に勅使を差遣せらるゝ時は其都《ツ》度《ド》式《シキ》部《ブ》職《シヨク》より式書を廻さるゝと雖大抵左の如し

當日時刻使以下社頭に參向す
次使以下祓の儀あり畢て幄舎に着く
次掌典補御幣櫃を砌上《セイジヨウ》に置く
次齋主昇殿開扉再拜拍手畢て側に候す　此間奏樂
次次官以下神饌を供す　此間奏樂
次齋主祝詞を奏す 再拜拍手
次掌典補御幣物を執て假に案上に置く
次齋主御幣物を神前に供す
次掌典補祭文を執て使に附す
次使祭文を奏す 再拜拍手
次齋主使の前に進み祭文を請ひ之を神前に納め畢て返祝詞《カヘリノリト》を申す使
之に應ず
次使玉串を献り拜禮 再拜拍手 〔前條に同じ〕

次掌典補拜禮
次齋主玉串を献り拜禮再拜拍手ハ〔前條に同ド〕
次祭員拜禮
次次官以下御幣物竝神饌を撤す　此間奏樂
次齋主閉扉再拜拍手畢て下殿幄舍に復す　此間奏樂
次各退出
次直會

靈代《ミタマシロ》遷座《セムザ》式

神殿破損して改造或は修繕《シユウゼン》を為さば豫て移殿《ウツシドノ》又は權殿《カリドノ》等の殿舍なき社は社頭便宜の地を撰び假殿を建《タ》て日を擇て靈代の遷座を為すべし工事竣功《シユンコウ》せば又日を擇《エラミ》て本殿に遷座すべし假殿遷座は本條に準じ行ふべし尤假殿遷座は公式の祭祀なり時刻は晝の儀もあれど夜中行ふを以て本儀

とす
神職竝《ならびに》祭儀に關《アヅ》かる氏子信徒共に前日より齋戒すべし
當日早旦神職本殿假殿等を裝飾す
其儀假殿裝飾常の如し本殿は殊に内外を清め神座を始め總て式の如く奉仕す又假殿と本殿との間莚《エム》道《ダウ》布《フ》單《タム》を敷《シキ》續《ツヅ》け又庭燎《テイリヨウ》を設くべし
時刻〔適宜〕齋主以下幄舍に着く
次氏子信徒幄舍に着く
次清祓行事
其儀修祓又新殿祭の條參看すべし
但清祓は地鎮祭手斧《テヲノ》始《ハジメ》立柱上棟落成等の時之を行ひ遷座の日裝飾調度を陳設せば祓戸を殿前に設けて降神を奉仕し特に鄭《テイ》重《チヤウ》にすべし先祓詞を唱へ次に神殿内外門廊舍屋調度器具の類

に至迄悉く順序を逐ひて大麻塩湯散米等の行事を行ふべし尤斂鏡等遷座の際納むへき物は納めざる前に之を為べきなり祓儀畢らば殿内へ人の出入を禁ずべし

次祓主本殿に昇り清祓の事を行ふ

次齋主假殿に昇り御扉を開く　此間奏樂

次傳供長以下神饌を傳供す　此間奏樂

次齋主祝詞を奏す

次傳供長以下神饌を傳撤す　此間奏樂

次遷座

其儀齋主御樋代《ミヒシロ》を御船代《ミフナシロ》又は辛櫃に納め奉り祭員一同舁《カ》き奉る

其餘の神職及氏子信徒等前後に整列す

但御樋代は御正體を奉安する器をいふ御樋代を乗する具を御船代と云ふ又御船代辛櫃に限らず羽車《ハクルマ》神輿等有之《コレアル》社は其宜き

に随ふべし
次本殿開扉遷座畢て齋主側に候す　此間奏楽
次傳供長以下神饌を傳供す　此間奏楽
次齋主祝詞を奏す
次齋主玉串を献りて拝禮畢て本所に復す
次祭員拝禮
次氏子信徒惣代玉串を献りて拝禮
次傳供長以下神饌を傳撤す　此間奏楽
次齋主御扉を閉つ畢て下殿幄舎に復す　此間奏楽
次各退出
次直會
右遷宮は臨時祭中最も重き祭典にして定まれる古式を存する神社の外は猶心得難き節も有べければ茲に一例を挙て参照とす

但遷座の前夕には式に據りて鎮火祭を奉仕すべし

先本殿假殿の階下の柱を始め沿道《エムダウ》殿門の柱に由布《ユフ》四垂《シデ》を着けたる榊枝《サカキノエダ》を立つ

當日酉刻正假殿前諸門に庭燎を設け階上階下に燈臺を立つ

戌刻渡御の沿道に新薦《アラコモ》を鋪く

次警蹕《ケイヒツ》白杖《ハクヂヤウ》大麻鹽湯の者等庭上に候す

次鷄鳴《ケイメイ》の者階下の座に着く

次行障《カウジヤウ》絹垣《ケムガイ》敷布《シキヌノ》の者等階下左右に候す

次齋主手扶《テダスケ》召立《メシタテ》〔典禮をいふ〕御羽車に奉仕の者等を率ゐ階下に坐し拜禮再拜拍手

次燈火庭燎を滅す

次齋主木綿《ユフ》繈《ダスキ》覆面《フクメン》手袋《テブクロ》を着けて昇殿す手扶以下これに隨ひ殿内に參入し愼みて御樋代を御羽車若くは辛櫃に移し奉る

次召立の者階の中間に降り鷄鳴の者に告ぐ鷄鳴の者三聲の鷄鳴を發す

次絹垣を呼ぶ絹垣の両端を持ちたる者階の左右に迫《セマ》り中を持つ者圓く並列す

渡御の時人垣《ヒトガキ》絹垣《ケムガイ》の儀あり人垣は男女の衆負潔齋し白衣を着玉串を持ち左右に分列して渡御の路次に立を云絹垣は三幅《ミハバ》の白絹を羽車の長さに應し幕《マク》の如く縫ひ乳《チ》を付て矢筈《ヤハヅ》の如く削《ケヅ》りたる竹に挾《ハサ》みて之を張り數人にて之を擎持《サヽゲモチ》て羽車を圍《カコ》み行くなり

次出御一同平伏す

次警蹕の者聲を揚けて前驅《セムグ》す〔警蹕は出御の時と途中と入御の時と三度發聲す〕

次御羽車絹垣の中に入り給へは絹垣の者一齊に左より右へ回《メグ》りて

前にて行逢ひ両端を合せて高く捧《サヽ》ぐ

次行《カウ》障《ジヤウ》の者絹垣の前にて左右に高く擎《サヽ》ぐ

行障は三幅の白絹を竪《タテ》に縫ひ長さ四尺などのり上に桁《タ》を入れ紐を付て竿に繫《ツナ》ぎ船の帆に似たる物を左右より立て前に歩むなり

次敷布の者一人前に在りて逆《ギヤク》歩《ホ》しつゝ布を舗《シ》く御羽車の進行に從ひ一人後方より之を捲《マキ》て他に踏《フ》まざらしむ

行列次第

警蹕　二人　榊枝を執て徐歩す

白杖　數人　左右に列歩す

塩湯　一人　榊葉にて灑《ソ》ぎながら行く

大麻　一人　左右へ打振りながら行く

行障　二人

御羽車
絹垣　四人
敷布　二人
神寶　若干人
神職　若干人

御羽車殿前に到る先き祭員豫《アラカジ》め階上に候す此に至て戸を開き幌《とばり》を褰《カヽ》ぐ

次齋主御樋代を御羽車より出し神座に奉安し幌を垂れて一拜し階を下り座に着き手次覆面手袋を脱《ト》りて又一拜す

次点火の者幌の垂るゝを見て火を燧出《キリイダ》し階上階下殿門等に点燈す

以下祭典常の如し

右の外神社昇格等の大儀には大祭の式に準じて行ふべし

公式

元始祭　一月三日

神社祭式に曰く此日宮中に於て賢所《カシコドコロ》並天神地祇御歴代皇靈を御親祭在らせらるゝ是天津日嗣《アマツヒツギ》の本始を祝して歳首に祀り給ふ義なるを以て元始祭と稱す因て地方に於ても此大典を遵奉《ジユムホウ》し祭祀を執行すべしとあれは大小の神社祭祀を執行して天津日嗣の大御位の天壤無窮《テムジヤウムキユウ》なるを奉祝すべきなり祭儀祈年新嘗に準ずべし

大祓　六月三十日　十二月三十一日

當日社頭に祓の座を設け祓物を置く

其儀庭上の左右に倚子或は床几を設け神職氏子信徒の祓の座とす〔或は新薦《アラコモ》を敷き軾《ヒザツキ》又は圓座を設くる等各地の便宜に任す〕

中央に高机を立て祓物を置き其前に祓詞の座を設く

午後二時神職氏子信徒祓の座に着く
次齋主神殿に昇り御扉を開く
次齋主祝詞を奏す
次斎主下殿再び祓の座に着く
次祓主中央の座に着き群参の方に向ひ祓の詞を讀む
次神職竝氏子信徒各切麻を執て祓ふ
次齋主神殿に昇り御扉を閉づ畢て本座に復す
次各退出
祓物は細く切て河海に流し棄つ切麻亦同じ但時宜に依り燒却するも妨なし
祓物
木綿一両代るに常の木綿五尺を以てす
布五尺麻を用るなり

紀元節　二月十一日

神社祭式に曰く本日神武天皇御即位日に當るを以て紀元節と稱す此日宮中に於て御親祭在せらる因て各神社に於て遙拜すべしとあり神祖の徳澤を仰き奉るもの誰の致敬《チケイ》せざるべけむや各神社は氏子信徒共に嚴肅《ゲムシユク》に遙拜を爲すべし

早旦社頭便宜の地に新薦を敷き高机一脚を設く

齋主以下淨衣執行

齋主以下遙拜場に着く

齋主以下玉串を獻りて拜辭を奏す　再拜拍手

氏子信徒總代同上

遙拜畢らば玉串は燒却すべし

拜辭

掛巻《カケマク》毛《モ》恐支《カシコキ》
畝傍橿原宮《ウネビノカシハラノミヤ》尓《ニ》天下《アメノシタ》知食志《シロシメシヽ》天皇乃《スメラミコトノ》大靈乃《オホミタマノ》大前乎《オホマヘヲ》遥尓《ハルカニ》拝美《ヲロガミ》奉良久止《マツラクト》白須《マヲス》

天長節　八月三十日

神社祭式に曰く本日は天皇御誕辰《タムシム》なるを以て各社に於て萬壽無疆《バムジユムキヤウ》を奉祝すべしとあり

神嘗祭《カムナメノマツリ》　十月十七日

伊勢神宮の新嘗祭なり神社祭式に曰く本日宮中に於て御遥拝且賢所御親祭在せられ又勅使を神宮に差遣し幣帛を奉らる因て各神社に於て遥拝すべし敷設等總て上の遥拝式に同じとあり

伏見桃《フシミノモヽノ》山陵《ミサヾキ》　遥拝　七月三十日
畝傍山東北《ウネヒノヤマノウシトラノ》山陵《ミサヾキ》　遥拝　四月三日
後月輪東北《ノチノツキノワノウシトラノ》陵《ミサヽキ》　遥拝　一月十一日

右七月三十日は明治天皇一月十一日は英照皇太后四月三日は神武天皇御祭日なるを以て宮中に於て御親祭在せられ又勅使を山陵に差遣し幣帛を奉らる因て各神社に於て遥拝すべし敷設等上に同じ

除夜《ヂヨヤ》祭　十二月三十一日

本日は一年の終なるを以て本年中守護ありし神恩を謝し又来む年の平《ヘイ》穏《ヲム》ならゝむことを祈るべし

右祭儀元始祭に準ずべし

臨《リム》時《ジ》祭式

此部には社頭にて奉仕するも他の場所に於てするも特に其事を知食す神祇を招き奉り齋ひ奉るべき祭事を載す斯る場合には必ず先づ該社の神前を奉齋するは勿論なる事と知る

べし

地鎮祭《トコシズメノマツリ》

宮殿を初め人家等総て建築地の鞏固《キヤウコ》を祈請する祝祭なり

當日早旦祭場を装飾す

其儀建築地の四面に注連縄《シメナハ》を引亘《ヒキワタ》し齋竹と賢木とに麻と由布《ユフ》四《シ》垂《デ》とを付けて立飾る但立禮ならば椅子《イス》を設くべし

次神籬を立つ

次齋主以下着場

次齋主進で一揖し神降の詞を奏す此間警蹕 再拝 拍手

但奉招《ヲキマツル》べき神は大地主神《オホトコヌシノカミ》産土神《ウブスナノカミ》及生井神《イクヰノカミ》栄井神《サクヰノカミ》綱長井神《ツナガヰノカミ》阿須波神《アスハノカミ》波比岐神《ハヒギノカミ》等とす

次傳供長以下神饌を傳供す

次齋主祝詞を奏す 再拝 拍手

次齋主玉串を献りて拜禮

次祭員一同拜礼

次傳供長以下神饌を傳撤す

次齋主神昇の詞を奏し畢て本場に復す

次各退出

次直會

右は恒に奉仕する神社ならずして其場處に齋場を設くる時の一例を示すものなり

新殿祭《ニヒトノホガヒ》

宮殿を始め人家等新に建築して竣功せし時の祝祭なり新殿の清祓畢らは遷座に先ちて之を奉仕すへし平常には宅神祭とて門神祭と共に六月十二月に必ず行ふべきなり

當日早旦新殿を装飾す

其像齋主及職員神殿前に着座し先齋主白赤青玉を數多の絲に貫きて殿内の四隅に懸く次に米酒切木綿を同く四隅に散し幣殿拝殿門に散米すべし齋主祝詞を白し畢らば門に至りて門祭の祝詞を白すべし新築には素より修覆の遷座にも之を奉仕すべし是殿前の式にて別に神座を設けず祭神は屋船《ヤフネ》久々《クヽ》乃《ノ》遲命《チノミコト》屋船《ヤフネ》豊《トヨ》受《ウケ》比《ヒ》賣命《メノミコト》なり但宅神祭には宅内の床間を神座と為すべし

下の三祭には右二柱の外手置帆負命《タオキホオヒノミコト》彦狭知命《ヒコサシリノミコト》を招き奉るべし

玉を懸たる圖

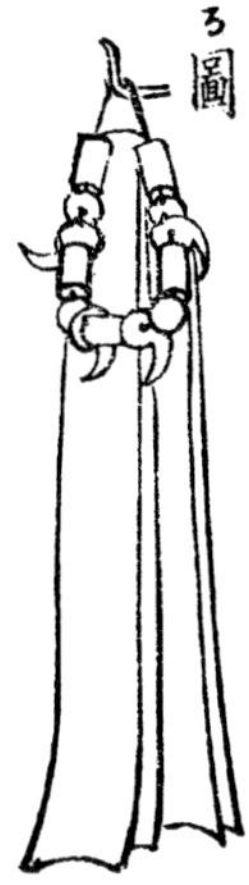

釿始祭《テヲノハジメノマツリ》

立柱祭《ハシラダテノマツリ》

上棟祭《ムネアゲノマツリ》

釿始祭とは神社にても人家にても建築の最初に行ふべき祭なり柱杖

を齋庭に置き其側に釿《テヲノ》一口を机上に置き工匠は其前に蹲踞すべし祝詞の後工匠起て神前を拝し釿を執て材の本末を三遍づゝ削《ケヅ》り釿を本の如く置き一拝して退く柱立は中央の柱を一本立て其四方に竹を立て注連縄を張り神座として祭るなり但時宜に依ては春は東夏は南秋は西冬は北の柱を一本立て其前にて祭るもよし

上棟祭は棟材を引上る時行ふべきなれども屋の上を葺《フキ》終りて後屋上に棚《タナ》を架《カ》して祭るもあり

右釿始祭以下は近来専ら工匠の執行する習慣なりと雖神職たるもの工匠を率ゐて執行すべき祭儀なること勿論の事と知るべし

井神祭《ヰノカミノマツリ》

彌都波能賣神《ミヅハノメノカミ》御井神《ミヰノカミ》鳴雷神《ナルイカヅチノカミ》を祭る 但井の前にて行ふべし

竈神祭《カマドノカミノマツリ》

忌火産靈神《イムホムスビノカミ》奥津比古神《オキツヒコノカミ》奥津比賣神《オキツヒメノカミ》を祭る竈《カマド》の前にて行ふべし

鎭火祭《ホシヅメノマツリ》

火之迦具土神《ヒノカグツチノカミ》を祭る其儀は神籬《ヒモロギ》を設けて其前に案を居ゑ水瓢土川菜《ミヅヒサゴハニカハナ》を清く大なる器に盛りて並べ置き瓢は尻の方を少し切て水を汲《ク》むべく為すを宜しとす畢りて此四種の物をば家内の清き所に瘞ひ置くべしと祭典略に云へるに随ふべし

祈雨祭《アマゴヒノマツリ》

天水分神《アメノミクマリノカミ》國水分神《クニノミクマリノカミ》天久比奢母智神《アメノクヒザモチノカミ》國久比奢母智神《クニノクヒザモチノカミ》高龗神《タカオカミノカミ》闇龗神《クラオカミノカミ》又級《シナ》津比古神《ツヒコノカミ》級津比咩神《シナツヒメノカミ》を祭る此祭には黒馬を獻るが古例なり木馬又は繪馬《ヱマ》等を献るも黒馬となすを宜しとす

祈霽祭《ハレゴヒノマツリ》

祭神は祈雨祭に同じ但高龗神以下を省き天之御柱《アメノミハシラ》國之御柱命《クニノミハシラノミコト》を加へ祭るべし此祭には白馬を奉るが例なり繪馬等を献るには白馬に画くべし

大《オホ》年神《トシノカミ》御年神《ミトシノカミ》若年神《ワカトシノカミ》を祭る其儀發蝗の田頭に祭場を設て祭るべし

攘蝗祭《ムシハラヒノマツリ》

大《オホ》名《ナ》牟《ム》遲《チ》神《ノカミ》少《スク》名《ナ》比《ヒ》古《コ》那《ナ》神《ノカミ》を招奉《ヲキマツ》るなり又疫癘《エキレイ》流行する時は殊に須佐《スサ》之《ノ》男神《ヲノカミ》を齋《イハ》ひ奉りて茅《チ》の輪《ワ》を作り衆人をして其中をくゞらせ其災害を避けしむる古例あり

祈病癒祭

八《ヤ》衢《チマタ》比《ヒ》古神《コノカミ》八衢比賣神《ヤチマタヒメノカミ》久那斗神《クナドノカミ》を祀るなり疫病流行の際等に村境を塞《サ》へ護《マモ》る謂なり

障神祭《サヘノカミノマツリ》

久斯神《クシノカミ》少毘古名神《スクナヒコナノカミ》酒水男神《サカミツヲノカミ》酒水女神《サカミツメノカミ》酒解神《サカトケノカミ》酒解子神《サカトケコノカミ》速須佐之男神《ハヤスサノヲノカミ》を祭るべし

祈釀祭《クシノカミノマツリ》

徴兵入營祭

氏子の内徴兵に當り入營するものある時は其日に先立て日を撰び祭典を執行し其者の無事に現役を畢へて歸らんことを祈るべし又解隊歸郷の時も祭典を行ひ無事現役を畢りし事を奉賽すべし入營歸郷の當日に之を行ひ入營者は社頭より直に發程せしむるもよし

因に云氏子の内生子ありて宮參りと稱し初て社參するものある時は其者の長命幸福ならんことを祈るべし特に祭典を請はゞ本條に準じ鄭重に之を行ふべし

當日社頭を裝飾し時刻先清祓を行ふ

次齋主以下及入營まくは歸郷者着座

但其親族又は村人等の送迎人あるときは共に列座すべし

次齋主昇殿開扉再拜拍手

次神饌を供す

次齋主祝詞を奏す

次齋主玉串を奉りて拜礼 再拜拍手

次入營者又は帰郷者玉串を奉りて拜禮

但送迎者あるときは順次拜礼すべし

次神饌を撤す

次齋主昇殿閉扉 再拜拍手

次退出

次直會

撤饌を調理し若しくは直に御酒洗米を拜戴せしむべし又請によりて守札を授けなば獻饌の次に之を備へ撤饌の後神前に於て直に之を入營者に授くべし守札は各社の舊式によるべしと雖平常携るに便ならむごの為《タメ》可成《ナルベク》小《チヒ》さく之を製し裏面に其姓名を記し大和《ヤマト》錦《ニシキ》又は白消の袋に納て紐を着るをよしとす

軍神祭

天神地祇《アマツカミクニツカミ》八百萬神《ヤホヨロヅノカミ》歴代《ミヨミヨ》の天皇《スメラミコト》の御靈《ミタマ》殊には經津主命《フツヌシノミコト》建甕雷命《タケミカツチノミコト》を祭るべし

諸業祖神祭

凡て諸業祖神祭は人民よりの請に因り或は神社に詣《イタ》りて奉仕するあり或は齋場を設けて之を行ふあり祭儀は異なる事なしと雖其祖神の詳審ならざるは之を識者に問ひて失なからむことを要すべし

祖靈祭

凡て祖靈祭は祖霊社に於てするも居宅に於てするも正忌日及び春秋二季に之を行ひ其外式年の例に遵《シタガ》ふべし但皇別の氏姓などは系統《ケイトウ》の原《モト》たりとも臣民私《ワタクシ》に至尊《シソム》を祭るべきものにあらず其他該家《ガイカ》に於て當に祭るへき靈と祭るべからざる靈とあり是等の義は齋主能く之を識《シキ》別《ベツ》すべきなり

鎮魂祭《タマシヅメノマツリ》

令集解《レウノシユウゲ》云上世饒速日命《ニギハヤビノミコト》降自天時天神《アマツカミ》授瑞寶《ミヅノタカラ》十種《トクサ》息津鏡《オキツカヾミ》一邊津鏡《ヘツカヾミ》一八握劔《ツカツルギ》一生玉《イクタマ》一足玉《タルタマ》一死反玉《マカルカヘシノタマ》一道反玉《チガヘシノタマ》一蛇比禮《オロチノヒレ》一蜂比禮《ハチノヒレ》一品々物比禮《クサグサノモノヽヒレ》一教導若《モシ》有痛所《イタムトコロ》者合茲《コノ》十寶一二三四五六七八九十《ヒトフタミヨイツムユナヽヤコヽノタリ》云而布瑠部《フルヘ》由良由良《ユラユラ》止布瑠部如此《カク》為之者死人返生矣とある是此祭の由て起る所なり令義解《レウギゲ》云鎮安也人陽氣曰魂魂運也言招離遊之運魂鎮身体之中府故曰鎮魂とあり凡人身非常の事あるときは宮中神殿の八神及大直日神《オホナホビノカミ》を招請し以て壽福を祈るなり能く其旨趣を熟得《ジユクトク》して之を行ふべし因て一の社傳に據り其例を示す

先祭場を舗設《フセツ》す

其儀案を居ゑ神座を設け鈴一口を付けたる榊を倚《ヨ》せ立つ案上柳《ヤナイ》筥《バコ》を置き其内に赤糸十筋を納る柳筥の前に齋主の座を設く側に宇氣槽《ウケフネ》（四方框《カマチ》なる板床《イタドコ》を用）と和琴とを置き其前に巫《カムナギ》及び彈琴役の座を設く又側に鎮魂主人の座を設くべし（主人着く能は

ずは其衣服を置く」
次清祓常の如し
次齋主「木綿《ユフ》蔓《カヅラ》を着く」以下着座
次降神行事
次神饌を供す
米 酒 鰭廣物《ハタノヒロモノ》 鰭狹物《ハタノサモノ》 野鳥 水鳥 粟《アハ》 稗《ヒエ》 麥 豆 海菜
野菜 菓 塩 水 或は米酒のみの儀もあり
次齋主祝詞を奏す
次鎮魂行事
其儀彈琴後琴を彈き「管撥」巫矛《ホコ》又は榊を取り立て宇氣《ウケ》を衝《ツ》く
「槽《フネ》に昇りて一ッ二ッ三ッ四ッ五ッ六ッ七ッ八ッ九ッ十と唱へ
つゝ槽を十度衝くなり」齋主糸一筋を取て一より十迄を唱へて
之を結ふ「」如此すること十度結ひ畢りて之を柳筥に納る

此間鎮魂主人坐して袖を振る〔左右左〕〔主人坐に着のずば其衣服を振ふ〕〔又玉十顆《クワ》を絹に裹《ツヽ》み之を十種神寶《トクサノカムダカラ》と一一を瀛津《オキツ》鏡《カゞミ》二を邊津鏡《ヘツカゞミ》と順次に十に至るまで一より十迄を唱へて由良由《ユラユ》良《ラ》と振ひ柳筥に納め赤糸十筋を以て其筥を結ぶ儀もあり〕

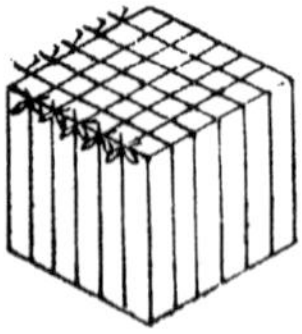

次神饌を撤す

次昇神行事

次退出

但筥は其主人の守護神たる神社等に納置くべし又玉を絹に裹《ツヽ》み糸を以て結び畢らば之を封じて其主人に帶ばしむる事もあり又木綿《ユフ》を結び之を病者の頸《クビ》に掛けしむることもあり

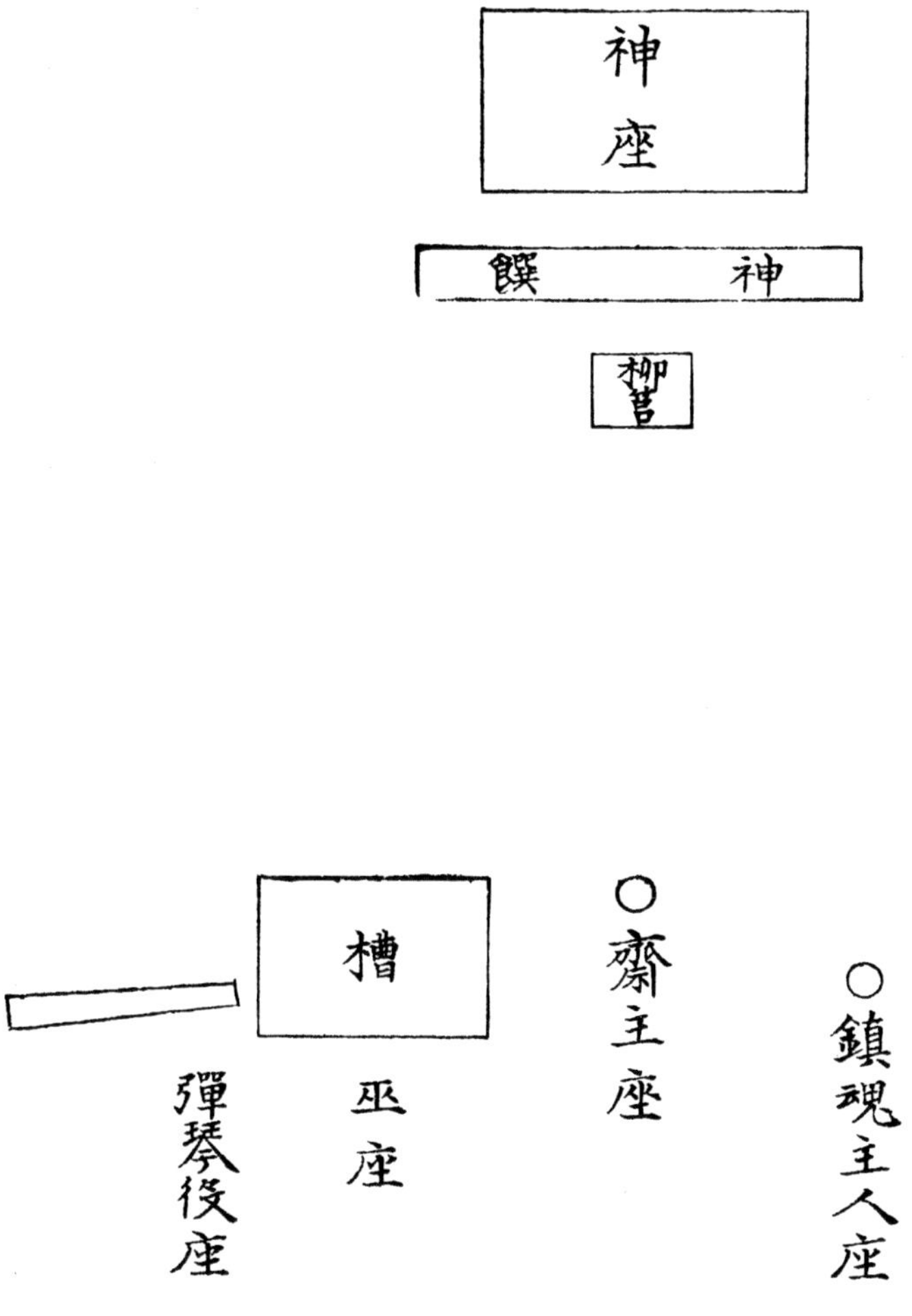

結婚祭

先神座を設けて中央に島臺〔松竹梅天《アメ》の眞柱《ミハシラ》に擬《ギ》す〕を居《ス》る時刻齋

主及媒介《ナカウド》夫妻着座
次親族着座〔夫の族は左婦の族は右〕
次新夫妻着座〔夫は左妻は右〕媒介の夫妻之を率う
次祓詞を讀む
次大麻行事
次塩湯行事
次降神行事　此間各俯伏
高皇産靈大神《タカミムスビノオホカミ》神皇産靈大神《カミムスビノオホカミ》伊邪那岐大神《イザナギノオホカミ》伊邪那美大神《イザナミノオホカミ》大國主大神《オホクニヌシノオホカミ》
須勢理比賣大神《スセリビメノオホカミ》及《マタ》産土大神《ウブスナノオホカミ》又《マタ》其家累代《ルイダイ》祖先《ソセン》の神靈等を招奉るべし
次神饌を供す
次齋主祝詞を奏す　此間各俯伏
次新夫妻進て拜禮
次親族媒介夫妻男女酒兒子《サカツコ》進て拜禮

次新夫妻誓飲

先男女酒兒子銚子《チヤウシ》（雄蝶《ヲテフ》雌蝶《メテフ》）を取り左右より進で相對して坐に着き中央の瓶子（瓶子二口盃三重各三方に居ゑて豫め之を居置く）を取り各酒の半を銚子に移し又男女瓶子を交換して移し終り瓶子を本所に納む又神酒を銚子に移し用ることもあり

次媒夫上の盃を取りて新夫に進む（男女酒兒子酌を取る三度）

次媒夫新夫の盃を取りて新妻に進む（同上）

次媒夫新妻の飲終りし盃を取りて中央の臺に納む

次媒婦中の盃を取りて新妻に進む（男女酒兒子酌を取る三度）

次媒婦新妻の盃を取りて新夫に進む（同上）

次媒婦新夫の飲終りし盃を取りて中央の臺に納む

次媒夫下の盃を取りて新夫に進む（男女酒兒子酌を取る三度）

次媒夫新夫の盃を取りて新妻に進む（同上）

次媒夫新妻の飲終りし盃を取りて中央の臺に納む又島臺又は神饌の鯣《スルメ》昆布《コムブ》梅干《ウメボシ》を取りて一献《コム》毎に新夫婦に勧むるもあり

次媒夫齋主に對て誓飲終りし旨を告く

次齋主誓文を奏す　此間各俯伏

次神饌を撤す

次昇神行事　此間各俯伏

次各退出

畢て直會

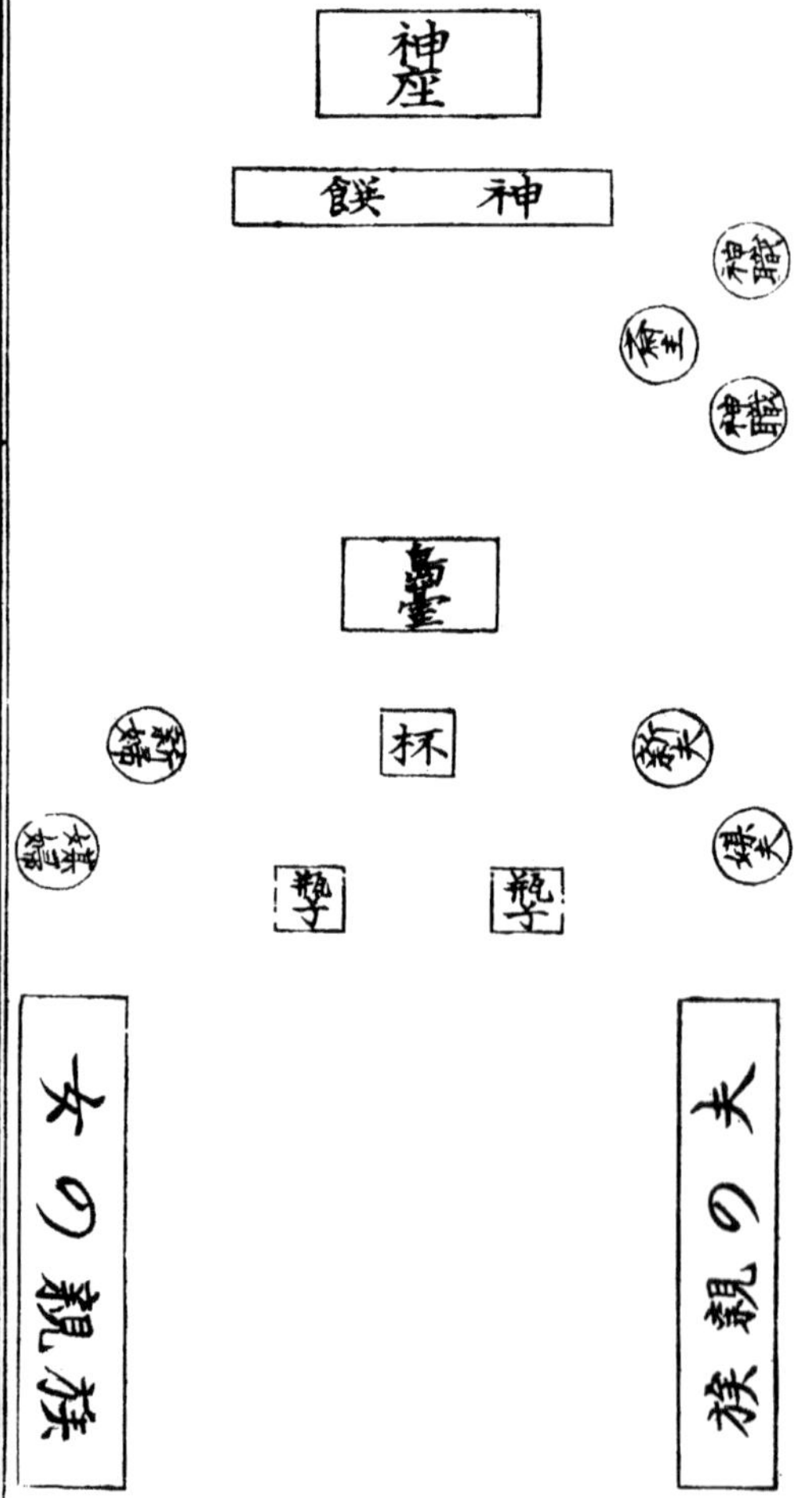

右は略式を示し、者にして猶鄭重の式を挙んときは奏樂などもあるべし此他旅立《タビダチ》出船《フナデ》漁獵《ギヨレウ》より霹靂《ヘキレキ》地《ヂ》震《シン》等に至るまで其名目甚繁多なりと雖其儀は既に登載せる各條に照らして適宜執行すべし

但右大祭公式臨時祭等其大要を挙ぐと雖其装飾舗設次第作法の細目曲折に至りては各部に詳なれば宜く之を併せ看るべし

神幸式

例祭又は臨時祭にて旅所に神幸の式ある時は先祭典を行ひ撤饌の後御靈代を鳳輦又は神輿に遷し奉り本社を發程するを恒式とす

但旅所より還幸の儀も亦之に同じ

當日早旦沿道の駐輿《チユウヨ》所又旅所等を装飾す

次各所の清祓を執行す

次供奉員を整列すること左の如し但行列の儀其例一ならずと雖今諸

式を摭《セツ》裒《ホウ》して其大略を示す

先導　竹幕白杖　鐵棒等　　太鼓　　氏子　信徒　　王鼻《ワウハナ》〔猿田彦神面を云ふ〕

前驅神職　　辛櫃〔神宝を納る〕　　旗　旗　　眞榊

桙　楯　　矛《ホコ》數本　矛數本　　矢　　弓

剱　　一鼓　　樂人數負　樂人數負　　荷鉦鼓　荷太鼓

神職　神職　　紫翳《ムラサキノサシハ》　紫翳　　御綱　御綱　　鳳輦

御綱　御綱　　菅翳《スゲノサシハ》　菅翳　　呉床《クレトコ》　呉床　　神職　神職

辛櫃〔雨皮を納る〕　神馬　錦蓋《キムカイ》　菅蓋《カムカイ》

辛櫃〔雨皮を納る〕　旗

旗　齋主　神職

氏子　雑具　若し神饌の辛櫃を列せば菅蓋の後

信徒　又は神饌辛櫃の前とすべし

次警蹕　三聲

次出御

次駐輦

次齋主旅所の神殿に昇り開扉畢て側に候す

次御霊代を鳳輦より出し内陣に遷し奉る

次祭員神饌を供す　此間奏樂

旅所に神殿なき時は鳳輦の前に供饌すべし

次齋主祝詞を奏す

次齋主玉串を献りて拜禮
次祭員以下拜禮
次祭員神饌を撤す　此間奏樂
次各退出
還御の時も之に準ずべし

直會式

神社祭式には直會の式を載せざれとも古式により其一例を示す

凡て直會は直會殿なくば便宜の所に座を設くべし神饌の撤品を料理して等分に配當するもあり別に酒肴を給するもあり略せば米酒のみ奉戴するもあり但祭服の儘にて之を行ふべし或は時により處により便服に改めて行ふ事もあり又直會の神事とて神饌を献り祝詞を白す儀もあり

敷設は板敷或は庭上などは圓座又は長筵を用へきなり

着席は齋主以下左右に分れて列座すべし或は上首一人横座するもあり皆安座すべし

先齋主以下直會殿《ナホラヒデン》の座に着く

其儀〔典禮先導す〕各一行或は二行に着座す〔安坐〕

次直會詞を宣す

其儀典禮座の中央に進み齋主以下に對し着座一揖し宣し畢りて一揖復坐す

直會詞

今日《ケフ》乃《ノ》生日《イクヒ》乃《ノ》足日《タリヒ》尓《ニ》御祀《ミマツリ》美久《ウルハシク》仕奉《ツカヘマツ》里《リ》弖《テ》志《シ》直會《ナホラヒ》乃《ノ》酒幣《サカマヒ》賜《タマ》波《ハ》留《ル》乎《ヲ》各《オノ〳〵》受《ウチ》給《タマ》波《ハ》里《リ》宇麻良《ウマラ》尓《ニ》聞食《キコシメシ》氏《ラ》惠良惠良《エラエラ》尓《ニ》祝給《ホカヒタマ》倍《ヘ》登《ト》宣《ノル》

次饗膳を居う

其儀〔典禮行酒役に目す〕行酒役一人或は二人一揖起坐饗膳を

取来りて齋主より次を逐ふて之を居ゑ畢りて退き着坐一揖す
次勸盃《ケムバイ》
其儀〔典禮行酒役に目す〕行酒役二人一揖起坐盃及び酒瓶を持来りて齋主より序に順ひ勸盃《ケムバイ》す齋主以下酒を受けて飲み盃をしたみて置き肴を喰ふ是を一献とす
次二献其儀前に同じ
次歌を唱ひ舞を奏す
其儀〔典禮之を令す〕倭舞又其他宜に隨ふべし
次三献
其儀〔典禮行酒役に目す〕前の如し儀畢らば〔典禮行酒役に目す〕行酒役膳を撤す
次退散
其儀〔典禮之を令す〕各笏を置きて退手《サカリテ》を拍ち一揖して出づ

直會の圖

主　員
齋　祭　同　同　同　　行酒役
副　祭　同　同　同　典　行酒役
齋　員　　　　　禮
主

饗は職員一名饗膳を持来りて之を諸員の座前に居うべし居ゑ畢らは齋主以下箸を立つるを式とす〔箸を飯の上に立掛くるを云ふ〕飲食畢らば箸を拂ふべし〔箸を元に復するを云ふ〕

勸盃は職員一名酒坏を載せたる臺を持ち一名は瓶子を載せたる三方を持出で、先上首の座前に就きて臺を居う上首の者揖して酒坏を取り〔盃を取りては揖せす〕酒を受けて飲み傍の器にしたみ酒坏を臺に復し肴を喰ふ職員臺を次座の前に居う次座の者酒坏を取りて飲むこと末席に至る迄前に同じ如此三献畢りて膳を引くなり又盃を取り酒を受けて飲み畢り再其盃に酒を受けて酒を盛りし儘次座の者へ附し次座の者受けて飲み末坐の者に至り飲畢りて盃を下に置く行酒畢らば榊葉を以て米をすくひ出すを受けて喫す二献三献皆同じ左右両席一時に上首より行ふべし三献畢らば退手を拍ちて退くべし

饗膳は四足案に毎品土器に盛り箸を置く瓶子は三方臺にすべし米酒のみならば一臺に二種を備へ職員之を持ちて上首より末坐迄次第に座前に就きて給すべし

壽歌《ホギウタ》を發し倭舞《ヤマトマヒ》など為すべくば二獻の後にすべし或は手を拍ちて飲むあり又は盃を取り伊久比左《イクヒサ》伊久比左《イクヒサ》と壽詞を唱へて飲み一同膝を拍ちて壽歌を謡ふもあり

壽歌《ホギウタ》

許能彌枳破《コノミキハ》。和餓彌枳那羅孺《ワガミキナラズ》。椰磨等那殊《ヤマトナス》。於朋望能農之能《オホモノヌシノ》。介《カ》瀰《ミ》之《シ》瀰《ミ》枳《キ》。伊《イ》句《ク》臂《ヒ》佐《サ》。伊《イ》句《ク》臂《ヒ》佐《サ》。

但し此伊句臂は活日《イクヒ》と云人の名にて幾久《イクヒサ》の意にあらずと古事記傳に云へりされど直會の壽歌の一例までに挙げおく尚右の外宜きに従ひ謡ふべし

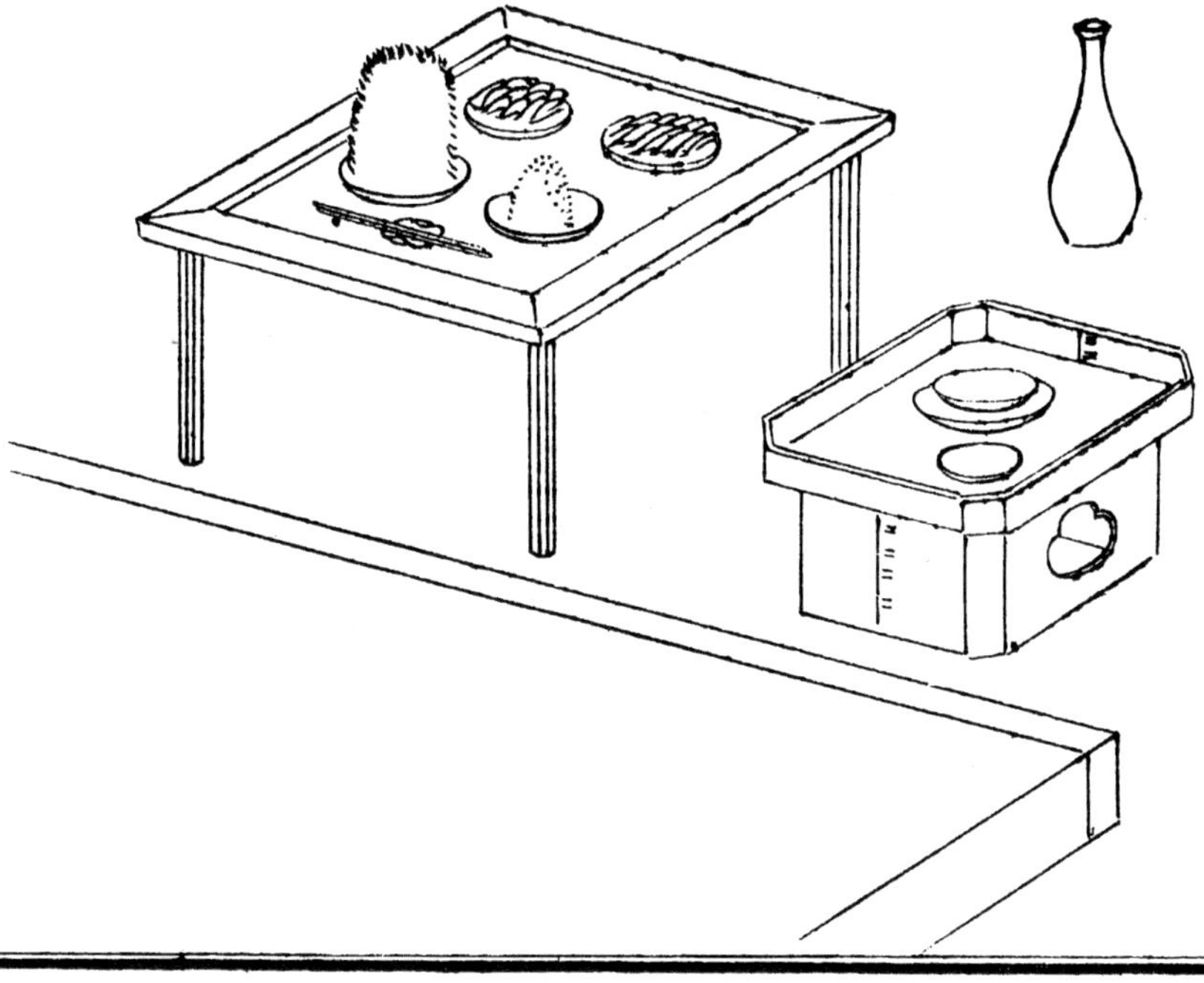

神饌《シムセム》

神社祭式に祈年祭《キネムサイ》新嘗祭《シムジヤウサイ》例祭《レイサイ》元始祭《ゲムシサイ》等大中小社各神饌の制規《セイキ》あり府社以下も亦之に照準《セウジユム》し其祭儀の大小に依りて豫《アラカジ》め其臺數を定むべし

官國幣社祈年祭大社九臺○中社八臺○小社七臺

和稲　荒稲　酒二瓶　海魚　川魚　鳥中小社には除之　海菜二品　野菜同上○小社には海菜一野菜一品宛一臺とす　菓　水塩

幣物

官國幣社新嘗祭大社十一臺○中社十臺○小社九臺

和稲　荒稲　酒二瓶　餅　海魚　川魚　鳥中小社には除之　海菜二品　野菜同上○小社には海菜野菜一品宛一臺とす　菓　水塩

幣物

右幣物の外各地の所産或は外邦の物品を副て奉るも妨なし

官幣社例祭 大社十一臺○中社十臺○小社九臺

和稲 荒稲 酒二瓶 餅 海魚 川魚 野鳥○中小社には野鳥水鳥の中にて一品 水鳥

海菜二品 野菜三品○小社には海菜一品野菜二品一臺とす 菓二品 水塩

幣物

國幣社例祭 中社十臺 小社九臺

和稲 荒稲 酒二瓶 餅 海魚 川魚 鳥 海菜二品 野菜三品○小社には海菜一品野菜二品一臺とす 菓二品 水塩

幣物

官國幣社元始祭 大社十臺○中社九臺○小社八臺

和稲 荒稲 酒二瓶 餅 海魚 川魚 鳥中小社には除之 海菜二品 野菜同上○小社には海菜野菜一品宛一臺とす 菓 水塩

假殿遷座 大社十臺○中社九臺○小社八臺

本殿遷座　大社十一臺　中社十臺　小社九臺

右神社祭式に載する所なり

神饌の品目は山海其境《サカヒ》を異《コト》にし而かも各社の慣例《クワンレイ》同じからざれば一概《ガイ》には定め難し爰《コヽ》には普通《フツウ》の一例を擧ぐるのみなり

所定臺數の外各地の所産遠來の物を副て獻《タテマツ》るは最よし

社傳に依り神職家にて黒木《クロキ》白木《シロキ》を釀製《ジヤウセイ》して獻供《ケンクウ》するもの有り是等は酒造規則《シユザウキソク》以外なれば必古例を失はず獻供すべし

神饌物を別て生熟《セイジユク》の二類とす生とは生物の儘《マヽ》にて獻るを云ひ熟とは割烹《カツハウ》の上《ウヘ》供するを云ふなり而して熟饌は古式の祭奠《サイテム》に獻るも普通は生饌を以てする方多く殊に古式は各社所傳の調理法《テウリハフ》に依るべければ玆《コヽ》には之を擧げず

但作法《サハフ》の部參看《サムカム》すべし

和稻《ニギシネ》　精米《セイマイ》を云ふ

荒稲《アラシネ》　稲穂《イナホ》を云ふ又玄米にてもよし

白木《シロキ》　白酒《シロザケ》にして濁醪《ニゴリザケ》を云ふ

黒木《クロキ》　清酒《スミザケ》を云ふ

餅《モチ》　鏡餅《カゞミモチ》又切餅《キリモチ》にてもよし

鰭廣物《ハタノヒロモノ》　鯛《タヒ》の類を云ふ

鰭狹物《ハタノサモノ》　鯉《コヒ》鱸《スゞキ》の類を云ふ

但時候《ジコウ》に依り乾物《カムブツ》堅魚《カツヲ》干鮑《ホシアハビ》鯣《スルメ》等をも供するなり

水鳥《ミヅドリ》　鴨《カモ》雁《ガム》の類を云ふ

野鳥《ノドリ》　雉子《キジ》山鳥《ヤマドリ》又は小鳥《コトリ》の類を云ふ

奥津藻菜《オキツモハ》　荒海布《アラメ》昆布《コブ》の類を云ふ

邊津藻菜《ヘツモハ》　海苔《ノリ》海松《ミル》鹿角菜《ヒジキ》神仙菜《アマノリ》海髯《ニギメ》の類を云ふ

甘菜《アマナ》　蔬《ナ》胡蘿蔔《ニムジム》松露《シヨウロ》百合《ユリ》根《ネ》筍《タケノコ》薯蕷《ヤマノイモ》枝豆《エダマメ》の類を云ふ

辛菜《カラナ》　蘿蔔《ダイコム》山葵《ワサビ》薑《ハジカミ》の類を云ふ

菓《コノミ》

香橙《ダイく》枇杷《ビハ》葡萄《ブダウ》柹《カキ》栗《クリ》橘《タチバナ》乾柹《ホシガキ》乾栗《ホシグリ》蜜柑《ミカム》郁子《ムベ》の類を云ふ

右は神饌に供すべき物の大概を擧ぐ最腐敗《フハイ》し易《ヤス》き物又は異臭《イシウ》ある物は之を避《サ》くるは勿論《モチロム》可成《ナルベク》新鮮《シムセム》の物を精撰《セイセム》して獻備《ケムビ》すべきなり

飯

餅

酒坏《サカヅキ》

銚子《テウシ》 片口あり 両口あり

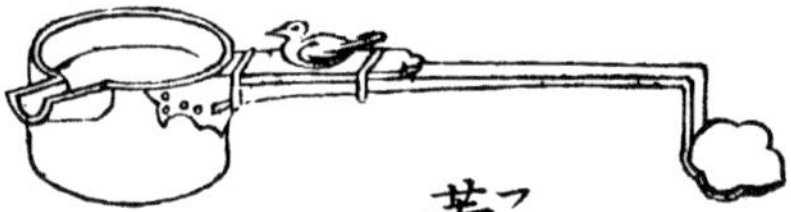

蓋《フタ》

平盛《ヒラモリ》

高盛《タカモリ》

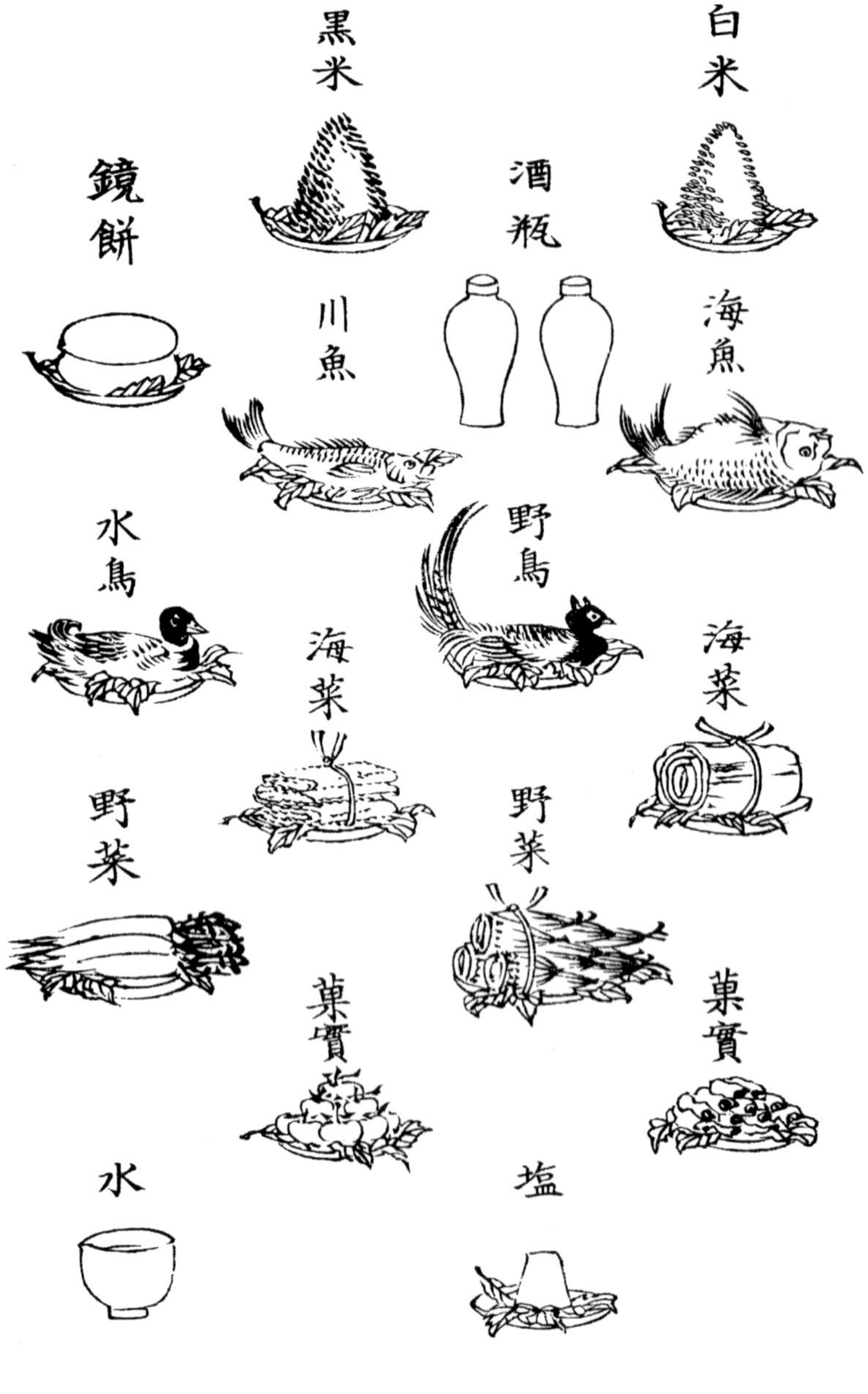
白米
黒米
酒瓶
鏡餅
海魚
川魚
野鳥
水鳥
海菜
海菜
野菜
野菜
菓實
菓實
塩
水

神饌獻奠の圖

神座

右	中	左
餅　餅　餅	酒 ═ 酒	飯　飯　飯
川魚　海魚　海魚	海魚　海魚	海魚　海魚　川魚
菓実　野菜　海菜　水鳥	水　塩	野鳥　海菜　野菜　菓実

同　偶數の例

神座

十	八	六	四	二	一	三	五	七	九
川魚	海魚	海魚	鏡餅	荒稲	和稲	酒	海魚	海魚	川魚
二十	十八	十六	十四	十二	十一	十三	十五	十七	十九
水	菓実	野菜	海菜	水鳥	野鳥	海菜	野菜	菓実	塩

同　奇數の例

神座

九	七	五	三	一	二	四	六	八
塩水	野菜	川魚	鏡餅	和稲荒稲	酒	海魚	海菜	菓実

同　偶數の又の例

神座

八	六	四	二	一	三	五	七
塩水	野菜	川魚	酒	米	海魚	海菜	菓実

同　異例

神座

八	六	四	二	一	三	五	七	九
菓實	海菜	海魚	酒	米	餅	川魚	野菜	水塩

祝《ノリ》詞《ト》

祝《ノリ》詞《ト》の作文は筆到《イタ》り意随《シタガ》ひ流暢《リウチヤウ》にして難澁《ナンジフ》なく一誦《シヨウ》して鬼神《キシム》を感せしむべし然れども是レ名人大家の筆にあらざれば爲《コヽ》に至ること能はず寧《ムシロ》文飾《ブムシヨク》なきも至誠《シセイ》を籠《コ》めて之を綴《ツヾ》らば反て神明を感ぜしむるに足らむ

祝詞は書き得らるべき限りは古語雅言に綴るべし強《アナガチ》に奇語を求め一向に訓讀《クムドク》せむとして彼の鐵道《テツダウ》をクロガネノミチ電車《デムシヤ》をイナヅマグルマなど讀むべからず音讀の稱呼《シヨウコ》は固《モト》より音読すべきなり恒例《ゴウレイ》常式《ジヤウシキ》の祝詞は例文あり之に倣《ナラ》ふべし餘《アマ》り文飾に過ぎ冗長《ジヨウチヤウ》なるは宜しからず但臨時《リムジ》祈禱《キタウ》の類は深切《シムセツ》懇到《コムタウ》反覆《ハムフク》丁寧《テイネイ》ならむことを要す只簡單《カムタム》にして止むべからず

文例を見むには延喜《エムギ》の祝詞式《ノリトシキ》を箋一とし次に歴朝《レキテウ》の詔詞《ゼウシ》萬葉《マムエフ》の古歌

日本書紀古事記の古文辭を取捨《シユシヤ》應用《オウヨウ》すべし祝詞文例又は水穂《ミヅホ》會の作文例には文法等も詳細《シヤウサイ》なれば材料となすによし
例祭《レイサイ》祈年祭《キネムサイ》新嘗祭《シムジヤウサイ》元始祭《ゲムシサイ》大祓《オホハラヒ》遥拜式《ヨウハイシキ》遷座式《セムザシキ》等は神社祭式の文を用ゐるべし
但官幣の外は御幣《ミテグラ》捧《サヽ》奉《マツ》らしめ給ふ又奉出《タテマイダ》し給ふ幣帛《ミテグラ》はとあるを奉《タテマツ》る幣帛はと云ふべきなり

祝詞作例《ノリトサクレイ》

祓詞《ハラヒコトバ》神社祭式

掛《カケ》巻《マク》母《モ》恐《カシコ》伎《キ》
伊《イ》佐《サ》奈《ナ》伎《キノ》大《オホ》神《カミ》筑《ツク》紫《シ》乃《ノ》日《ヒ》向《ムカ》乃《ノ》橘《タチバナノ》乃小《ヲ》門《ト》乃《ノ》阿《ア》波《ハ》岐《ギ》原《ハラ》尓《ニ》御《ミ》禊《ソギ》祓《ハラヒ》給《タマ》比志《ヒシ》時《トキ》尓《ニ》生《ナリ》坐《マ》世留《セル》祓戸《ハラヒド》乃《ノ》大《オホ》神《カミ》等《タチ》今日《ケフ》仕奉《ツカヘマツ》留《ル》官人《ツカサビト》等《ドモ》我《カ》過犯《アヤマチオカ》世留《セル》罪《ツミ》穢《ケガレ》有《ア》良牟《ラム》乎婆《ヲバ》祓《ハラヒ》給《タマヒ》比清《キヨ》米《メ》給《タマ》部《ヘト》止申《マヲ》須《ス》事《コト》乎《ヲ》聞《キコ》食《シメ》世止《セト》恐《カシコ》美《ミ》恐《カシコ》美《ミモ》母白《マヲ》須《ス》

官幣社例祭《レイサイ》仝上

掛巻母恐伎

某神社乃大前《オホマヘ》尓《ニ》官位苗字名恐美《カシコミ》恐美母白左久《カシコミモマヲサク》常例乃隨《ツネノアトノマニマニ》今日乃《ケフノ》御祭《ミマツリ》仕奉留賀《ツカヘマツルガ》

故尓《ユヱニ》奉出志給布《タテマダシタマフ》幣帛《ミテグラ》波《ハ》御服《ミソ》波《ハ》明妙《アカルタヘ》照妙《テルタヘ》和妙《ニゴタヘ》御食《ミケ》波《ハ》和稍《ニゴシネ》荒稲《アラシネ》尓《ニ》御酒《ミキ》波《ハ》甕上《ミカノヘ》

高知《タカシリ》甕腹満並弖《ミカノハラミテナラベテ》鰭乃廣物《ハタノヒロモノ》鰭乃狭物《ハタノサモノ》奥津藻菜《オキツモハ》邊津藻菜《ヘツモハ》甘菜《アマナ》辛菜《カラナ》尓《ニ》至留麻《イタルマ》

弖尓《テニ》置足波志弖《オキタラハシテ》奉良志米給布《タテマツラシメタマフ》事乎《コトヲ》平良氣久《タヒラケク》安良氣久《ヤスラケク》聞食弖《キコシメシテ》

天皇乃《スメラミコトノ》大御代乎《オホミヨヲ》足御代乃《タラシミヨノ》茂御代尓《イカシミヨニ》幸倍給比《サキハヘタマヒ》仕奉留《ツカヘマツル》百官人等《モモノツカサノヒトタチ》四方國乃《ヨモノクニノ》

公民《オホミタカラ》尓《ニ》至留麻弖《イタルマテ》伊賀志夜具波衣乃《イカシヤグハエノ》如久《ゴトク》立榮米志給倍止《タチサカエシメタマヘト》白須《マヲス》事乎《コトヲ》聞食止世《キコシメセト》恐美

恐美母白須

但此祝詞は叅向の使之を奏す

國幣社例祭仝上

掛巻母恐伎

某神社乃大前尓宮司位苗字名恐美恐美母白左久以下官幣社に同し

官國幣社祈《キ》年《ネム》祭　全上

掛巻母恐伎

某神社乃大前尓宮司位苗字名恐美恐美母白左久今《コ》年《トシノ》年祈祭尓《トシゴヒノマツリニ》御幣《ミテグラ》捧奉《サゲマツ》良志《ラシ》米《メ》給布《タマフ》是以《コヽヲモテ》今日《ケフ》大前《オホマヘ》乎《ヲ》持齋麻波利《モチユマハリ》愼敬比《ツヽシミヰヤマヒ》奉留《タテマツル》御食波和稲荒稲尓御酒波甕上髙知甕腹滿竝弖鰭乃廣物鰭乃狹物奥津藻菜邊津藻菜甘菜辛菜尓至留麻弖尓置足波志弖仕奉留《ツカヘマツル》事乎《コトヲ》平《タヒ》久良氣《ラケク》聞食弖《キコシメシテ》數坐留《シキマセル》公民《オホミタカラ》我《ガ》取作良牟《トリツクラム》五穀物《イツヽノタナツモノ》乎《ヲ》始弖《ハジメテ》處々《トコロ〴〵》尓《ニ》生出牟《ナリイデム》種々《クサ〴〵》乃《ノ》色《シナ》物乎母《モノヲモ》彌益々《イヤマス〳〵》尓《ニ》成幸倍《ナシサキハヘ》給比《タマヒ》平《タヒ》久良氣《ラケク》安久良氣《ヤスラケク》新嘗祭《ニヒナヘマツリ》仕奉《ツカヘマツ》良志米《ラシメ》給《タマ》倍止《ヘト》白須《マヲス》事乎《コトヲ》聞食《キコシメ》世止《セト》恐美恐美毛白須

官國幣社新嘗《シムジヤウ》祭

掛巻母恐伎

某神社乃大前尓宮司位苗字名恐美恐美母白左久今《コ》年《トシノ》新嘗祭尓《ニヒナヘノマツリニ》御幣《ミテグラ》捧奉《サヽケマツ》良志《ラシ》米《メ》給布《タマフ》是以《コヽヲモテ》今日《ケフ》大前《オホマヘ》乎《ヲ》持齋麻波利《モチユマハリ》皇神等《スメカミタチ》乃《ノ》成志《ナシ》幸波《サキハヘ》倍給《タマ》倍留《ヘル》八束穂《ヤツカホ》乃《ノ》秋《アキ》乃《ノ》初穂《ハツホ》乎《ヲ》御饌《ミケ》御酒《ミキ》尓《ニ》仕奉利《ツカヘマツリ》鰭乃廣

物鰭乃狭物與津藻菜邊津藻菜甘菜辛菜尓至留麻弖尓置足波志弖奉留事乎平良気久安良気久聞食弖天皇乃大朝廷乎始弖仕奉留百官人等四方國乃公民尓至留麻弖尓洩《モル、》々留事《コト》無《ナ》久《ク》守幸波《マモリサキハヘ》倍給《タマ》比《ヒ》立榮《タチサカエ》志米《シメ》給《タマ》倍止《ヘト》白須事乎聞食世止恐美恐美母白須

元《ゲム》始《シ》祭仝上

掛巻母恐伎

某神社乃大前尓宮司位苗字名恐美恐美母白左久年始《トシノハジメ》乃《ノ》今日《ケフ》乃《ノ》祭《マツリ》尓大前《オホマヘヲ》乎持齋麻《モチユマハリ》利波慎敬《ツヽシミヰヤマヒ》比奉留御食波和稲荒稲尓御酒波甕上高知甕腹満並弖鰭乃廣物鰭乃狭物與津藻菜邊津藻菜甘菜辛菜尓至留麻弖尓置足波志弖仕奉留事乎平良気久安良気久聞食弖天皇乃大朝廷乎始弖四方國乎堅磐《カキハ》尓常磐《トキハ》尓守幸波倍給比仕奉留百官人等公民尓至留麻弖尓伊賀志夜具波衣乃如久立榮志米給倍止白須事乎聞食世止恐美恐美母白須

大祓《オホハラヒ》祝詞《ノリト》 仝上

掛巻母恐伎

某神社乃大前尓宮司位苗字名恐美恐美母白左久此《コノ》府縣乃官人《ツカサビト》又《マタ》大神《オホカミ》尓《ニ》仕《ツカヘ》奉《マツ》留《ル》神官《カムツカサ》等《トモ》乎《ヲ》始《ハジメ》弖《テ》敷《シキ》坐《マセ》留《ル》里々《サトぐ》乃《ノ》公民《オホミタカラ》等《ラ》我《ガ》過犯《アヤマチオカシ》気牟《ケム》雑々《クサぐ》乃《ノ》罪事《ツミコト》乎《ヲ》今年《コトシ》乃《ノ》六月《ミナヅキ》十二月《シハス》乃《ノ》今日《ケフ》乃《ノ》夕日《ユフヒ》乃《ノ》降《クダチ》尓《ニ》祓物《ハラヘツモノ》乎《ヲ》置座《オキクラ》尓《ニ》置《オキ》弖《テ》祓《ハラヒ》清《キヨ》牟留《ムル》事《コト》乎《ヲ》祓處《ハラヒト》乃《ノ》神等《カミタチ》尓《ニ》神《カム》議々《ハカリぐ》給《タマ》比《ヒ》諸人《モロヒト》乃《ノ》枉事《マカコト》罪《ツミ》穢《ケガレ》乎《ヲ》祓《ハラヒ》給《タマ》比《ヒ》清給《キヨメタマヘ》止倍《ト》乞《コヒ》祈《ノミ》奉《マツ》留《ル》事《コト》乃《ノ》由《ヨシ》乎《ヲ》彌高《イヤタカ》尓《ニ》聞食《キコシメ》世《セ》止《ト》恐美恐美母白須

同 祓詞《ハラヒコトバ》 仝上

此《コノ》府縣乃官人《ツカサビト》又《マタ》某神社尓《ニ》仕奉《ツカヘマツ》留《ル》神官等《カムヅカサトモ》乎《ヲ》始弖《ハジメテ》敷坐世留里々乃公民等我天津罪《アマツツミ》國津罪《クニツツミ》止《ト》過犯《アヤマチオカシ》気牟《ケム》雑々《クサぐ》乃《ノ》罪事《ツミコト》乎《ヲ》今年乃六十二月月乃今日乃夕日乃降乃大祓《オホハラヒ》尓《ニ》祓物《ハラヘツモノ》乎《ヲ》置座尓置弖祓清牟留事乎瀨織津姫神《セオリツヒメノカミ》速秋津姫神《ハヤアキツヒメノカミ》氣吹戸主神《イブキドヌシノカミ》速佐須良姫《ハヤサスラヒメ》神《ノカミ》相宇豆那比《アヒウズナヒ》海川《ウミカハ》尓《ニ》持出《モチイデ》弖根國底國《ネノクニソコノクニ》尓《ニ》伊吹放佐須良比失弖《イブキハナチサスラヒウシナヒテム》牟如此《カク》失弖婆《ウシナヒテバ》

此《コノ》府縣乃《ノ》官人《ツカサヒト》神官《カムツカサ》等《ドモ》乎《ヲ》始《ハジメ》弖《テ》里々《サトサト》家々《イヘイヘ》乃《ノ》男女《ヲトコヲミナ》尓《ニ》至《イタ》留《ル》万《マデ》自今日《ケフヨリ》始《ハジメ》弖《テ》罪《ツミ》止《ト》云《イフ》罪《ツミ》咎《トガ》止《ト》云《イフ》咎《トガ》波《ハ》不在《アラジ》止《ト》言《イヒ》祓留布《ハラヘル》事《コト》乎《ヲ》諸《モロモロ》聞食《キコシメ》世《セ》止《ト》宣《ノ》留《ル》

假殿《カリデム》遷座《セムザ》二章　仝上

掛巻母恐伎

某神社乃大前尓宮司位留字名恐美恐美母白久左此《コノ》乃《ノ》御殿《ミアラカ》乃《ノ》損《ソコナ》波留々賀《ハルヽガ》故《ユヱ》尓《ニ》改《アラタ》米《メ》造《ツク》利《リ》修繕比《ツクロヒ》奉《マツ》良《ラ》牟《ム》止《ト》為《ス》故《カレ》今日《ケフ》乃《ノ》生日《イクヒ》乃《ノ》足日《タルヒ》尓《ニ》假宮《カリミヤ》尓《ニ》遷《ウツ》志《シ》坐《マ》世《セ》奉《マツ》留《ル》事《コト》乎《ヲ》聞食世止恐美恐美母白須

假殿祝詞

掛巻母恐伎

某神社乃大前尓宮司位留字名恐美恐美母白久左今日乃此乃日尓此乃假宮尓遷志坐世奉利大前《オホマヘ》乎《ヲ》持齋《モチユ》麻《マ》波《ハ》利御食《ミケ》御酒《ミキ》魚菜《ウヲナ》種々《クサグサ》乃《ノ》物《モノ》乎《ヲ》置足弖波志奉留事乎平良気久安良気久聞食弖暫《シマシ》乃《ノ》間《ホド》穩《オダヒ》尓《ニ》鎮《シヅマ》利《リ》坐《マ》世《セ》止《ト》恐美恐美母白須

本殿《ホムデム》遷座二章　仝上

假殿

掛巻母恐伎

某神社乃大前尓宮司位苗字名恐美恐美母白左久往《イニ》志《シ》某年月尓御殿《アラカ》乎《ヲ》改《アラタ》米《メ》造《ツク》利修《ヲサ》米繕《ツクロ》比《ヒ》奉《マツ》良《ラ》牟《ム》止《ト》為《シ》弖《テ》此乃假宮尓遷志坐世奉利爰《コヽ》尓《ニ》此《コノ》某月日尓至《イタ》利《リ》御《ミ》殿《アラカ》改《アラタ》米《メ》造《ツ》利修米繕比《ヒ》奉《マツ》利畢《ヲヘ》奴故今日乃生日乃足日尓慎敬《ツヽシミヰヤマ》比《ヒ》還《カヘ》志《シ》鎮《シヅ》米《メ》坐《マ》世《セ》奉《マツ》留《ル》事《コト》乎《ヲ》聞食止世恐美恐美母白須

本殿

掛巻母恐伎

某神社乃大前尓宮司位苗字名恐美恐美母白左久今日乃此日尓本《モト》乃《ノ》御《ミ》殿《アラカ》尓《ニ》還志鎮米坐世奉利弖大前乎持齋麻波利慎敬比奉留御食波和稲荒稲尓御酒波甕上高知甕腹滿並弖鰭乃廣物鰭乃狹物奥津藻菜邊津藻菜甘菜辛菜尓至留麻弖置足波志弖仕奉留事乎平良氣久安良氣久聞食弖彌《イヤ》遠《トホ》長《ナガ》尓《ニ》鎮利坐止世白須事乎聞食止世恐美恐美母白須

歳旦《ヨシハジメ》祭文例

掛毛恐伎吾大神能大前尓恐美恐美母白久新伎《アタラシキ》年能新伎月能新伎日能朝日能豊《トヨ》栄登《サカノボリ》尓拝《ヲロガミ》氏仕奉流大《オホ》御《ミ》饌《ケ》大《オホ》御《ミ》酒《キ》袁皇神能御心尓平久安久赤丹《アカニ》能《ノ》穂《ホ》尓聞食登白須如此《カク》仕奉尓依氏今《イマ》母《モ》往前《ユクサキ》母《モ》皇御孫命《スメミマノミコト》能御世袁手長《タナガ》能大御世登湯津《ユツ》石村《イハムラ》能如久伊《イ》波《ハ》比《ヒ》依《ヨ》佐斯奉理茂《イカシ》御世能足《タラシ》御世尓福閉《サキハヘ》奉理仕奉琉親王《ミコタチ》諸王《オホキミタチ》諸臣《マヘツギミタチ》百官人等《モモノツカサノヒトタチ》袁彌高尓弥廣尓伊加斯八桑枝《ヤグハエ》能如久令立栄《タチサカエシメ》給比天下《アメノシタ》泰平《タヒラカ》尓公民《オホミタカラ》等袁守給恵給閇止恐美恐美母称辞竟奉久《タタヘゴトヲヘマツラクト》登白

風神祭《カゼノカミノマツリ》廿九題作例

此乃所尓神籬《ヒモロギ》立氏招《ヲキ》奉里令座《マセ》奉琉掛巻毛畏支天《アメ》乃《ノ》御柱《ミハシラ》乃《ノ》命國《ミコトクニ》乃《ノ》御柱《ミハシラ》乃《ノ》命《ミコト》乃御前尓其畏美畏美毛申久左志貴《シキ》嶋宮《シマノミヤ》尓御宇天皇《アメノシタシロシメシシスメラミコト》乃大御世尓事始《コトハジメ》氏稱辞竟奉琉風日祈《カザヒノミ》乃幣帛波天津菅曽《アマツスガソ》乎刈持來《カリモチキ》氏造利仕奉礼琉蓑笠《ミノカサ》乎始氏御饌《ミケ》波由紀《ユキ》乃御饌乎八十《ヤソ》平瓮《ヒラカ》尓盛足《ミリタラ》波志御酒波白酒《シロキ》黒酒《クロキ》乎甕邊高知甕腹滿竝氏大野原尓生琉物波甘菜辛菜青海原尓住物波鰭乃廣物鰭

乃狹物與津藻菜邊津藻菜尓至琉迄尓如横山打積置氏奉琉幣帛乎安幣帛乃足幣帛止皇神等乃御心尓平久所聞食氏百姓《オホミタカラ》乃作《ツクリト》止作《ツクル》物《モノ》波五穀《イツクノタナツモノ》乎始氏草乃片《カキ》葉《バ》尓至麻氐惡風《アシキカゼ》荒水《アラキミヅ》尓令會《アハセ》不給《タマハズ》與津御年乎八束穗乃茂穗《イカシホ》尓成奉閇給閇止鶉《ウズラ》成《ナ》須《ス》伊《イ》這《ハヒ》廻《モトホリ》里庭《ニハ》雀《スヾメ》宇《ウ》須《ス》受《ズ》麻《マ》里《リ》居《ヰ》氏《テ》畏美畏美毛申須

道《ミチ》饗《アヘ》祭仝上

家《カ》鷄《ケ》卷《マク》毛畏支障神《サヘノカミ》乃御前尓白久八《ヤ》衢彥《チマタヒコ》八《ヤ》衢姬《チマタヒメ》久那度《クナド》止御名乎稱奉《タヽヘマツラ》久波遠津神代尓神《カム》伊邪奈岐《イザナギノ》命伊奈醜目《イナシコメ》醜米支《シコメキ》穢《キタナキ》黃泉國《ヨミノクニ》与里歸来座須時尓千曳《チビキ》乃大石《オホイハ》乎黃泉戶《ヨミド》尓引居《ヒキスヱ》氏黃泉津神《ヨミツカミ》乎塞《サヘ》給比突《ツカ》世留御杖《ミツヱ》乎擲《ナゲウテ》氐妖鬼等《マガモノドモ》乎退《シゾ》祁給閇留故實《フルゴト》乃任《マヽ》尓今毛今毛大神等乃厚支御恩賴《ミタマノフユ》尓因里氏根《ネノ》國底《ソコノ》國与里荒毘䟽《ウト》毘来牟枉《マガ》神乃枉事《マガゴト》不令在《アラセズ》夜乃守日乃守尓守奉閇給閇止禮代《ヰヤジロ》乃幣帛乎八取乃机尓如横山置足波志氐進《タテマツル》留状《サマ》乎平久安久聞食氐此乃大八衢尓湯津岩村乃如久障座《サヤリマシ》氐妖鬼等乃上《ウヘ》与里行《ユカ》婆《バ》上乎守里下《シタ》与里行婆下乎守里防伎追退《オヒソケ》氣給比此乃村尓波諸乃病無久無《モ》喪《ナク》無事《コトナク》幸《サキ》久眞幸《マサキ》久守給閇止

給閉止畏美畏美毛白須

鎮火《ホシヅメノ》祭　祭文例

高天原尓神留坐《カムヅマリマス》皇親《スメラガムツ》神漏義《カムロギ》神漏美《カムロミ》能命持氏皇御孫命波豊葦原乃水穂國乎安國登平久所知食《シロシメセ》登天下所寄奉《アメノシタヨサシマツリ》志時尓事寄奉志天都詞太詞事《アマツノリトノフトノリトゴト》乎以人氏申久神伊佐奈伎伊佐奈美乃命妹背《イモセ》二柱《フタバシラ》嫁繼《トツギ》給氏国乃八十国嶋乃八十嶋乎生給比八百萬神等乎生給比氏麻奈弟子《マナオトゴ》尓火結神《ホムスビノ》乘生給氏美保《ミホ》斗被焼《トヤカエ》氏石隠《イハガクリ》坐氏夜七夜晝七日《ヨハナナヨヒハナヌカ》吾《ア》乎奈見給比曽吾奈妹乃《アガナセノ》命登申給比伎此《コノ》七日波尓不足《タラズ》氏隠坐事《カクリマスコト》奇《アヤシ》登氏見所行《ミソナハ》須時火乎生給氏御保止乎所焼《ヤカエ》坐伎如是《カヽル》時《トキ》尓吾名妹《アガナセ》乃命能吾乎見給布奈登申乎吾乎見阿波多志《ミアハタシ》給比登都申給氏吾名妹乃命波上津国《ウハツクニ》乎所知食倍志吾波下津国《シタツクニ》乎所知《シラ》牟登白氏石隠給氏與美津枚坂《ヨミツヒラサカ》尓至坐氏所思食久《オモホユメリク》吾名妹命能所知食上津国尓心悪子《コヽロアシキコ》乎生置氏來《キ》奴登宣《ノリタマヒ》氏返坐氏更生子《サラニミコヲウミタマフ》水神《ミツノカミ》匏《ヒサゴ》川菜《カハナ》埴山姫《ハニヤマヒメ》四種物《ヨクサノモノ》乎生給氏此《コ》能心悪子乃心荒毘婆曽水神匏埴山姫川菜乎持氏鎮奉礼登事教悟《コトヲシヘサトシ》給伎依此《コレニヨリテ》氏稱

辞竟奉者《マツラバ》此里尓御《ミ》心《ココロ》一《イチ》速備《ハヤビ》給波登自為氐種々能幣帛乎机代尓置所足氐
天津祝詞能太祝詞事以氐稱辞竟奉久登申

鎭魂《タマシヅメノ》祭　祭典略解

懸《カケ》巻《マク》毛畏伎大宮中《オホミヤヌチ》乃神殿尓座神魂《カミムスビ》高御魂《タカミムスビ》生魂《イクムスビ》足魂《タルムスビ》魂留魂《タマツメムスビ》大宮能女《オホミヤノメ》御《ミ》膳津神《ケツカミ》辞代主《コトシロヌシ》大直日神《オホナホビノカミ》等《ダチ》乃御前尓畏美畏美毛白久
高天原尓神留座神魯岐神魯美乃命持氐宇摩志麻治命《ウマシマヂノ》乃御父《ミオヤ》饒速日命《ニギハヤビノ》尓十種《トクサ》乃瑞寶《ミヅノミタカラ》瀛津鏡《オキツカヾミ》邊津鏡《ヘツカヾミ》八握劔《ヤツカツルギ》生玉《イクタマ》足玉《タルタマ》道反玉《チガヘシノタマ》死反玉《マカルカヘシノタマ》蛇比禮《ヲロチノヒレ》蜂比禮《ハチノヒレ》品々《クサグサ》乃物比禮《モノヽヒレ》乎授《サヅケ》給比氐天津日嗣止大八島國所知看《シロシメス》皇御孫命乃大御身乎始氐豐葦原乃水穂国尓在与留《アラヨル》現伎《ウツシキ》青人草等《アヲヒトクサラ》我身尓至麻氐阿都加比奈夜米流所《トコロ》有乎波尓此乃十種乃瑞宝乎合氐一《ヒト》二《フタ》三《ミ》四《ヨ》五《イツ》六《ムユ》七《ナヽ》八《ヤ》九十《コヽノタリ》止云氐布流倍由良由良《フルヘユラユラ》止布流倍如此奈志氐婆死《マカ》礼留人毛生反《イキカヘ》里奈牟止言《コト》依《ヨサ》志氐天降《アマクダシ》志氐給比志御因縁《ミイハレ》尓依弖志貴島乃大和國《オホヤマトノクニ》橿原《カシハラ》乃大宮尓肇國所知看《ハツクニシラシメシ》座《マシ》志天皇乃大御代尓宇摩志麻治命尓令《オホセ》弖大御魂《オホミタマ》乎齋鎭奉《イハヒシヅメマツラ》志米給比志御例《ミアト》乃麻爾麻

爾御代御代乃天皇乃大御廷《オホミカド》爾毛仕奉志米給比志御神事《ミカムワザ》爾習比氐掛巻毛畏伎大宮中乃神殿爾座神魂高御魂生魂足魂魂留魂大宮能女御膳津神辭代主大直日乃大神達乃大前爾宇《ウ》氣《ケ》槽《ヅネ》覆《フセ》氐《テ》撞《ツキ》登《ト》騰《ド》呂《ロ》加《カ》志《シ》天《アメ》乃《ノ》數《カズ》哥《ウタ》宇多比阿計氐浮《ウカ》礼往《ユカ》麻久須留玉緒《タマノヲ》乎多《タ》志《シ》爾結留《ユヒトメ》氐魂結《タマユヒ》乃神事仕奉留状乎宇麻良爾所聞看幸閇給閇止獻留幣帛乎平久安久所聞食座氐某我身爾阿都加閇奈夜米留夜佐加美阿倍具病乎婆獻留嚴《イツ》乃《ノ》清《スミ》酒《サケ》伊登須美夜加爾伊夜志給比氐曾我命《イノチ》乎婆堅《カタ》酒《ザケ》乃《ノ》堅磐爾常磐爾守幸給比氐玉緒波齋《ニハナ》乃《ノ》庭《ニハ》佐《サ》良《ラ》受《ズ》現《ウツ》身《ソミ》乃《ノ》世《ヨ》乃《ノ》長《ナガ》人《ヒト》止在志米給閇止乞祈奉留言乃由乎平久所聞食給閇止猪《シヽ》自《ジ》物《モノ》膝《ヒザ》折《ヲリ》伏《フセ》鵜《ウ》自《ジ》物《モノ》頸《ウナ》根《ネ》衝《ツキ》拔《ヌキ》天乃八《ヤ》平《ヒラ》手《チ》打《ウチ》上《アゲ》氐畏美畏美毛白須

地《トコ》鎮《シヅメノ》祭　神祭式

掛巻母畏支大《オホ》地《トコ》主《ヌシノ》神埴《ハニ》山《ヤマ》姫《ヒメノ》神産《ウブ》土《スナノ》神御前爾白久此《コ》乃新《ニヒ》室《ムロ》敷《シキ》居《ヰ》牟《ム》此《コノ》地《トコロ》乎齋《イミ》鋤《スキ》齋《イミ》鍬《クハ》乎取持天石《イシ》切《キリ》平《ナラ》均《シ》地《ツチ》曳《ヒキ》平《ナラ》均《シ》掃《ハラヒ》清《キヨメ》氐家居乃地登齋《イハヒ》定《サダ》牟止為《シ》氐奉留幣帛波由《ユ》紀《キ》乃御食御酒波甕戸髙知甕腹滿竝弖山野乃物波甘菜辛

菜青海原乃物波鰭廣物鰭狭物奥津藻菜邊津藻菜尓至迄尓如横山置足波志奉留幣帛乎安幣帛乃足幣帛止皇神乃御心毛平久所聞食弖此《コレ》乃新《ニヒ》弖墾《ベリ》家地《イヘドコロ》乃底津磐根乃極美下《シタ》津《ツ》綱《ツナ》根《ネ》波《ハ》府《フ》虫《ムシ》能禍無久夜守日守尓護給比矜《メグ》美給閉止瘀《タダ》自《ジ》物《モノ》膝《ヒザ》折《ヲリ》伏《フセ》宇自物頸根突拔弖称言竟奉久止白須

新殿祭《ニヒトノホカヒ》 附宅神祭 祭文例

挂《カケマク》毛《モ》畏伎屋《ヤ》船《ブネ》句々《クヽ》能《ノ》智《チノ》神屋《ヤ》船《ブネ》豐《トヨ》宇《ウ》氣《ケ》姫《ビメノ》神乃大前尓恐美恐美毛白久此大宮乎（人の家にては此家乎と白すべし）神隨《カムナガラ》守賜幸賜氐大《オホ》宮《ミヤ》地《ドコロ》乃（家地乃）底津岩根乃極美下《シタ》津《ツ》綱《ツナ》根《ネ》這《ハフ》虫《ムシ》乃災無久高天原波青《アヲ》雲《クモ》乃靄《タナビ》久極美天《アメ》乃血垂《チタリ》飛鳥《トブトリ》乃災無久築《ツキ》立《タテ》留多《タル》柱《ハシラ》桁《ケタ》梁《ウツバリ》戸《ト》牖《マド》乃《ノ》錯《キカ》比《ヒ》動《トヨミ》鳴《ナル》事無久打《ウチ》堅《カタメ》留多《タル》釘《クギ》乃《ノ》緩《ユル》比《ビ》取葺祁《トリフケル》留草《カヤ》乃（或は板目）噪《ソヽ》伎《ギ》無久御《ミ》床《ユカ》都《ツ》比《ヒ》乃佐夜伎無久（人の家にては牀《ユカ》都《ツ》比《ヒ》乃佐夜伎夜目乃伊須々伎伊《イ》豆《ヅ》都《ツ》志《シ》伎《キ》事無久と白すなり）平久安久守奉給幣登畏美畏美母白

門神祭《モムジンサイ》 祝詞初學

櫛磐牖命《クシイハマトノミコト》豐磐牖命《トヨイハマトノミコト》乃御前尓恐美恐美毛白左久大神乃夜波夜能明《アク》流極美日

波日乃暮々留迄此乃礼門邊《カドベ》尓湯津磐群《ユツイハムラ》乃如久塞《サヤリ》坐志氏惡事《マガゴト》尓相交《アヒマジ》古相口會《アヒクチアハ》志米欲《ス》流《ル》天之《アメノ》禍都比《マガツヒ》又貨財《タカラ》乎《ヲ》加蘇比《カソヒ》奪《ウバ》波牟欲流盗賊《ヌスビト》等我四方《ヨモ》四角《ヨスミ》与利牟刀疎《ウト》備荒備來氏前都戸《マヘツト》尓《ニ》伊行違《イユキタガ》比《ヒ》後都戸《シリツト》尓《ニ》伊行違比候《ウカヾ》波久大神乃上乎守利下乎守利待防《マチフセ》岐《ギ》掃却《ハラヒヤ》利《リ》言排《イヒソ》氣《ケ》坐須尓依里天屋内《ヤヌチ》乃《ノ》者等《モノドモ》安久穩《オダヒ》尓在經《アリフ》留事乎尊美《タフトミ》嬉美《ウレシミ》年每《トシゴト》乃今日乎吉日刀撰定米氏御祭仕奉利稱辭竟奉良久乎平介久安介久聞食世刀恐美恐美毛白須

竈神《カマドノカミノ》祭　祭文例

挂毛畏伎齋火武主比神《イムホムスヒノカミ》奥都比古神《オキツヒコノカミ》奥都比賣神《オキツヒメノカミ》乃大前尓恐美恐美毛白久一日毛《ヒトヒモ》不落《オチズ》吾大神等乃高伎貴伎靈《ミタマフユ》乎被《カヽフ》流《ル》事表尊美《タフトミ》喜美《ウレシミ》今日乃生日乃足日尓禮代《ヰヤジロ》乃幣《ミテグラ》表捧持《サヽゲモチ》氏稱辭竟奉久乎平久安久聞食登白如此仕奉尓依氏今毛今毛家内乃人諸《モロ〳〵》我手《テ》乃《ノ》蹟《マガヒ》足《アシ》乃《ノ》蹟《マガヒ》尓過犯須事乃在牟乎婆神直日大直日尓見直聞直坐氏可畏《カシコキ》伎火乃災不令有《アラシメズ》夜守日守尓守給幸給閉登恐美恐美毛白

井神祭《ヰノカミノ》 仝上

挂毛畏伎彌都波能賣神《ミツハノメノカミ》御《ミ》井神《ヰノカミ》鳴雷神《ナルイカヅチノカミ》乃大前尓畏美畏美毛白久此御井乎廣久厚久守賜比奉賜比氐千代萬代毛奴流牟《ヌルム》事无久濁《ニゴ》留事无久凋《カル》留事无久淺《アス》留事无久和《ニゴ》伎水乃甘《アマ》伎水乃清伎水乃佐夜氣伎水乎彌多《イヤサハ》尓彌廣尓授賜比與《アタヘ》賜比諸乃穢《ケガレ》乎祓給比清給比過犯事乃有牟婁乎見直聞直坐氐夜守日守尓守奉給閉登禮代乃幣帛乎捧持氐恐々《カシコミ〳〵》毛稱辭竟奉久登白

攘蝗祭《ムシハラヒノ》 廿九題作例

此乃所乎伊豆《イヅ》能磐境《イハサカ》登掃清《ハラヒキヨメ》氐《テ》神籬《ヒモロギ》立弖招《ヲ》請《キ》奉里令《マ》座《セ》奉留御《ミ》年神《トシノカミ》大地《オホトコ》主神《ヌシノカミ》能御前尓白久神代乃昔大地主神田人《タビト》尓牛肉《ウシノシヽ》乎令《ク》食《シメ》給閉留事乎御年神乃怒坐弖其營田《ツクダ》尓蝗《イナムシ》乎放給志故尓苗葉《ナヘノハ》倏忽《タチマチ》尓枯損《カレソコナ》比篠竹《シヌダケ》如《ナ》須《ス》凋萎《シボミ》支故《カレ》片巫肱巫《カタカムナギヒヂカムナギ》乎弖之占《ウラ》波米志給比志時尓是《コ》波御年神乃祟《タヽリ》奈里解《トカ》志奉良牟様《サマ》波白牟猪《ヰ》白馬《シロキウマ》白鷄《シロキカケ》乎獻留可志止申志支故教乃隨尓申給布時尓御年神乃宣《ノリ》給《タマハ》久實《マコト》尓吾御心奈里故《カレ》麻柄《アサカラ》乎以弖桛《カセギ》尓作里弖桛《カセ》支《ギ》其乃葉乎以氐拂《ハラ》比天押草《アメノオシクサ》乎以

弖押志烏《カラス》扇《アフギ》乎以弖扇《アフ》祁仍《ナホ》不太《サラズ》波溝口《ミゾグチ》尓牛肉《ウシノシヽ》乎置男《ヲ》拄《バシラ》乃形乎作里薏子《ツスノミ》山椒《ナルハジカミ》呉桃《ソルミ》葉《ノハ》及《マタ》塩《シホ》乎添《ソヘ》其《ソノ》畔《アゼ》尓班《アカチ》置《オキ》給閇止言《コト》教《ヲシヘ》給比支於是大地主神其乃教乃隨尓行給志加婆苗葉《ナヘノハ》復繁里栄延氐年穀《タナツモノ》穰《ミノリ》伎故此乃古事尓依氐御年能皇神能御前尓絹《キヌ》布《スノ》乎白猪《シロキヰ》白馬《シロキウマ》白鶏《シロキカケ》三種能代《シロ》尓取易《トリカヘ》備奉里弖御祭仕奉留状乎平久所聞食田毎尓群《ムレ》聚《アツマ》里弖年穀乎損布蝗虫《イナムシ》乃災乎掃除《ハラヒノゾ》支奥津御年乎八束穂乃茂穂尓成幸閇給閇刀十六《シヽ》自物《ジモノ》膝折伏鵜自物項根衝抜支氐畏美畏美毛稱辞竟奉久登白須

祈《アマ》雨《ゴヒノ》祭　仝上

此里能宇夫須奈神登持《モチ》崇《イツ》久畏支皇神乎始奉里弖高《タカ》龗《オカミノ》神闇《クラ》龗《オカミノ》神天《アメノ》水《ミ》分《クマリノ》神國《クニノ》水分神天《アメノ》之久《ク》比《ヒ》奢《ザ》母《モ》知《チノ》神國《クニノ》之久比奢母知神天津神千《チ》五《イ》百《ホ》万《ヨロヅ》國津神千五百萬能皇神等乃御前尓白久此頃久久雨《アメ》降《フラ》受日能累《カサナ》礼波殖《ウヱ》志田毛蒔《マ》氣留陸田《アゲタ》毛凋《シボ》美枯礼奈牟止為留賀故尓百姓《オホミタカラ》等憂《ウレ》比《ヒ》左《サ》麻《マ》與《ヨ》比《ヒ》為《セム》方《スベ》不知《シラニ》仰弖《アフギテ》待《マツ》天《アマ》津《ツ》水《ミヅ》乎大神等相《アヒ》宇《ツ》豆能《ヅノ》比給比弖高山《タカヤマ》能末《スヱ》短《ヒキ》山能末与里雨雲《アマクモ》立保備古里《タチホビコリ》光《ヒカル》

神鳴《ナリ》波《ハ》多《タ》々《ヽ》伎《キ》弖速《ハヤ》雨《アメ》頻《シキリ》尓令降《フラ》弖貯《タクハフル》留端《ハ》山《ヤマ》乃池波堤《ツミ》尓湛《タヽヘ》閉塞《セキ》上《アゲ》氐麻加須留水波田毎尓滿氐百姓乃作《ツクリト》止佃《ツク》留《ル》物波五穀《イツノタナツモノ》乎始弖草乃斤《カヤ》葉《バ》尓至麻弖成幸閉給閉止祈《ノミ》申《マヲ》須《ス》事乃由乎聞食世刀畏美畏美毛白須

祈《ハレ》晴《ゴヒノ》祭 仝上

此里乃産土神止持齋久畏支皇神乎始奉弖高龗神闇龗神天水分神國水分神天之久比奢母知神國之久比奢母知神天津神千五百万國津神千五百万能皇神等乃御前尓白久頃日霖《ナガ》雨《メ》難晴《ハレガタクテ》弖百姓能農業《ナリハヒ》流損《ナガレソコナ》奴大神等乃厚助《アツキメグミ》尓依弖斯此乃災《ワザハヒ》波可止《ヤムベシ》登恐《カシコ》自《ジ》物《モノ》思議《オモヒハカリ》弖今日乃生日乃足日尓禮代乃幣帛乎捧持弖恐美恐美毛称辞竟奉留狀乎平久安久聞食止白如此仕奉留尓依弖此霖《ナガ》雨《メ》忽晴《タチマチニハレ》弖百姓等賀手肱《タナヒヂ》尓水沫《ミナワ》搔《カキ》垂《タリ》向《ムカ》股《モヽ》尓泥《ヒヂ》搔《カキ》寄《ヨセ》弖取作流奥津御年袁始弖作作《ツクリトツクル》物乎成傷波受豐《ユタカ》尓年久佐加尓令得給閉止鷄如須《ス》伊《イ》這《ハヒ》拜《ヲロガ》美庭《ニハ》雀《スヾメ》蹲踞《ウスズマリ》居《ヰ》弖畏美畏美毛白須

霹《ヘキ》靂《レキ》祭《サイ》 仝上

此乃小床《ヲトコ》乎掃《ハラヒ》清氐招請《ヲキ》奉里令座奉留雷神《イカツチノカミ》乃御前尓白久大神能御心一《イチ》速《ハヤ》備《ビ》給布止為豆波雨雲《アマグモ》乎保漏《ホロ》尓踏阿多志《フミアタシ》神登計為給《カムトケシタマ》波牟事乎何其等畏惶《オヂカシコ》美《ニ》棲遑《シヅマヒ》居《テル》乎憐《アハレ》美給比氐此乃所尓神登計《カムトケ》有世受御心毛安穏《オダヒ》尓夜乃守日乃守尓護恵奉閉給閉刀家内乃男女諸一心尓鹿自物膝折伏世鵜自物項根衝拔支豆畏美畏美毛白須

地震《ナヰノ》祭仝上

掛巻毛畏支吾大神乃御前尓神官某畏美畏美毛白久左此項誰神《イツレノカミ》乃御心尓加奈《ナ》葦《キ》震登杼呂《ユリトドロ》支家《イヘ》居《ヰ》加多夫《カタブ》支床都《ユカツ》備《ビ》噪《サヤギ》豆人々心毛安良受《ヤスカラズ》危美《アヤブミ》歎比《ナゲカヒ》志自末《シヾマ》比居乎憐《アハレ》美給比氐皇神乃宇斯波支座須郷能限波奈葦乃伊須々《イスヾ》、伎《ギ》伊豆都《イヅツ》志《シ》支事無久令在《アラシ》給閉止種々乃幣帛乎禮代止捧持豆恐美恐美毛白須

疫神《エキシム》祭仝上

此乃所尓神籬立氐招請奉里令坐奉留宇治方夜伎《ウヂハヤキ》疫病神《エヤミノカミ》乃御前尓白久此乃項此乃礼村中尓疫病《エヤミ》起里豆人多《ヒトサハ》尓身失《ミウセ》奴故是乎以氐村人等進《スヽム》毛《モ》不知《シラニ》

退《シリゾク》毛《モ》不知《シラニ》思歎《オモヒナゲ》支弖諸共尓相議里弖御心乎和《ナゴ》米奉良武止御祭仕奉里弖進留御饌御酒種々乃物乎横山乃如久置足波志弖奉留幣帛乎平良介久安良介久所聞食氐荒備健《タケ》備崇《タタリ》給事無久神《カム》直《ナホ》日《ビ》大《オホ》直《ナホ》日《ビ》尓見直志聞直志坐志弖病米留人等《ヒトドモ》乎婆速《スムヤ》氣久愈志米給比此礼乃地《トコ》与里波四《ヨ》方《モ》乎見《ミ》霽《ハルカ》須山川触清地《キヨキトコロ》尓遷《ウツリ》出《イデマ》坐志弖吾我地登宇斯波伎坐世止畏美畏美毛白寸

山神《ヤマノカミ》祭　仝上

掛巻母畏伎大《オホ》山《ヤマ》祇《ツミノ》大神乃廣前尓白左久大神乃主領《ウシハキ》座世留山々乃大《オホ》峽《カヒ》小《フ》峽《カヒ》尓雙《ナミ》立《タテ》留大木小木乎打切弖本末乎波山神尓祭弖中触間《マ》乎持来氐天乃御蔭日乃御蔭刀隠《カク》里住《スマ》牟家《イヘ》居《ヰ》乎始米或波器械《ウツハモノ》尓作里或波炭《スミ》薪《カマギ》刀為志弖公民乃世乎渡良牟止為留乎神《カム》随《ナガラ》憐美給比恵賜比山人乃取持斧《ヨノ》乃欽《カク》留《ル》事無久杣《ソマ》人《ビト》乃引《ヒケ》留綱手《デ》乃絶留事無久手《テ》乃蹢《マガヒ》足《アシノ》乃蹢《マガヒ》不令在《アラシメ》恵幸閉給閉止齋《ユ》清《キ》乃御酒《ミキ》御贄《ミニヘ》乎如海山《ウミヤマノゴトク》置足波志氐旭《アサヒノ》乃豊《トヨ》榮《サカ》昇《ノボリ》尓称言竟奉久刀畏美惶美毛白須

出船祭《フナデノ》　祭文例

挂毛恐伎吾皇神乃大前尓恐美恐美白久何某伊今船《フナ》出《デ》為《シ》氏某国某里尓行牟登為乎吾皇神乃高伎貴伎靈《ミタマ》尓依氏行《ユク》左《サ》來《ク》乃左海路《ウミツヂ》尓風浪乃愁《ウレヒ》无久守給比幸給比氏平氣久加多良可尓帰之給登幣禮代乃幣乎捧持氏恐々毛稱辭竟奉久登白

徴《チヨウ》兵《ヘイ》入《ニフ》營《エイ》祭《サイ》〔帰《キ》郷《キヤウ》奉《ホウ》賽《サイ》の祝詞は之に準じて作るべし〕

挂巻毛恐伎某神社乃大前尓姓名恐美恐美毛白左久今《コ》般《タビ》大神乃氏子何村乃何某等男子《ヲノコ》乃一度波勤牟倍支御軍人《ミイクサビト》尓徴《メ》左延弖某月某日何々乃兵營尓入良牟止寸留御酒御饌種々乃品物乎平気久安気久聞食弖今日乎生日乃足日登齋《イハ》比定米弖大前乎持《モチ》齋《ユマ》波利持《モチ》清《キヨ》麻波利弖献御國尓事有良牟時波海《ウミ》行《ユ》加《カバ》婆水《ミ》漬《ツ》久屍《カバネ》山《ヤマ》行《ユ》加《カバ》婆草《クサ》生《ム》須《ス》屍《カバネ》止大君乃御《ミ》楯《タテ》止為利弖敵《アダ》等《ドモ》乎伐《ウチ》退《シ》曾《ゾケ》計武《タ》猛《ケ》久雄《ヲ》々志支芳名《キヨキツノナ》乎立志米給比事無支時波八十禍津日乃禍事不令有夜守日守尓護幸倍給比無恙《ツツミナク》事畢弖家尓歸利各《オモオモ》御國乃御《ミ》為《タメ》止生《ナリ》計《ハヒ》乃業尓勤《イソシ》麻志米給閉止申事乎聞食世止恐美恐美毛白須

軍神《イクサノカミ》祭　私祭要集

此能神床尓神籬立氐招《ヲキ》請奉里令坐奉留建御雷之男神《タケミカヅチノヲノカミ》經津主神《フツヌシノカミ》能御前尓稱言竟奉久登白高天原尓神留坐《カヘヅマリマ》須《ス》皇親《スメラガムツ》神魯岐《カムロキ》神魯美《カムロミ》能命以弖皇御孫命波豊葦原能水穂国乎安国登平久所知食《シロシメセ》登天下依奉《ヨサシマツリ》志時八百万能神等乎天安河《アメノヤスノカハ》能河原尓神《カム》集《ツドヘ》々《ツドヘ》賜《タマ》比《ヒ》神《カム》議《ハカリ》々《ハカリ》賜《タマヒ》氐彼国波知《チ》速《ハヤ》振《ブル》荒《アラ》振《ブル》神《カミ》多在《サハナリ》登所聞食乎誰《イヅレ》能神乎遣《ツカハシ》氐加言《コト》向《ムケ》登麻志問志波給布時尓八《ヤ》意思兼神《コヽロオモヒカネノカミ》深《フカ》久思比遠久議給比都良久天安河能河上能天《アメノ》石《イハ》屋《ヤ》尓坐須伊《イ》都《ツ》之《ノ》尾《ヲ》羽《ハ》張《バリ》神能御子建御雷之男神石《イハ》拆《サク》根《ネ》拆神《サクノカミ》能御子經津主神是《コレ》善《エ》計《ケム》牟《ト》登白賜伎是以二柱大神等《タチ》神漏岐神漏美《ノ》大命乎以氐出《イヅ》雲国《モノクニ》伊《イ》那《ナ》佐《サ》能小《ヲ》濱《ハマ》尓天《ア》降著《モリツキ》給氐国《クニ》造《ツク》良志大国主神《オホクニヌシノカミ》其御子言代主神《コトシロヌシノカミ》乎神問《カムトハ》志問《トハ》志賜氐現国《ウツシクニ》能事避《コトサラ》志米久那斗神《クナドノカミ》乎郷導《ミチビキ》登為氐大八洲《オホヤシマ》國中《クヌチ》悉廻《コトゴトメグリ》給氐螢那《ホタルナ》須耀神《スカヾヤクカミ》狹《サ》蝿《ハヘ》那《ナ》須《ス》邪《アシ》支神等《カミドモ》乎婆神《カム》掃々給《ハラヒハラヒタマヒ》氐語問《コトトヒ》志石《イハ》根《ネ》木《キネ》立《タチ》草《クサ》能片葉《カチバ》乎毛言止《コトヤメ》氐安国登平久鎮《シヅメ》給伎又畝火《ウネビ》能橿原宮《カシハラノミヤ》尓初国《ハツクニ》治看《シロシメシ》志天皇命《スメラミコト》能大和國《オホヤマトノクニ》尓打入賜志時尓邪神《アシヤカミ》能氣吹《イブキ》尓

瘁《ヲエ》臥座《コヤシマセ》畄國平《クニムケ》乃横刀《タチ》布都魂《フツノミタマ》乎天降《アマクダ》志寄《ヨサ》志給氐荒振神乎皆切仆《キリタフ》志賜伎
又師木水垣宮《シキノミヅガキノミヤ》尓大八洲国所知看志天皇命能大御代尓毛大坂山能頂《イタヾキ》尓白《シロ》
妙《タヘ》能大御服《オホミソ》乎著《キ》坐《マシ》白鉾《シロホコ》乎御杖尓取坐識賜命《サトシタマヘルミコト》波我御前《アガミマヘ》乎治奉《ヲサメマツラ》波汝《ミマシ》閒勝《キカツ》
知食《シロシメス》国《クニ》平久《タヒラケク》大国《オホクニ》小国《フクニ》事依《コトヨサ》給牟識《サトシ》賜伎故此大稜威《オホミイツ》能高久貴伎御霊布由《ミタマノフユ》
乎辱美《カタジケナミ》奉留幣帛波射放物《イハナツモノ》登弓矢《ユミヤ》打断物《ウツタツモノ》登太刀《タチ》馳出物《ハセイヅルモノ》登御馬《ミウマ》由紀《ユキ》能御《ミ》
食御酒《ケミキ》波甕戸高知甕腹満並氐大野原尓生物波甘菜辛菜青海原尓住物
波鰭廣物鰭狭物奥津海菜邊津海菜尓至麻氐横山能如久几物《ツクヱシロ》尓置《オキ》所足
氐奉留幣帛乎大神等能御心毛明《アキラカ》尓安幣帛能足幣帛登平久所聞看氐今
毛去前《ユクサキ》毛武士道《モノヽフノミチ》彌守《イヤマモリ》尓護彌助《マモリイヤタスケ》尓扶給氐靫負伴男《ユギオフトモノヲ》劔佩伴男《タチハクトモノヲ》等常尓鋒心
振起《フリオコシ》氐額《ヒタヒ》尓波箭《ヤ》波立《タツ》登手背《セ》波箭波不立《タヽジ》登言立《コトタテ》為都劔《ツルギ》能多賀美《タカミ》取志婆里《トリシバリ》氐
不順人等《マツロハヌヒトドモ》婆乎坂尾《サカノヲ》毎《ゴト》尓追伏《オヒフセ》川瀬《カハノセ》毎《ゴト》尓追撥《オヒハラヒ》氐悉《コトゴト》尓令言向《コトムケ》給閉登十六自物膝
折伏宇事物頸根突拔氐稱言竟奉久登白

祈漁《ヤギョ》祭　神事略

言《イ》幕《マク》母綾尓畏伎吾大神乃御前尓懼《カシコミカシコミ》々三母申佐久此郷《サト》能漁夫《アマ》等《ラ》聞着海《ウミ》幸《サチ》失比和《ワ》備《ビ》々都居《ヲル》乎《ヲ》相《アヒ》憐《アハレ》三《ミ》相《アヒ》慈《メグミ》給比弖大海《オホウミ》乃《ノ》巨口《オホクチ》細鰭《サキイヲ》等《ドモ》來追聚《オヒアツ》米天《メテ》海人《アマ》等《ラ》我《ガ》網《ア》予調弖《ゴトトノヘテ》引《ヒク》網《アミ》乃《ノ》網目《アミメ》不泄《モラサズ》引《ヒク》網乃網手不緩《ユルメズ》佐々和々《サワサワ》尓令曳揚《ヒキアゲシメ》給《タマハ》伏荷前《ノサキ》方横山乃如久引《ヒキ》居《スヱ》置《オキ》弖奉牟刀礼自利乃御幣捧持弖祈《ノミ》請《コヒ》奉刀久言《マヲス》

祈《キ》獵《レフ》祭　祝詞初學

某乃大神乃御前尓畏美畏美母啓《マヲ》左久大神乃往昔《ムカシ》与理吾我地《トコロ》刀主《ウス》佩《ハキ》坐《イマ》須《ス》此山尓波鹿《シヽ》甚《イト》多久戴《サヽ》在《タル》角《ツヌ》波枯木《カレキノ》末《スヱ》如志聚閑留脚波若木《シモト》原《ハラ》類志噴《イブ》氣留息《イキ》波朝霧《サギリ》似世利故山《ヤマ》麓《モト》耳一弖家居志氐山幸《ヤマサチ》得多《タル》類獵夫《カリビト》等《ラ》波奔火《ハシリビ》乃《ノ》玉筒負《オ》比氐朝尓異《ケ》尓伊行伎狩礼杼盡《ツク》流事無久隨分利潤乎得都當偏《ヒトヘ》耳《ニ》大神乃御《ミ》恩賴《タマノフユ》耳《ニ》由留事刀嬉《ウレシ》美《ミ》母謝保《ヨロコボ》比乍《ツヽ》在《アリ》來《コ》志近伎頃与里鹿《シヽ》等《ドモ》何方《イヅチ》毛閉加散《ハフ》礼失《ウ》世氐終日《ヒスガラ》覓《マ》母杼其乃乾跡《カラト》陀尓見《ミ》衣受《エズ》然許《シカバカリ》多《オホ》有《カ》利志物《モノ》能《ノ》頓《ニハカ》尓盡《ツキ》使奴可《ベ》久波阿《ア》羅《ラ》自《ジ》若大神[illegible]御心耳不《フ》志己《コ》利給布事有利氐隱《カク》志給閉留加刀尓獵夫等一同《モロモロ》畏懼《オヂカシコ》万利《マリ》大前耳種々乃御饗乎奉利祈《ノミ》白《マヲ》須状乎憫《アハレ》美給比恵《メグ》備《ビ》給比過犯志氣牟罪咎《ツミトガ》波神直日大直日仁見直志聞

直志給氏神往《サキ》日乃如山《ヤマ》幸《サチ》武《タケ》受波塵《シ》多《サハ》尓寄《ヨサ》志賜婆波志《キ》我《ガ》角《ツヌ》波御《ミ》笠《カサ》乃林《ハヤシ》志《シ》我《ガ》耳《ミ》、波御《ミ》墨斗《スミノツボ》目《メ》波眞《マ》澄鏡《スミノカヾミ》爪波御《ミ》弓《ユミ》乃弭《ハズ》毛乎御筆尓製《ツク》利皮乎御箱仁覆《ハ》利宍《シヽ》、刀臓《キモ》刀波御《ミ》膾林《ナマスノハヤシ》刀為氏賽《カヘリマヲシ》乃禮代《ヰヤジロ》尓奉《タテマツ》良登牟申須事乎平久安久聞食氏乞《コヒ》乃隨尓奉閉給閉刀畏美畏美毛啓須

醫神《クシノカミノ》祭　祭典略解

此乃神床尓神籬立氏招請奉利令坐奉留掛巻毛畏伎神皇産靈《カムミムスビノ》大神大穴《オホナ》牟《ム》遅《ヂノ》神少名毘古那《スクナビコナノ》神乃御前尓畏々毛白久遠津神代尓大穴牟遅神大御《オホミ》祖《オヤ》神皇産靈大神乃勅《ミコト》尓依氏少名毘古那神止御兄弟《ミアニヲト》止成坐氏御心乎睦《ムツ》毘《ビ》御《ミ》力《チカラ》乎合世給比氏葦原乃中津國乎國造利固《カタ》給比又御祖大神乃御心乎受給傳給比氏愛《ウツク》志伎蒼生《アヲヒトクサ》乃病乎憐《アハレ》美給比少名毘古那神止議給比氏藥湯《クスリユ》乃道止病乎療《クス》須方《ノリ》止始給比飛禽《ドワトリ》走獸《ハシルケモノ》昆虫《ハフムシ》乃災乎攘《ハラハ》牟止為《シ》氏其呪《ソノマジモノ》乃法《ノリ》乎定給比伎是乎以氏百姓《オホミタカラ》等今尓至留迄其恩頼《ミタマノフユ》乎蒙《カヾフ》里奉礼留事乎毛奈憙《ウレ》美《ミ》辱美氏奉留幣帛波由紀乃御食御酒波甕乃閉高知甕乃腹滿雙氏山野物波甘菜辛菜

青海原物波鰭乃廣物鰭乃狹物奥津藻菜邊津藻菜尓至麻氐横山乃如久置足氐奉留幣帛乎安幣帛乃足幣帛止平久安久所聞食氐此乃席《トコロ》尓《ニ》集侍《ウコナハレル》藥師《クスシ》等乃用留《モチヰル》種々乃藥尓大神等御靈幸《ミタマチハヘ》氐世人《ヨノヒト》乃悶熱《アツカヒ》懊惱《ナヤメル》病《ヤマヒ》物《モノ》乃氣《ケ》髙《タカ》津神《ツカミ》乃氣《ノケ》尓至麻氐平久安久令治給止閉十六自物膝折伏宇事物頸根突拔氐稱辞竟奉久止白須

發旅《タビダチ》祭　祭文例

挂毛畏伎吾皇神乃大前尓恐美恐美毛白久何某伊今上道為氐《ミチダチシテ》某国某里尓行登牟為《スル》乎吾大神乃高伎貴伎恩賴《ミタマノフユ》尓依氐往左來左《ユサクサ》路乃間《ミチノホド》都々牟事无久《ツヽムコトナク》守給比幸給比氐平久気安久気歸之給登閉禮代乃幣乎捧持氐恐々毛稱辞竟奉久登白

祈《キ》醸《ジヤウ》祭　仝上

挂毛畏伎吾大神乃大前尓恐美恐美毛白久何某我酒釀牟業《サケカムワザ》尓吾大神神長《カムナ》柄《ガラ》高伎貴伎恩賴乎幸閇坐氐朝夕《アサユフ》尓《ニ》緩《タユム》事无久怠《オコタル》事无久彌勤《イヤツトメ》尓《ニ》勤《ツトメ》彌《イヤ》結《シマリ》尓《ニ》

結《キマリ》氏《テ》方《ノリ》乃《ノ》任《マヽく》違《タガフ》事无久過事无久好《ヨキ》酒《サケ》乃美《ウマ》酒《サケ》乎釀《カミ》成《ナサ》之米給比日《ヒ》々《ゞ》尓給《ツギ》足《タラ》比
月《ツキ》々《ゞ》尓富《トミ》榮《サカエ》氏《テ》子孫《ウミノコ》乃彌《イヤ》継《ツギ》々《く》尓家門《イヘカド》乎起米左之給比廣米之賜比妻《メ》子《コ》奴《ヤツコ》乎
始氏手人《テビト》丁《ヨホロ》等尓至留低麻已《オノ》我《ガ》牟《ムキ》々《く》有《アラ》之受米邪《アシキ》心《コヽロ》穢行《キタナキワザ》无久日《ヒ》尓《ニ》異《ケ》尓《ニ》伊《イ》穪《ソ》之美
勤《ソト》米米之賜閉登禮代乃幣乎捧持氏恐美恐美毛稱辭竟奉久登白

祈病癒《キヘイユ》　仝上

挂毛畏伎吾皇神乃大前尓畏美畏美母白久某国某郡某里人何某伊某病有
氏月《ツキ》日《ヒ》佐《サ》麻《マ》祢《ネ》久《ク》病《ヤミ》臥《コヤ》世利故《カレ》是以《コヽヲモテ》〔齋主名〕尓事議《コトハカリ》氏雖恐《カシコケドモ》吾皇神乃大前
乎齋《イハヒ》奉氏蒼生《アヲヒトクサ》乎恵《メグミ》給布恩賴《ミタマノフユ》乎乞《コヒノミ》祈奉牟登為《シ》氏今日乃吉日乃吉時尓〔名
〕尓禮代乃幣乎捧持氏恐美恐美毛稱辭竟奉良牟之挂毛畏伎皇神此状《コノアリサマ》乎平
久安久聞召氏何某我悩《ナヤム》牟病乎速尓直《ナホシ》給《タマヒ》癒《イヤシ》給比堅磐尓常磐尓命長《イノチナガ》久夜
守日守尓守給幸給登畏美畏美母白

祈家内安全《カナイアムゼムヲイノル》　仝上

挂毛恐伎吾大神乃大前尓恐美恐美母白久某国某郡某里人何某伊吾大神

乃恩頼《ミタマノフユ》尓依氐其家乃彌益々《イヤマスマス》尓立榮牟事乎祈白《ノミマウサ》牟登為《シ》氐〔齋主名〕尓禮代乃幣乎捧持氐恐美恐美母稱辭竟奉良之此狀乎平久安久聞召氐何某我家内波尓八十枉津日《ヤソマガツヒ》乃枉事不令有産業《ナリハヒ》乎无緩事《タユムコトナク》无怠事《オコタルコトナク》勤美務米《イソシミツトメテ》氐其家門乎起佐之米給比廣米之米給比堅石尓常石尓命長久子孫《ウミノコ》乃八十連屬《ヤソツヅキ》尓至流麻低茂《イカ》之《シ》八桑枝《ヤクハエ》乃如久令立榮給比過犯須事乃有牟乎婆見直聞直坐氐夜乃守日乃守尓守給比幸給登閉恐美恐美母白

祈平産《キヘイサム》　仝上

挂毛畏伎吾大神乃大前尓恐美恐美毛白久某国某郡某里人何某我妻何某伊妊氐《ハラミテ》今《イマ》胎月《ウムガツキ》尓當礼流乎吾大神乃御靈《ミタマ》給《タマ》比氐平久安久子令産給《コウマシメタマ》波牟事乎祈《ノミ》白《マウサ》牟登為氐〔齋主名〕尓禮代乃幣乎捧持氐恐美恐美母稱辭竟奉良之挂毛畏伎大神此狀乎平久安久聞食氐何某乎廣久厚久撫《ナデ》給惠給氐毛《モ》无久《ナク》事《コト》无久《ナク》令産給比産氐《ウミテ》乃後毛《ノチモ》平久安久令在給登閉恐美恐美母白

初宮參《ハツミヤマヰリ》　仝上

挂毛畏伎吾大神乃大前尓恐美恐美毛白久大神乃氏子何某我真児《マナゴ》何某伊

大神乃御霊《ミタマ》賜《タバリテ》利氏生出《アレイデ》之従《ヨリ》利百日《モヽカ》餘十日《アマリトヲカ》尓成奴彼是《カレコレ》乎以《モテ》今日乃生日乃

足日尓初氏大神乃大前尓参出《マヰデ》氏拝奉状《ヲロガミマツルサマ》乎平久安久聞召登白如此仕奉

尓依氏今毛今毛此嬰児《ミドリゴ》乎愛《イツクシミ》美給比日足賜《ヒタシ》氏諸《モロ〳〵》乃病不令有《アラセズ》須久《スク》須久《スク》登

生立栄《オヒタチサカエ》氏大神乃氏子天皇《スメラミコト》乃公民《オホミタカラ》登守給幸給登恐美恐美毛白

釿始祭《テヲノハジメ》　仝上

挂毛畏伎手置帆負命《タオキホオヒノミコト》彦狭知命《ヒコサシリノミコト》乃大前尓畏美畏美毛白久此度《アタビ》木工《コダクミ》姓名我

此神乃御舎《ミアラカ》乎〔或は幣殿《ミテグラドノ》拝殿《ヲガミドノ》廊《ホソドノ》御門《ミカド》其餘の殿舎の名を白す人の家ならば家《イヘ》倉《クラ》門《カド》の類なり〕今日乃生日乃

足日尓造初《ツクリハジメ》牟登如此《カク》不容易事《タヤスカラヌコト》波吾皇神等乃廣伎厚伎御恵尓依氏之平久

安久功成竟《コトナシヲヘ》牟登思議《オモヒハカリ》氏禮代《ヰヤジロ》乃幣《ノミテグラ》乎捧持氏恐美恐美毛称辞竟奉久登白故如此

之状乎皇神乃御心尓神随《カムナガラ》聞召氏今日《ケフ》従《ヨリ》利日々尓勞務《イタヅキツトム》牟流木工《コダクミ》乃道尓恩《ミタマ》

頼《ノフユ》乎幸閉《サキハヘ》坐氏思慮《オモヒハカリ》乃悟深《サトリフカ》久緩怠《タユミオコタル》事无久勤《イソシマリ》利令務《ツトメシメ》給比打都《ウツ》墨縄《スミナハ》乃法《ノリ》乃

任《マヽ》違過事《タガヒアヤマツコト》无久氏之速久令功卒《コトヲヘシメ》給登恐美恐美毛白

竪柱祭《ハシラタテノ》　仝上

掛毛恐伎手置帆負命《タオキホオヒノミコト》彥狹知命《ヒコサシリノミコト》乃大前尒恐美恐美毛白久木工《コダクミ》何某我此神《カミ》宮《ミヤ》〔上に同じ〕作流業乎大神等乃廣伎厚伎御惠《ミメグミ》尒依氐打都墨繩《スミナハ》毛執留手《トルテ》斧《ヲノ》毛無違事無過事柱桁梁《ハシラタケウツバリ》乎始其外乃物等《モノドモ》乎可有狀《アルベキサマ》尒《ニ》作訖《ツクリヲヘ》奴《ヌ》故是以氐今日乃生日乃足日尒齋柱《イミバシラ》建始《タテハジメ》牟爲《シ》氐大前尒大御酒居竝《スヱならべ》稱辭竟奉狀乎平久安久聞食氐今毛往前《ユクサキ》毛彌《イヤ》益々《マシく》尒恩賴乎奉閑坐氐不事過《コトアヤマタズ》令建訖《タテヲヘシメ》給閉登恐美恐美毛白

上棟《ムネアゲノ》祭　仝上

掛毛畏伎手置帆負命彥狹知命乃大前尒恐美恐美毛白久先《サキ》尒木工姓名我此大宮乎〔上に同じ〕造始《ツクリハジム》流時尒祈申《ノミマヲシシ》之如此《カク》不容易事《タヤスカラヌコト》乎吾皇神等守賜助賜氐添《ノリ》乃《ノ》任《マヽ》平久安久事成竟《コトナシヲヘ》之米給閉登祈白伎然乎祈白《ノミマヲシシモ》之毛驗《シルク》久無違事無過事令造竟給《ツクリヲヘシメタマヘル》留事乎貴美《タフトミ》喜美《ウレシミ》今日乃生日乃足日尒謝《ヨロコビ》乃禮代止大御酒大御饌乎几物《ツクヱモノ》尒置足《タクハヘテ》氐之恐々《カシコミく》毛《モ》稱辭竟奉狀乎神隨《カムナガラ》聞召氐今毛今毛此大宮

乎〔上に同じ〕安宮《ヤスミヤ》止〔正殿の外は此の三字を去る〕吾皇神乃御靈給比氏築立《ツキタテ》流多柱取舉《ハシラトリアゲ》多流棟《ムナギ》桁《ケタ》梁《ウツバリ》乃錯《キカ》比《ヒ》動鳴《トヨミナル》事《コト》無久打堅《ウチカタメ》流多釘《クギ》乃緩《ユル》毘《ビ》取葺《トリフケ》流甍《イラカ》乃隟《ハソ》伎《ギ》無久千代《チヨ》常登婆《トコトハ》尓守給幸給登恐美恐美毛白

創業祭《サウゲフサイ》五儀略式

掛巻毛畏支産土《ウブスナ》大神及《マタ》其《ソノ》業《ナリ》知看《シロシメス》大神能御前尓神官某慎美敬比畏美畏美毛白久氏子某負氣無礼杼《オホケナケレド》云々乃事成《ナサ》年登思起《オモヒオコシ》氏云々乃事乎以弖誓《チカヒ》乃證《アカシ》止志弖大神乃御前尓願奉《ネギマツ》里誓奉《チカヒマツ》畄《ル》狀《サマ》乎委曲《ツバラ》尓聞食弖奇《クシ》支《キ》御靈乎幸倍給比營業《ナリハヒ》尓智《サトリ》深久有志女賜比弖障《サハル》事無久過事無久事成《コトナラシメ》志米功立《イサヲタテシメ》志米給倍止畏美畏美毛白須

奏功《ソウコウ》祭仝上

掛巻毛畏支産土大神及其業知看大神乃御前尓神官某恐美恐美毛白久氏子某往年《イニシトシ》大神乃御前尓誓奉《ウケヒ》里創業《コトハジメ》斯与深久厚支御惠《ミメグミ》乎蒙《カヾフリ》里奉里某年《ノトシ》尓波云々乃功《イサヲ》乎立《タテ》某《ノ》年尓波云々乃事成竟《コトナシヲヘ》弖今波幾年《トシ》乃齡止成支《ヨハヒトナリキ》故《カレ》奏功《カヘリコト》謝《マヲシ》

奉良牟刀奉留幣帛乎平久安久聞食《キコシメシ》子孫《ウミノコノ》八十連《ヤソツヾキ》弥遠長《イヤトホナガ》久家乃業乎母弥栄尓榮志米守幸賜閉止畏美畏美毛白須

祖靈祭《ソレイサイ》祭典略解

吾《アガ》父母命《ノミコトノ》乃神靈《ミタマ》乎始米《ハシメ》遠津代々《トホツヨヽ》乃《ノ》親等《オヤタチ》乃神靈《ミタマ》乃前尓白久己《オレ》某等《ラ》今日乃生日乃足日麻氏飢《ウヱ》留《ル》事無久寒《コユ》留《ル》事無久倭文機《シヅハタ》乃《ノ》糸《イト》心《ウラ》安《ヤス》久住居《スマヒ》久毛留皆世《ヨ》々乃親等乃恩賴《ミタマノフユ》尓據《ヨ》留事乎奈毛憙《ウレシ》美辱《カタジケナミ》美親族《ウカラ》九親《ヤカラ》相集《アヒツドヒ》氏《テ》廣伎厚伎御《ミ》恩恵《ウツクシミ》乃《ノ》百千《モヽチ》我《ガ》一《ヒトツ》乃《ノ》報賽《カヘリマヲシ》乃《ノ》心《ココロ》婆加里乃《バカリノ》禮代《ヰヤシロ》止《ト》奠《タテマツル》此乃御酒御膳《ミケ》乎平久安久聞食氏子孫《ウミノコ》乃《ノ》彌《イヤ》次々《ツギ〳〵》尓至留刀氏異《ケシ》伎賤《イヤシ》伎心在世受志氏家門《イヘカド》榮由久倍守給比幸閉給閉止畏々毛白頭

諸業祖神祭《シヨゲフソジムサイ》廿九題作例

八十日月《ヤソカビ》波《ハ》雖有《アレドモ》今日乎生日乃足日止齋定《イハヒサダメ》豆某我弱肩《ヨハガタ》尓太襁《フトダスキ》取掛《トリカケ》豆持齋《ユ》麻波里《マハリ》持《モチ》清《キヨ》麻波里《マハリツヽモ》都々毛此乃《コノ》小床《ヲトコ》乎伊豆能真屋《マヤ》刀掃《トハラ》比清米氏［文武農工商］乃業《ナリハヒノ》乃祖神《オヤガミ》止座《マ》須某々乃大神乎招請《ヲキ》奉里令座《マセ》奉里豆稱辭竟奉久波神代乃

昔大神等乃某乃業《ワザ》乎創《ハジ》米給比起志賜比弖天下《アメノシタ》公民《オホミタカラ》尓福《サキハ》閉給閉留尓因志弖何々乃禍《ワザハヒ》乎掃《ハラ》比何々乃利益《クボサ》乎得留事乎憙《ウレ》美《ミ》辱《カタジケナ》美《ミ》奉留隨《マヽ》尓《ニ》今毛行先《ユクサキ》毛御《ミ》恩頼《タマノフユ》乎乞祈《コヒノミ》奉留止為氐奉留海川山野乃種々乃物乎安幣帛乃足幣帛止平久安久聞食受給比氐某等我家尓毛身尓毛禍事不令在日《ヒ》尓《ニ》異《ケ》尓《ニ》勞《イタヅキ》伎勤《ツトム》留《ル》何々乃業尓悟深《サトリフカ》久《ク》為《ナ》志《シ》止為《ナ》志《シ》計《ハカ》里止《リト》計《ハカ》留《ル》物《モノ》尓《ニ》事《コト》尓《ニ》悉久幸加《サキカラ》良令《シ》米《メ》賜閉止鹿《カク》自《ジ》物《モノ》膝折伏世鵜自物項根突抜支氐畏美畏美毛白寸

結《ケツ》婚《コン》祭《サイ》　神道婚姻略式

此乃真床《マトコ》乎拂清米弖奧山乃榊乃枝乎打折持来弖神籬《ヒモロギ》差立《サシタチ》奉招《ヲキマツ》里《リ》奉令《マセ》坐《マツ》里弖稱辭竟奉留掛巻母恐伎高《タカ》皇《ミ》産《ムス》靈《ビノ》大神神《カ》皇《ミ》産《ム》靈《スビノ》大神乎奉始《ハジメマツリ》氐妹《イモ》妹《セ》乃道乎始給比志伊邪那岐《イザナギノ》大神伊邪那美《イザナミノ》大神出雲國《イヅモノクニ》杵築神社《キヅキノヤシロ》尓鎮坐氐嫁繼《トツギ》乃事乎掌給《ツカサトリタマ》布大國主《オホクニヌシノ》大神須勢理比賣《スセリヒメノ》大神及《マタ》産土《ウブスナノ》大神等乃大前尓何某慎美《ツヽシミ》敬《ヰヤマ》比《ヒ》恐美恐美毛白久今度《コタビ》某宮尓仕奉留神職《カムツカサ》何某我相議里氐某神社乃氏子何某尓某神社乃氏子何某我女《ムスメ》某乎娶《メトリ》氐《テ》嫡女《ムカヒノ》登定米牟登為留《スル》我故《ガユヱ》尓《ニ》今

日乃其月乃其日乎生日乃足日乃吉日登撰定米氐婚禮行布登為氐持齋麻波里持清麻波里氐捧奉留禮代乃幣帛波由紀乃御食御酒波甕戸髙知甕腹満双氐山野乃物波甘菜辛菜青海原乃物波鰭乃廣物鰭乃狹物奥津海菜邊津海菜尓至尓麻氐如横山置髙成氐奉留幣帛乎安幣帛乃足幣帛止平久所聞食氐夫妻《メヲ》乃契《チギリ》波如巖《イハホナス》弥堅良加《イヤカタラカニ》如咲花《サクハナス》移事無久《ウツロフコトナク》令有給比氐皇神等乃遠津神代尓定給比志事乃如久左右《ヒダリミギリ》乃《ノ》違无久《タガヒナク》先後《アトサキ》乃《ノ》謬《アヤマリ》无久赤支《アカキ》清支《キヨキ》直支《ナホキ》正支《タダシキ》誠《マコト》乃《ノ》心持《ココロモチテ》氐相背加志《アヒソムカジ》相違波志止《アヒタガハジト》契合世約合世氐《ムスビアハセテ》家門《イヘカド》髙久《タカク》廣久《ヒロク》子孫《ウミノコ》乃《ノ》八十續《ヤソツヾキ》如《イカ》茂八桒枝《シヤクハエノゴトク》令立榮給閇登祈白《ノミマヲ》須事乎相諾給《アヒウヅナヒ》比相助給比氐堅磐尓常磐尓夜守日守尓護給比幸給閇登鶏自物項根突拔氐恐美恐美毛稱辭竟奉久登白

辭別弖白久今嫡妻《ムカヒメ》登定米牟其伊女乃《ヲミナノ》大道奈留《オホミチナル》操正志久《ミサヲタダシク》為氐《シテ》常尓《ツネニ》言先立事《コトサキダツコト》不令有後事《シリヘノワザ》乎良《ヲラ》減事無久落事無久令掌《シラシメ》給閇恐美恐美毛白

同誓言《オナジチカヒゴト》　仝上

此乃神籬尓奉招里奉令坐礼留掛巻毛恐支皇神等乃大前尓何某慎美敬比

恐美恐美白久何某伊某乎嫡妻《ムカヒメ》登迎《ムカ》閉氏今如此《カク》妹夫《イモセ》乃契約《チギリ》乎結《ムスビ》比《ヌル》娚《ガ》故尓自今日後《ケフヨリノチ》波飛鳥河《アスカガハ》淵瀬《フチセ》變《カハリ》行《ユク》世《ヨ》乃習《ナラヒ》尓氏憂瀬《ウキセ》尓立事在《タツコトアリ》登毛其辛苦《タシナミ》乎共尓堪《ヘ》忍備《シヌビ》幸有時《サキカルトキ》尓遇婆氏共尓其樂《タノシミ》乎同久為《シ》氏常磐樹《トキハギ》乃不變色《カハラヌイロ》乃相思《アヒオモ》布心乎換事無《カフルコトナク》久生涯《イキノカギリ》相睦《アヒムツ》備奈牟登奉誓状《ウケヒマツルサマ》乎委曲《ツバラ》尓所聞食氏若此誓詞《ウケヒゴト》尓背違事《ソムクコト》乃有良牟乎婆嚴《イカシ》伎大御稜威《オホミイツ》以《モチ》弖咎《トガメ》給比罰《キタメ》給閉登恐美恐美毛誓奉久登白

祭服《サイフク》

神官神職服制《シムクワムシムシヨクフクセイ》は明治廿七年一月三十日勅令第六号を以て定めらる

第一條に云く神官神職服制は別表の通定む

第二條に云く神官神職の制服は正服《セイフク》略服《リヤクフク》及齋服《サイフク》とす

第三條に云く正服は大禮の場合に着用する者とす大禮とは天皇三后《テムワウサムコウ》皇太子《クワウタイシ》皇太孫《クワウタイソム》勅使《チヨクシ》奉幣《ホウヘイ》大祭《ダイサイ》朝拜《テウハイ》参賀《サムガ》及謁見《エツケム》を云ふ

第四條に云く略服は小禮の場合に着用する者とす

第五條に云く齋服は公式の祭祀に着用する者とす但朝拜参賀及謁見を除くの外時宜に依り正服に換用する事を得

冠《カムフリ》《カムムリ》

神職服制に冠黒羅《クロラ》三位《サムミ》以上有紋《ウモム》〔小菱《コビシ》〕四位《シヰ》以下無紋《ムモム》

挂緒《カケヲ》は紙捻《コヒネリ》とあり但齋服の冠は三位以上と雖無紋とす

普通は厚額《アツビタヒ》

若年は透額《スキビタヒ》

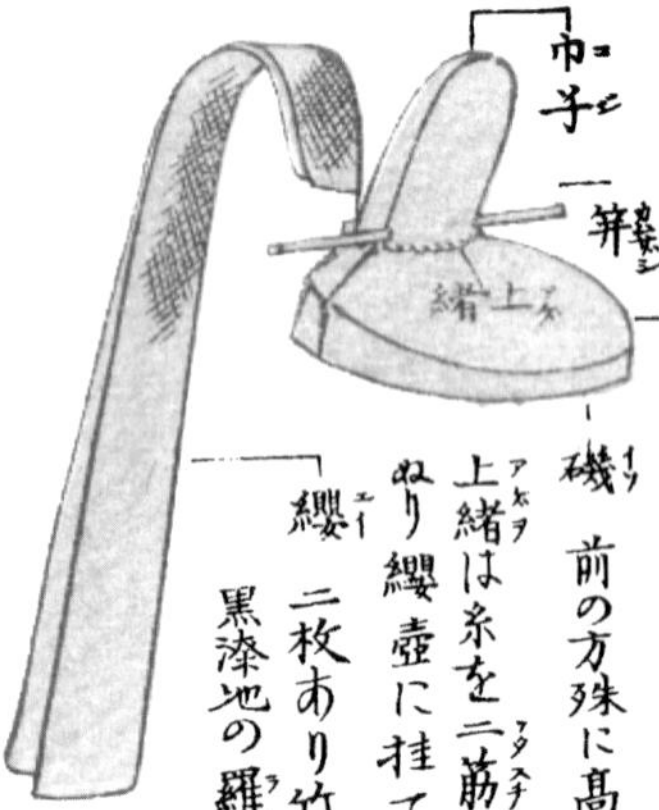

巾子《コジ》

笄

甲《カフ》　甲の裏を濱《ハマ》と云ふ

磯《イソ》　前の方殊に高きを磯高《イソタカ》と云ふ

上緒《アゲヲ》は糸を二筋《フタスヂ》よりにして漆をぬり纓壺に挂てまとふ

纓《エイ》　二枚あり竹にて縁《ヘリ》をとり黒漆地の羅《ラ》を以て之を作る

冠に同じ

烏帽子《エボシ》

立烏帽子《タテエボシ》

神職服制略服の條に有位は立烏帽子無位は風折とす

凡て烏帽子壮年はしぼの細《ホソ》きを用ゐ老年はしぼの粗《アラ》きを用るなり

風折《カザヲリ》烏帽子

左折左眉

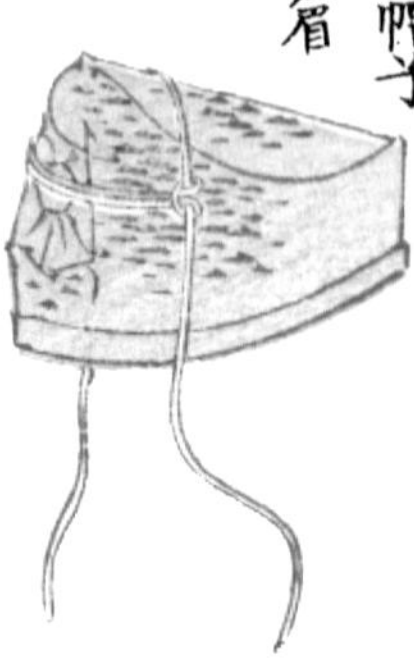

烏帽子の前の中央に尖《トガ》りたる皺《ヒダ》の下に少し押出したる皺の右方に押出るを右上りと云ひ左方なるを左上り《ヒダリアガリ》と云ひ左右に押出すは諸額《モロビタヒ》と云ふ裝束圖式に右眉は仙洞召し給ひ諸眉《モロマユ》は十六歳以前十六歳以後は左眉とあり

袍《ハウ》

神職服制に夏は縠《コツ》冬は綾《アヤ》紋輪《ワ》無《ナシ》又は轡唐草《クツワカラクサ》四位以上黒《クロ》五位赤《アカ》六位以下緑無紋無位黄平絹《キヘイケム》無紋とす冬裏は黒と赤とは表同色平絹緑は蘇芳《スハウ》平絹無位は裏無とあり夏冬の別なし

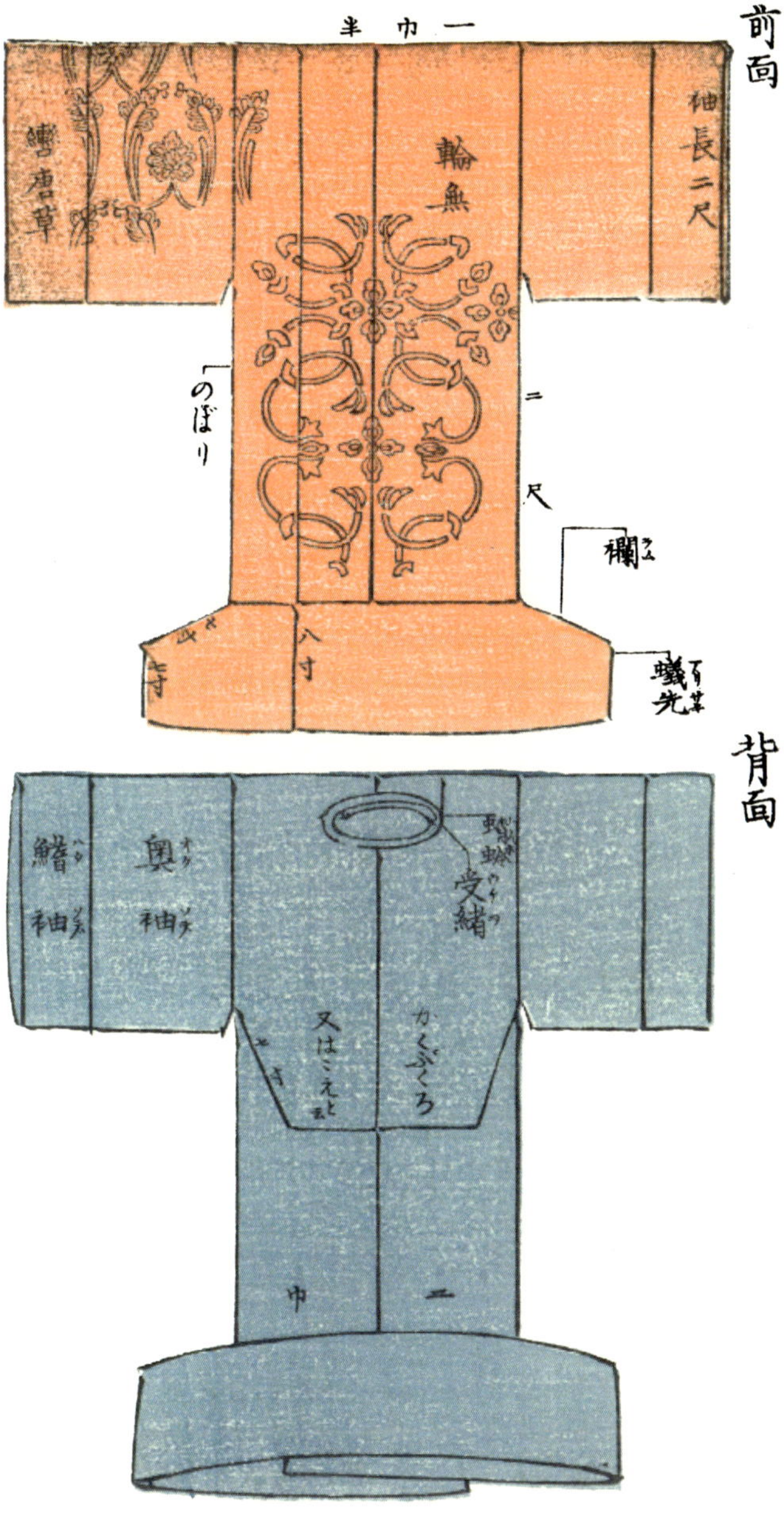

齋服《サイフク》

袍《ハウ》及單《ヒトヘ》の裁縫《サイホウ》正服の袍に同じ

神職服制に齋服有位は袍白絹冬は裏付を用る事を得無位は白絹裏無單は有位無位共白絹袴は指袴《サシコ》白絹裏無し但有位は冬裏付を用る事を得とあり

單《ヒトヘ》

前面

背面

神職服制に有位は紅綾《ベニアヤ》紋菱《ヒシ》無位は紅平絹とあり夏冬の別無し

指貫《サシヌキ》

神職服制に三位以上は紫《ムラサキノ》固織《カタオリ》紋藤丸《フヂマル》四位五位は紫ノ平絹六位以下は白布《シロヌノ》又は浅《アサ》黄《ギノ》平絹無位は白布とあり

狩衣《カリギヌ》

神職服制に狩衣無襴《ムラム》五位以上は顕紋紗《ケムモムシヤ》又は無紋の絹冬裏付夏裏無し六位以下は顕紋紗裏無し又は無紋の絹冬裏付夏裏無し無位は無紋の絹又は布裏無しとあり色《イロ》紋《モム》定《サダ》なし

指《サシ》袴《コ》

又切袴《キリバカマ》とも稱し通常ノ袴の如く指貫の下《スソ》を切りたる者なり色目《イロメ》指貫に同じ

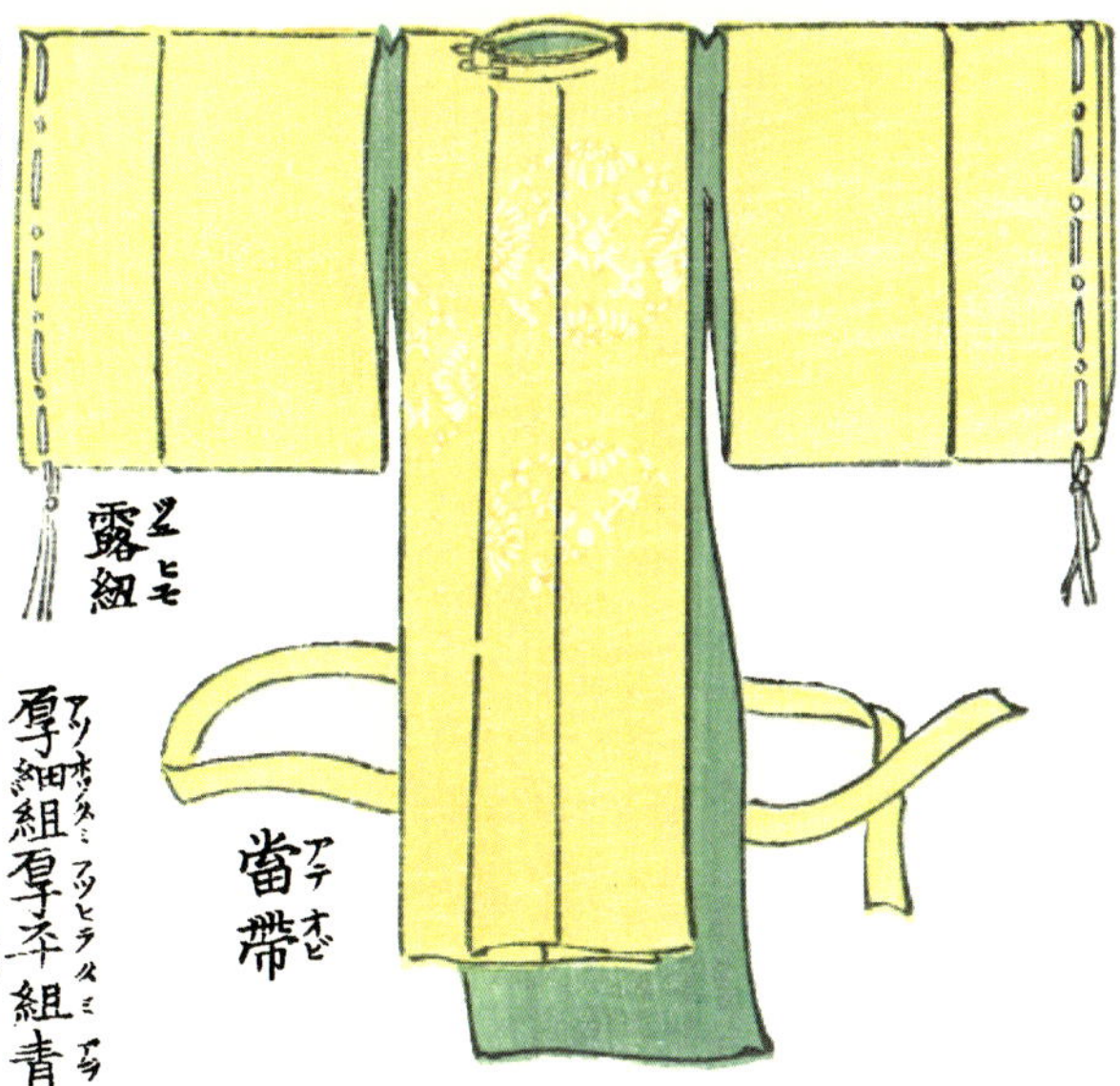

紫村濃《ムラサキムラゴ》又は白を用裏無には生《キ》の撚《ヨリ》ぐり二筋《フタスヂ》を用ゐる

厚細組《アツホソクミ》厚平組《アツヒラクミ》青村濃《アヲムラゴ》

雨衣《アマギヌ》

黄絹《キギヌ》又は青絹《アヲギヌ》油引《アブラビキ》裏白絹當帯《アテオビ》は狩衣《カリギヌ》の如く倶裂《トモギレ》を用るなり 此は神職服制に載せずと雖雨儀の節途中《トチユウ》之を用るも妨《サマタゲ》なし 固《モト》より殿上神前には脱すべし

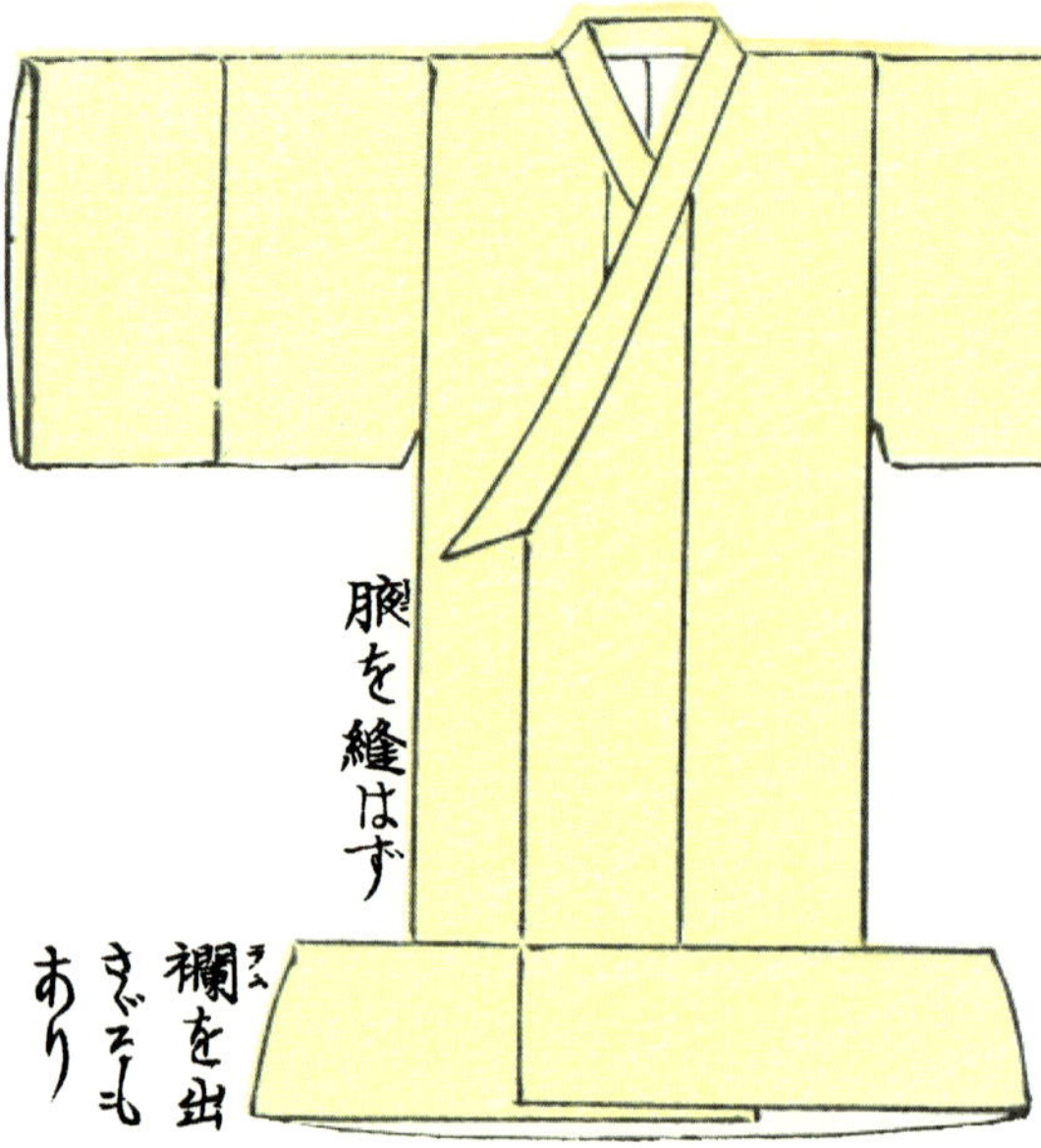

笏《シヤク》

朝野《テウヤ》群載《グムサイ》装束進退傳に云ク頭体半月の如し頰左右の角《カド》を摩《マ》す是を目下の笏とす柾《マサ》目《メ》は非なり板《イタ》目《メ》を以てするを善《ヨシ》とす

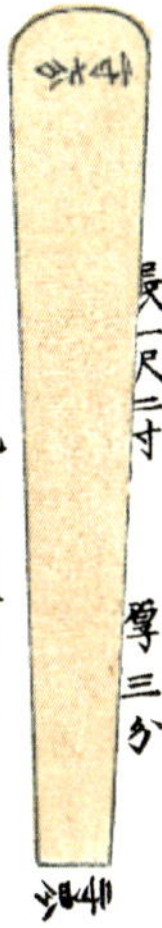

檜《ヒ》扇《アフギ》

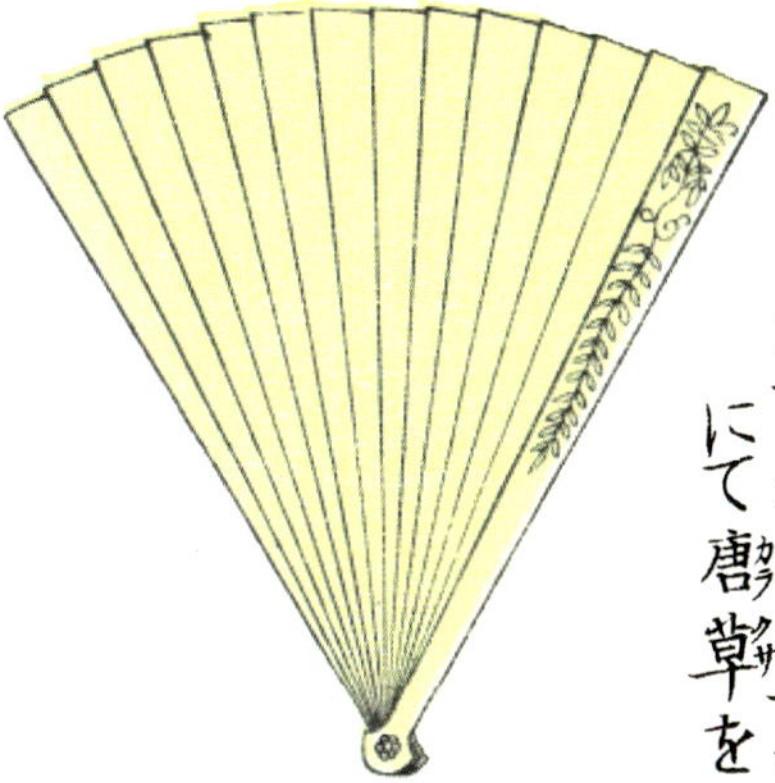

白木《シラキ》廿三橋或は廿二橋綴糸《トヂイト》の餘にて唐《カラ》草《クサ》を置物にす

但此他諸様あり

夏《ナツ》扇《アフギ》

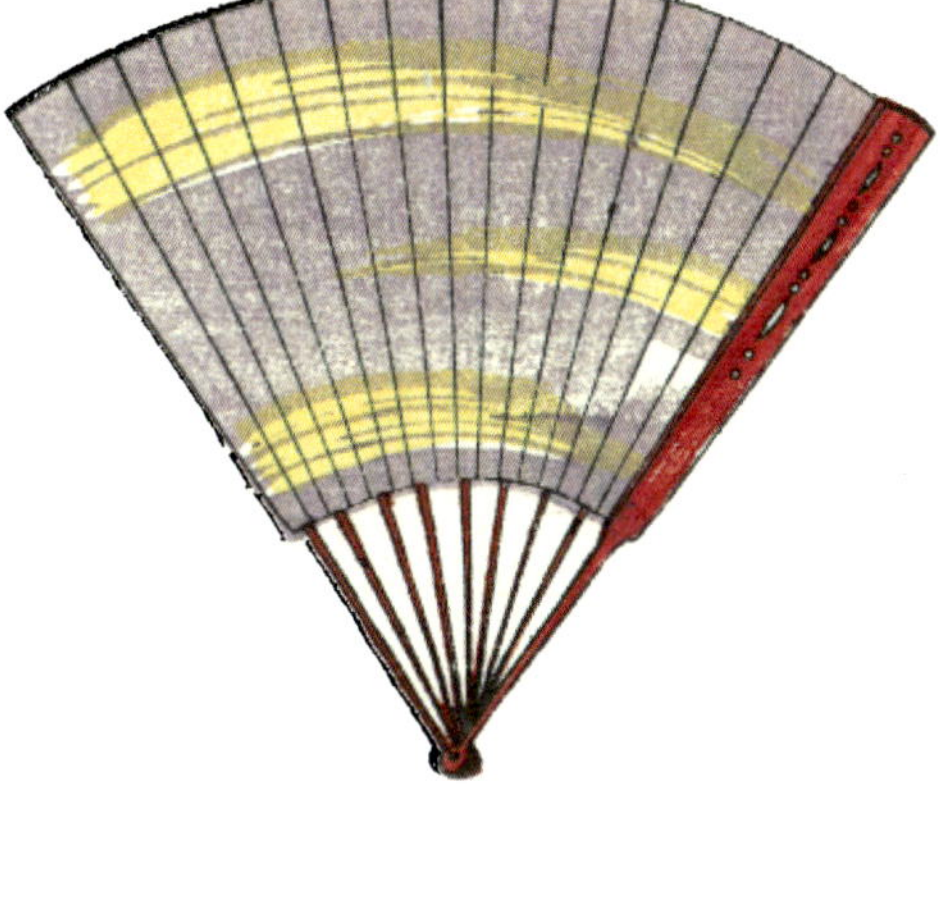

末《スヱ》廣《ヒロ》

又中啓《チウケイ》と云ふ

襪《シタウズ》

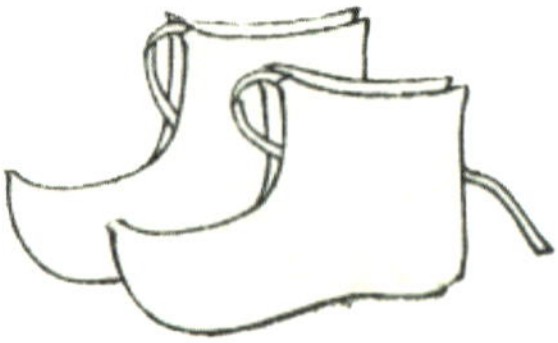

烏《クリ》皮《カハ》舃《クツ》

朝拝参賀

謁見に用

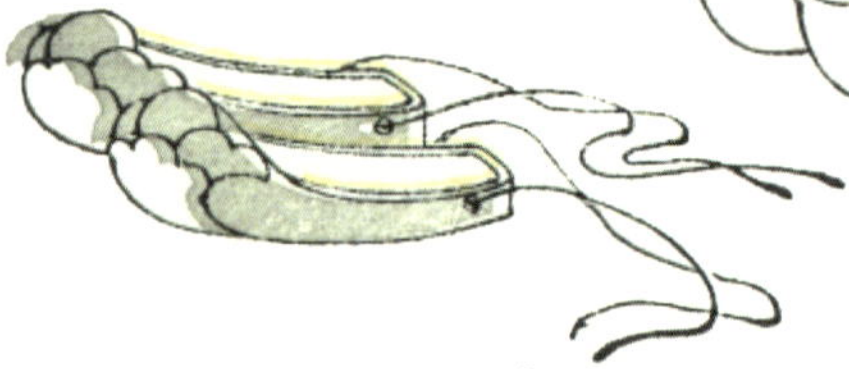

浅《アサ》沓《クツ》

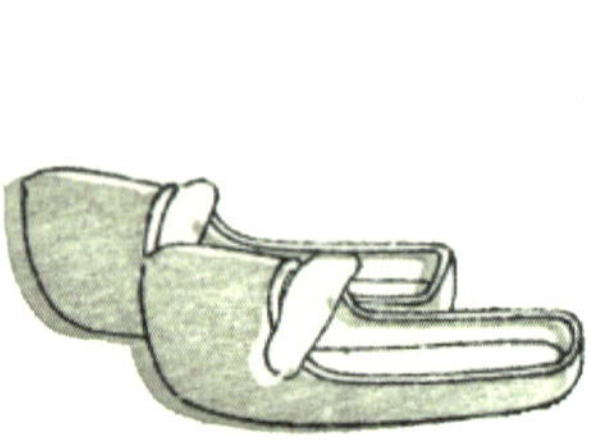

草《サウ》履《リ》

襪の時に用

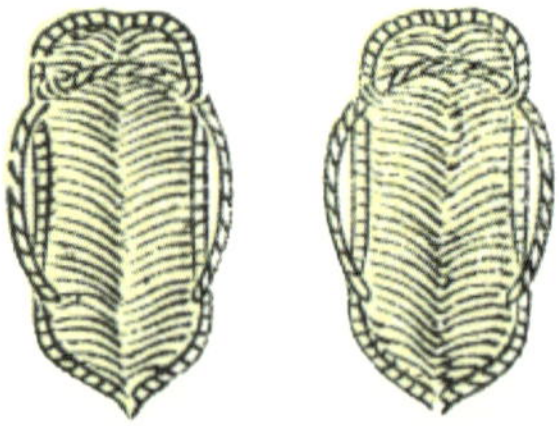

同

足袋の時に用

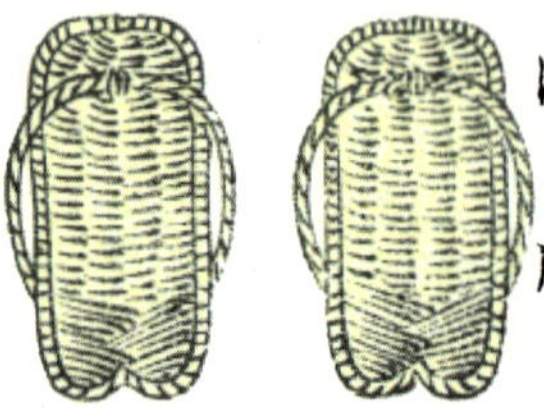

挿頭《カザシ》

榊葉《サカキバ》日蔭蔓《ヒカゲノカヅラ》等なり 但之を用るは例に依るべし

冠臺《カブリダイ》

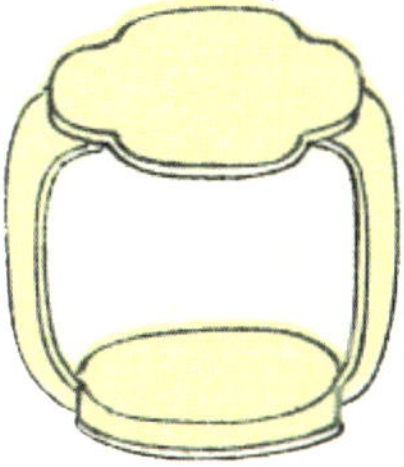

覆面《フクメム》

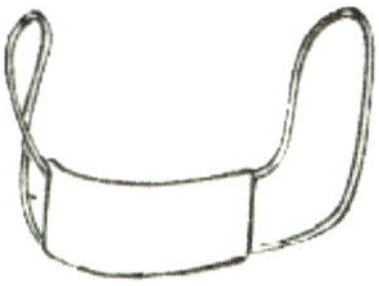

同

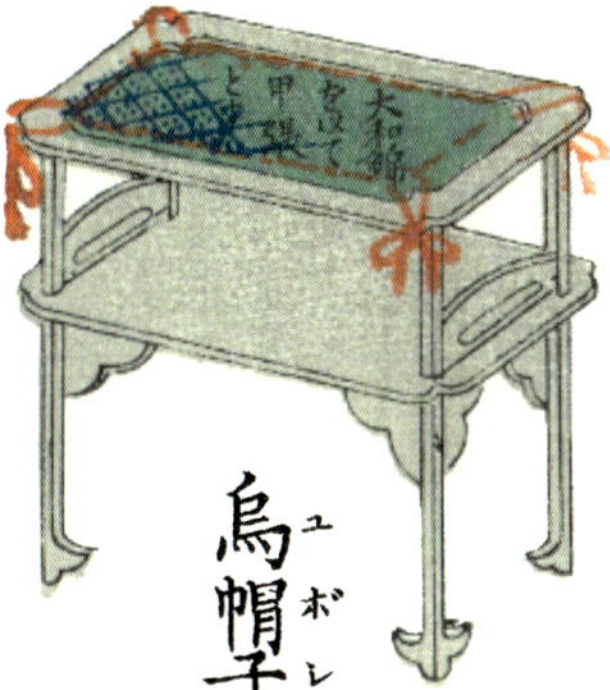

木綿蘰《ユフカヅラ》

麻苧《アサヲ》を冠額《カブリヒタヒ》に結ぶなり

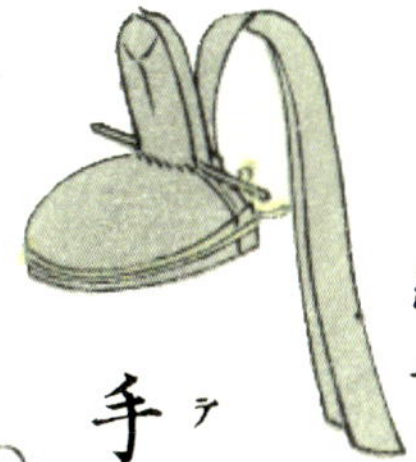

手袋《テブクロ》

烏帽子棚《ユボレダナ》

木綿手繦《ユフダスキ》

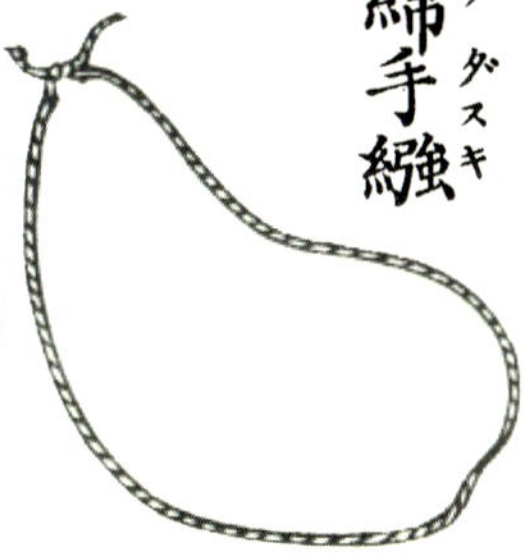

鍵袋《カギブクロ》

祝詞袋《ノリトフクロ》

地大和錦裏平絹 真紅紐《シムクノヒモ》 鍵袋笏袋之に同し

笏袋《シヤクフクロ》

胡床《コシヤウ》

敷皮《シキガハ》四位以上は豹《ヘウ》五位は虎《トラ》六位以下は水豹《スイヘウ》なれども多くは之を畧す

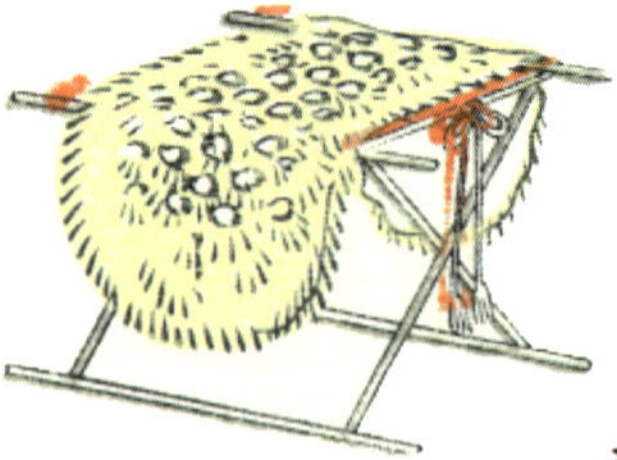

沓臺《クツダイ》

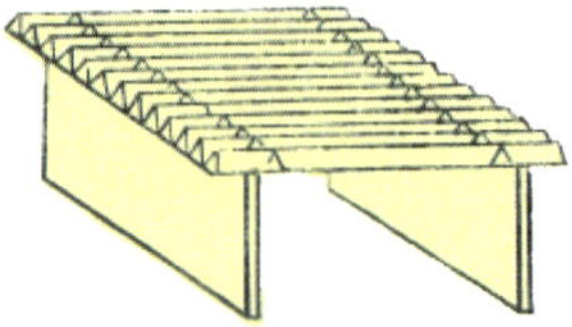

木柄白張手傘《モクエシラハリノテガサ》及び蓑《ミノ》は常の如し

笠《カサ》

長柄傘《ナガエガサ》　同袋《フクロ》

装束革《シヤウゾクガハ》と云ふ菖蒲革《シヤウブカハ》ぞめの革を用

此折返し縫ひたる所は沓草履《クツサウリ》を入るゝ為なり

菊《キク》とぢは菖蒲革《シヤウブカハ》又は黒革を用るなり　持つ時は此を上にして肩《カタ》にかくべし

先拂《サキバラヒ》
退紅《タイコウ》

駕輿丁《カヨチヤウ》

神馬《ジンメ》口付
冠細纓《カブリホソエイ》 老懸《オイカケ》 褐衣《カチエ》 赤單《アカヒトヘ》
白袴《シロバカマ》 藁脛巾《イチヒハヾキ》 藁履《ワラグツ》

車副《クルマゾヘ》
平禮烏帽子《ヘイネエボシ》
白張上下《シラハリギヤウダ》 白單《シロヒトヘ》

牛童《ウシカヒワラハ》

狩衣《カリギヌ》上下
杉横目扇《スギノヨコメノアフギ》
單《ヒトヘ》

雑色《サウシキ》

細立烏帽子《ホソダテエボシ》
二藍《フタアヰ》上下
黄單《キヒトヘ》

有位神職《イウヰシムシヨク》口付

細立烏帽子《ホソダテエボシ》
水干《スイカム》葛袴《クヅバカマ》

仕丁《ジチヤウ》

白張《ハクチヤウ》上下

露紐《ツユヒモ》平組《ヒラクミ》

右駕輿丁車副先拂仕丁の外は色に諸式あり

装束着法《シヤウゾクチヤクハフ》

凡て装束着法は衣紋《エモン》法を習ひて之を知るべし而るに神職服制は衣冠《イクワン》狩衣《カリギヌ》の式に止まる者なれば着用甚難《ハナハダカタ》からず因りて今粗《ホボ》其次序を左に示す

正服は先つ白衣《ハクエ》を服し組帯《クミオビ》を用ゐ襪《タウズ》を着す

組帯は本儀なれども紐《ヒモ》にてもよし古儀は束帯《ソクタイ》の外皆跣足《スアシ》なり若し聴《ユル》さるゝ時は衣冠其外にも襪を用しなり

次に手を洗ひて冠《カンムリ》を着す

挂緒《カケヲ》は纓壺《エツボ》の上《ウヘ》纓の本《モト》ぐるみ巾子《コジ》の後より笄《カウガイ》の上を経て額《ヒタヒ》の甲《カフ》まて左を上《ウヘ》にし右を下《シタ》にし左右取り違《チガ》へて頷下《アゴシタ》に引きて結ぶべし

挂緒は紙捻《コビネリ》と稱し白元結《シロモトユヒ》の大なるものなり世間往々紫《ムラサキ》などの打紐《ウチヒモ》を以て冠の緒となす者ありと雖冠の緒に打紐を用るは蹴《シウ》

鞠《キク》家《カ》の許あるか又は拜領《ハイリヤウ》の外用る事なし但し拜領と雖神祭に紫紐《ムラサキノヒモ》を用ること決してなきことゝ知るべし

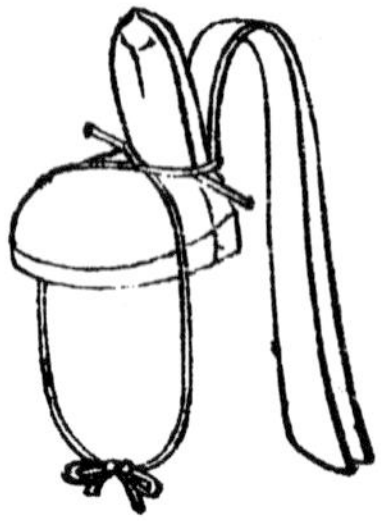

次に單《ヒトヘ》を襲《カリ》ね及び袴《ハカマ》を穿《ハ》く
衣《エ》紋《モム》者《ジヤ》身後より單《ヒトヘ》を打挂け本人の両手を袖にとほし身幅《ミハヾ》を打合《ウチアハ》せ前の下《シタ》の方へ上《ウハ》の方へ共に竪《タテ》に襞《ヒダ》をとり次に袴の前紐《マヘヒモ》を取りて其襞を押《オサ》へ左右後《ウシロ》に廻《マハ》し取り違《チガ》へて前にて結び次に後單《ウシロ》の脊筋《セスヂ》の左右に竪に襞《ヒダ》をとり袴の後紐《ウシロヒモ》を取りて其襞を押へ左右前に廻し取り違へて後にて結ぶなり次に膝下《ヒザノシタ》腓《コブラ》の上にて袴裾《ハカマスソ》の括《クヽ》りを結ぶべし又指貫《サシヌキ》に紐下《ヒモシタ》の裏《ウラ》に前後各わなを二《フタ》所づゝ付け裾《スソ》の括紐《クヽリヒモ》

を其わなにつりあげ結びて腓の上にて結らざるもあり又あづま仕立《シタチ》と云あり何《イヅ》れも便宜《ベムギ》なり

單に襞をとりたる圖

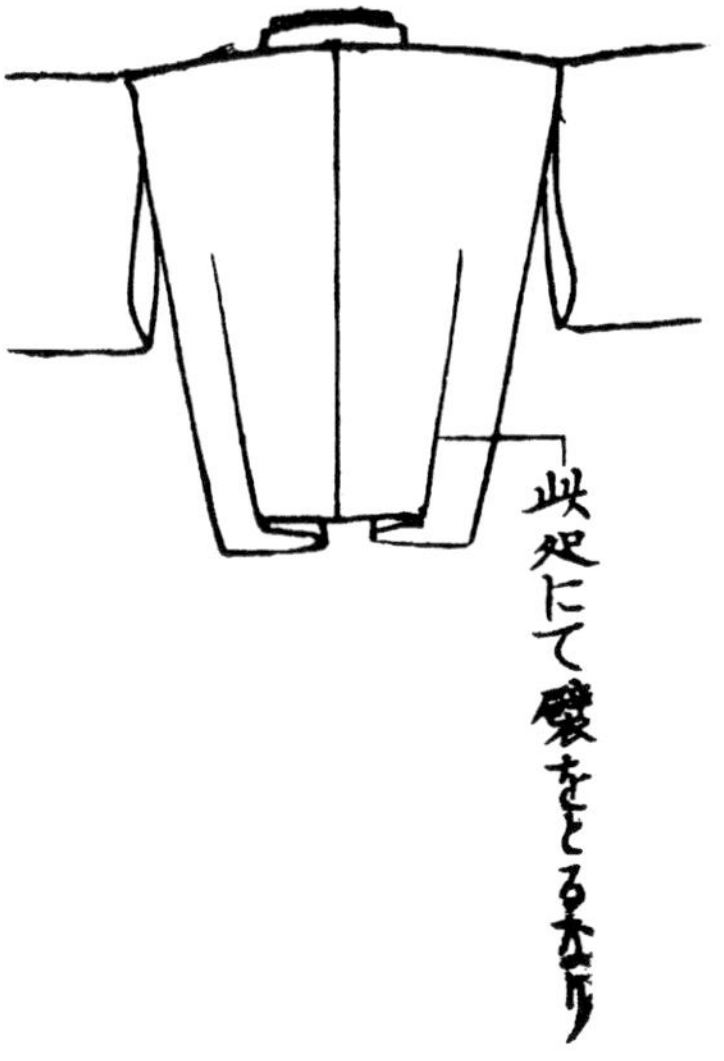

次に袍《ハウ》を着す

衣紋者左右の手にて袍の上《ウハ》がへ下《シタ》がへ各頸紙《クビカミ》と袖とをひろげ持ちて身後より之を襲被《シフヒ》《オセカケル》し蜻蛉《トムボ》を受緒《ウケヲ》にかけ前にて身幅を打合せ身幅の上かへ下がへ真中《マナカ》の縫目《ヌヒメ》を正し襴《ラム》を褰《カヽ》げ其権衡《ツリアヒ》を視てへつりあひは袴の裾《スソ》より九五七寸上の所迄褰ぐべし又雨儀《ウギ》ならば

高く褰くるをよしとす別に定まれる寸法はなし」其恰《カツ》好《カウ》の亂れぬ様隻手《カタテ》にて之を押へおきけて兩腋《リヤウワキ》なる身幅の餘りを腰の程にて左右共に竪《タテ》に前に折り結紐「結紐は當帯《アテオビ》を本儀とすされど此は不便なればしごき又はくけひもなどを用るを善とす」を後なる格《カク》の下より前に取りて緊しく締め緩《ユル》まぬ様に能く結びさて胸の程なる上ゟへ下がへの打合はされて垂れたるを彼の締結ひたる紐にかい込むなり

第一圖　未だかい込まざる処

此処を内へ巻てかい込むべし但先中央次に左右と三所にすべし

第二圖　かい込み畢りたる処

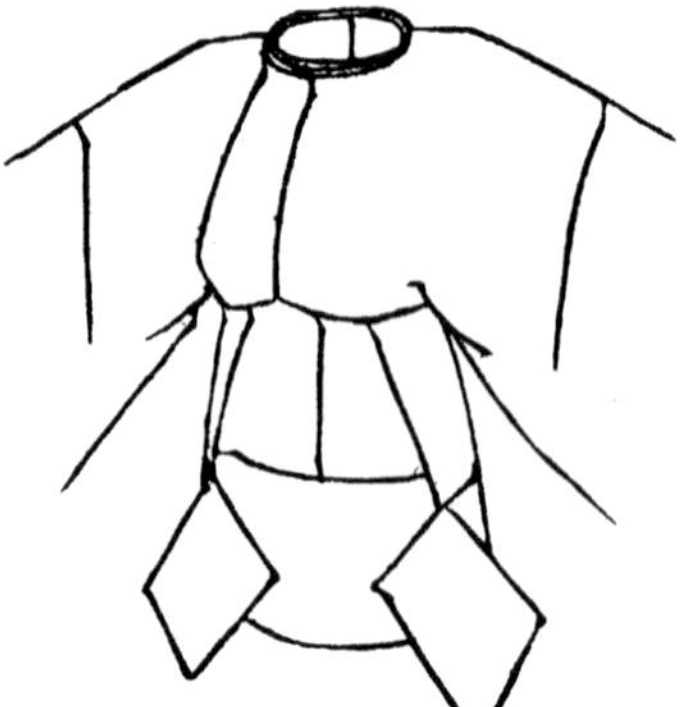

次に格《カク》に付たる小紐《コヒモ》を左右の脓より引出し前にて之を結ひ又之をかい込むなり〔左右共に鰭袖《ハタソデ》の帖目《ダヽミメ》のある所を手首《テクビ》の出る程表へ折反しそれを再び裏へこのい込みて持つなり糸にて其襞《ヒダ》の解《ト》けぬ様に仮に綴置《トヂオ》かば事を取るに便なり〕

獨自ら袍を着けむふは左右の脓を折り小紐にて仮に結《ク》り於き結紐を格の下より廻し前にて締《シメ》たる後小紐を解き彼のこのいこみを為て更に小紐を結ぶべし

次に帖紙《タトウ》を懐《フトコロ》にす

帖紙には笏《シヤク》扇《アフギ》祝詞《ノリト》文《ブム》などを挿《サ》すべし又汗《アセ》などにて切《キレ》る事有む時の備《ソナヘ》に挂《カケ》緒《ヲ》をもこれに挿《ハサ》み置くべし

次に沓《クツ》を着く

沓は浅沓《アサグツ》なり〔浅沓は張貫《ハリヌキ》又木製を用れども革製《カハ》を本儀とす深泥《シムデイ》には深沓《フカグツ》を用るなり但朝拝《テウハイ》参賀《サムガ》謁見《エツケム》ならずとも時宜《ジギ》によ弖浅

沓草履《ザウリ》等用ゐ難き際には烏皮舃《クリカハグツ》を用てよろし」

袍の帖《タヽ》み様は先つ袍の前面を上にし全体を引伸《ヒキノ》ばし頸紙《クビカミ》を後面に繰上《ア》げ折返し次に下まへを内に折り次に上まへを内に折り次に下まへの欄の蟻先《アリサキ》を内に折り次に上まへの欄の蟻先を内に折り次に身幅《ミハゞ》と欄との縫目の所にて内に折りたゝみ次に右の袖を内にたゝみ次に左の袖を内にたゝみ次にかの折りたゝみたる欄の方を再び内に折りたゝみ次に上の方を下に折りたゝめば前に折り返したる頸紙中央に出づるなり蜻蛉を受緒《ウケヲ》に挂置くことなかれ「此を挂置くは凶儀なり」帖み畢りて之を紙文匣《カミブムコ》に納《イ》るゝなり

齋服《サイフク》の着法は正服に同し但袴は指袴《サシコ》たるべし

狩衣《カリギヌ》の當帯《アテオビ》は狩衣と同裂《オナジキレ》ならば縫目を上にすべきなり又下襲《シタガサネ》の裂《キレ》を用るならばおめりの方を上にす但冬季白狩衣の時は裏を外《ソト》にすべし

帖紙《タトウ》は有職の法狩衣に用る重色《カサネイロ》の鳥子紙《トリノコ》にて松重《マツガサネ》「表《オモテ》萌黄《モエギ》中《ナカ》陪《ベ》朽葉《クチバ》

裏《ウラ》紫《ムラサキ》又表萠黄裏紫のみなるもあり〕柳重《ヤナギガサネ》〔表白中陪花田《ハナダ》裏萠黄又表白裏萠黄のみなるもあり〕などを用るなり但四十歳以上は白檀紙《シロダムシ》なり〔束帯《ソクタイ》の時は白か紅かの鳥子紙《トリノコガミ》或は白に切箔《キリハク》志たるを用但是も四十歳以上は白檀紙を用るを常とすれば神職は檀紙鳥子などの白紙を用るを宜とす〕

帖紙折方

但諸式の中容易《タヤス》き形を示す

第一圖

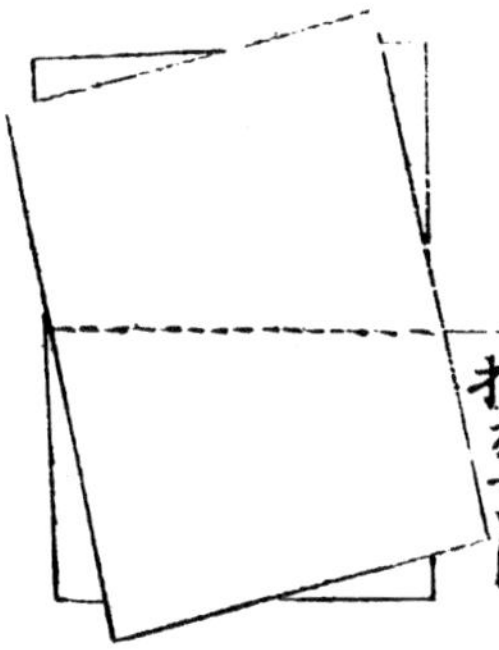
此処を上へ内に折るべし

第二圖

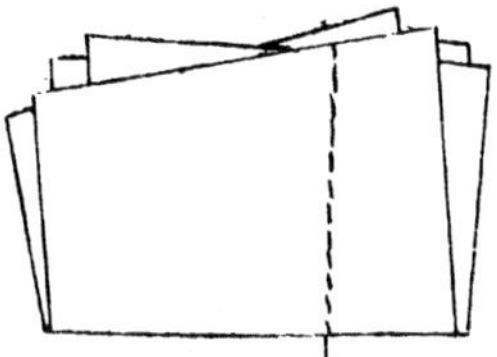
此処を後へ折るべし

第三圖　但二圖を裏返したる所

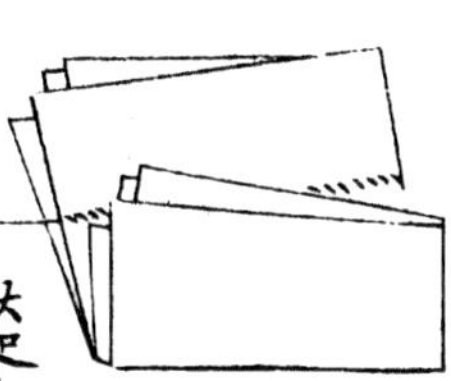
此処を後へ折るべし

第四圖 折畢りたる処

第五圖 懐中したる処

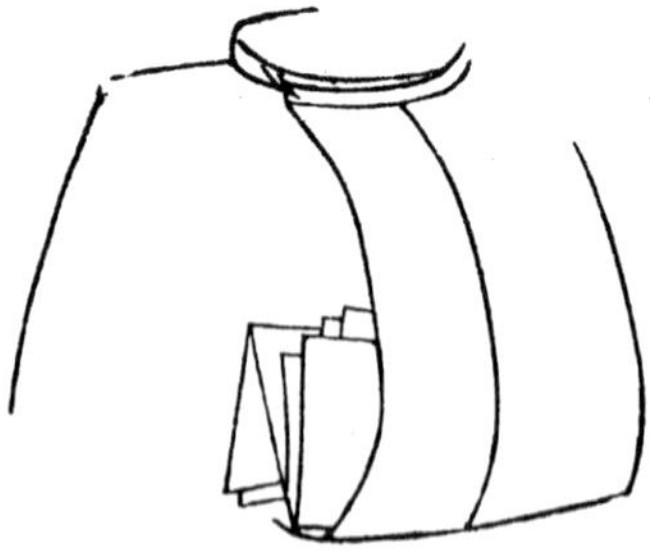

狩衣を着て雨中などの途中《トチウ》は其《ソノ》裾《スソ》を表に折り返し左の隅を當帯に挾《ハサ》むへし（此を押折《オシヲリ》と云ふ）尤殿内に入る時之を下《オロ》す事を忘るべからず又左手にて尻《スソ》の左隅を把《ト》りながら歩むをも押折と云ふ（右隅を挾むは凶儀なり）

押折の圖

雨衣《アマギヌ》は雨儀の時袍の上より襲《オリ》ひ當帶を以て結ぶべし
絹又は布の單《ヒトヘ》にて幅端《フタタム》を拈《ヒネ》り袖端《ソデノハシ》に生糸《キイト》左右《サイウ》搓《ヨリ》の露紐《ツユヒモ》を用るを狩衣《カリギヌ》
とし白布の單にて幅端《ヘリ》を拈らず袖露に左右搓を用ゐず棉糸《モメムイト》の平組《ヒラクミ》を
用るを従者の白張《ハクチヤウ》とす
喪祭《サウサイ》に預りし冠服《クムフク》を以て其儘《ソノマヽ》社前の奉仕を為すべからず
従者は白張上下烏帽子《エボシ》は柳佐比《ヤナギサビ》なるべし但黄衣《ワウエ》雜色《ザウシキ》褐衣《カチエ》退紅《タイコウ》の類各
社に於て古例あるものは格別とす

作《サ》法《ハフ》

此作法は諸社の例有職《イウシヨク》の格及び諸先輩の說を採《ト》りて之を蒐《シウ》輯《シフ》すと雖其煩《公》冗《ジヨウ》を省き每條引據《インキヨ》を擧げず其坐立兩式に係《カヽ》る者は其條に就きて之を說明す但左方右方と謂ふ者は神座の方より之を指す左を上とし右を下とす人身に屬する左右は常の如し

潔齋《ケツサイ》

凡て潔齋は禊祓《ハラヒ》の實事なり神前奉仕の日は晨起《シムキ》沐浴《モクヨク》し〔塩湯又は水をかゝるべし〕褻衣《ツネギ》を却け白服に改むべし特《コト》に重大の神事には七箇日或は三箇日の齋戒《モノイミ》を行ひ居處を淸掃《セイサウ》し座席器具を淨潔《ジヤウケツ》にし飮食は齋火《イミビ》を鑽《キ》りて之を用ベし止む事を得ずば前夜又は當日早旦より之を修し祓詞を誦し汚穢《ヲクワイ》を避《サ》け不祥《フシヤウ》を忌愼《キシム》し身心を淸淨にし以て其祭祀

に疎《ソ》漏《ロウ》過《クワ》失《シツ》無らむ事を祈念すべし但外面のみ何程《イカホド》清浄に為すとも心清浄ならざれは潔齋の詮《セム》なかるべし

解除《ハラヒ》

凡て解除を行ふは身汚穢に觸《フ》る時は禊《ミソギ》を為し心罪悪の念を起志又は誤て罪を犯さは祓を修して神明の加護を乞ひ其穢悪罪科の念を解除して心神を潔白ならしむるなり祭儀に先ち神殿幣物供饌は固より家屋器具の類凡て皆之を清祓すべし定りたる祓所なくば便宜の處にて之を行ふべし神前にて為べき者にあらず祓所《ハラヒド》には注連縄《シメナハ》を張り荒菰《アラコモ》を鋪《シ》き机案を居《スヱ》置《オキ》き祓具を準備《ジユムビ》し臨時の用に供すべし行事の時は幔《マム》を張り圓《エム》座《ザ》長筵《ナガムシロ》などを敷き立禮には胡《コ》床《ニヤウ》又は椅《イ》子《ス》を用る庭上ならば白砂を敷き幕《マク》串《グシ》を立つべし又重事には神籬《ヒモロギ》を立て降神《カミオロシ》を行ひて之を修するを本儀とす降神の條を参看すべし略儀には何の処にても自《ミツカラ》祓詞を唱へ小《コ》麻《ヌサ》を以て拂ふもよし

手水儀

手水《テミヅ》の儀は神門内便宜の處に小幄《セウアク》を設け注連縄《シメナハ》を張り水桶《ミヅヲケ》同臺及割《ワ》りかけたる竹又は木に人員を計て手拭《テヌクヒ》用白紙數葉を挾《ハサ》み側に建置き杉葉などを敷きて遣水《ツカヒミヅ》の衣服に散らざる用意をなし從員三名或は使丁等之に候すべし齋主以下職員其所に就かば從員一名齋主の兩袖を褰《カヽ》げ一名は水を汲《ク》みて注《ソヽ》ぎ一名は白紙を取りて之を授く齋主笏《シヤク》を懐中に挿《サ》し盥漱《クワムソウ》《テアラヒクチスヽキ》すべし副齋主以下順次之に準じ盥漱畢らば各笏を把《ト》り体を正くし祓戸《ハラヒド》に着到すべし參向諸員手水の儀亦之に準ず但人員多き時は水桶等神職の料と衆員の料とを分つべし社頭には常に手水舎あれども嚴儀には別に設くるを宜とす神社祭式に兩儀の時は神門等便宜の所にてするも妨なしと有り別に小幄を設けざるもよし

祓所着座

祓所《ハラヒド》に着座せむには齋主を左方の上席とし祓主を右方の上席とし大麻《オホヌサ》塩湯《シホユ》役は右方に列すへし其坐起揖拜等の作法は各其條にあり

立禮には總て立ながら行事すべし下條皆同じ

祓詞《ハラヒコトバ》を唱るは祓主神前に進みて一揖し祓詞を懐中より出し笏に取副へて一拜し笏を置き〔立禮には笏を帖紙《タトウ》に揷す〕之を披讀《ヒドク》し畢りて懐《フトコロ》に収め笏找把りて再拜拍手小拜して復坐す降神なき時も亦同じ或は居ながら二拜するもよし二季大祓などは衆員に宣《ノ》り聞かす者なれば祓主中央の上席に於て下座に向ひ再拜拍手をなさず一揖して之を唱へ畢りて又一揖すべし其詳なる事は祝詞奏上《ノリトソウジヤウ》式にのり

祓物《ハラヘツモノ》を置くには降神なき時は豫《カネ》て中央の案上に設け置き降神ある時は降神畢らば職員一名或は二名一揖し起ちて假に祓物を置たる所に至り一揖し笏を懐に揷し祓物を載せたるまゝ其案を持來りて跪《ヒザマヅ》き之を居《ス》ゑ置き畢らば笏を把り一揖して復坐すべし

大麻行事《オホヌサギヤウジ》は豫て便宜の処に案を居ゑ其上の筒に大麻を刺《サシ》立《タテ》置《オ》き祓

詞の儀畢らば職員一名一揖し起て大麻の案の前に至り一揖し笏を懐に挿し右手を以て大麻の本の方を把り左手を以て末の方を把り左斜《ヒダリナヽメ》にして体に引よせ榊枝の表《オモテ》並に木綿《ユフ》垂《シデ》を外にし体を正し肱《ヒヂ》を擧げ捧持《サヽゲモ》ち來りて神座あらば祓所の中央にて祓所の神座の前に向ひ捧げながら跪き一揖し起て退き本祭の神籬の前に至り跪き一揖し大麻を右手を上とし左手を下に持換《モチカ》へ之を正中にし末上《スヱア》がりに差出し左右左と之を拂《ハラ》ひ畢りて本の如く持直し一揖し起て次に神饌舍に至り拂ふ事上に同じ次に齋主次に職員を拂ふ事皆同じ或は之を各自に行はば齋主以下左方の列席一般を一回に拂ひ畢り又右方の列席に對し前の如く拂ふもよし次に群參《クムサム》の人あらば之を拂ふ事亦同じ或は群集に向ひて目の及ばざる時は跪かず立て之を行ふもよし畢りて大麻を撤《テツ》し笏を把り本席に復坐し一揖すべし

塩湯《シホユ》行事は職員一名左手に塩湯碗《マリ》を載せたる案を持ち右手に榊の

小枝を執り之を塩湯に漬《ヒタ》し各自に就きて左右左と振灑《ソヽ》ぐ進退順序は總て大麻に同じ但職員二名とし一名は案を持ち一名は小枝を執るもよし或は大麻のみにして此行事を略する事もあり塩湯は塩水に為すもよし

散《サン》米《マイ》行事は塩湯と同く職員一名左手に散米器を執り右手に左右左と散米す進退順序は塩湯に同じ因りて職員二名を以て行ふもよし或は大麻塩湯を行ひて此を略する事もあり

小《コ》麻《ヌサ》は細き四角なる木串のわりかけに苧《ヲ》及ひ四《シ》埀《デ》紙《カミ》を挿《ハサ》みたる者にて「紙ばかりなるもあり」衆員を一時に拂ふ具にあらず各自之を執りて左右左と拂ふべし職員一名小案に之を載せて祓詞の儀に先ちて之を頒《ワカ》ち置き祓詞畢らば各自の祓ひ畢るを待ち之を収むべし又數百數千度の祓を白す行事には各座に數本づゝを小案に載せて設置すべし

切木綿 切麻 饌物役方 人員役方 自身役方 行事役の役

切木綿《キリユフ》は紙を小切にしたる者なれば散米の如くすべし美濃紙《ミノガミ》一枚を以て竪《タテ》に十二に截《タ》ち又之を横に八に截《タヽ》ば方形となるなり
切麻《キリヌサ》は苧《ヲ》の小切なる者なれば拂ふ事切木綿の如し切木綿切麻共に小麻の如く各自に取るべき物なり是は二季の大祓に行ふなり大麻行事あらば小麻を用ゐず切木綿切麻を行ひて大麻塩湯を用ゐざることもあり
饌物を役ふは一揖して酒瓶塩水器等の蓋《フタ》を開き役儀《ヘラヒノギ》畢らば本の如くし一揖すべし
人員を役ふは齋場《サイジヤウ》に於ては饌物を役ふに同じ但職員の之を受くる者揖すべし着床の時は起立して揖すべし
散米切麻等自受《ミヅカラ》て之を拂ふには右手に笏を把りながら左手に取て左右左と拂ふべし
大麻塩湯などの役員は衆員を役ひ畢りし後にて大麻役は塩湯を執

り塩湯後は大麻を執りて互に交換して拂ふべし

大麻を捧持つ圖

大麻を持換て祓ふ圖

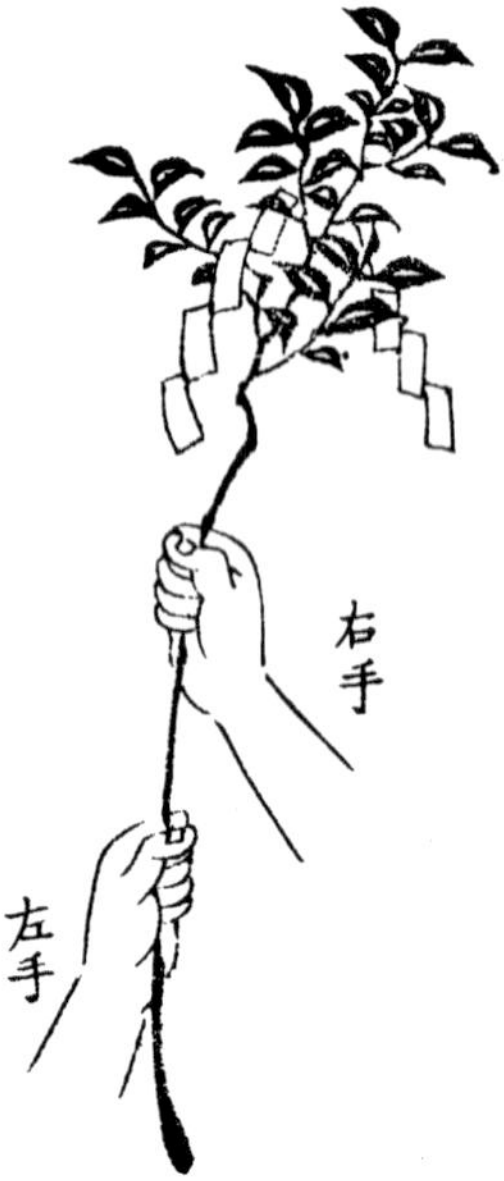

把笏《ハシヤク》

凡て笏を把《ト》るは右手を以てすべし笏の下を大指《オホユビ》と次《ツギ》中《ナカ》無《ム》名《メイ》の三指とにて把持し小指を笏の内へはづし動揺《ドウエウ》せしめず大指と小指と内におりて少しく我右によせ脇《ワキ》の前に當て執るべし握るべからず居坐歩趨《キヨザホスウ》の時斯の如し左手は右手に准じて脇の前に當て鰭袖《ハタソデ》の端《ハシ》を内にて把

正笏の方

笏の置方

笏の取方

持すべし

正笏は笏を身の真中《マナカ》に當《ア》て左手を加へ右手に重ね合せ兩手を顯《アラハ》さず袖を隔《ヘダ》てゝ笏を執り右袖の端を左袖の内に入れ左手を上につけ右手を下につけ左右の臂《ヒヂ》を擧げ笏を出すこと七寸許《バカリ》直《スグ》に胸上に當て笏頭頤《イ》《オトガヒ》下《カ》に及ばざること一寸許にし身を離れ過ぎざる樣又着き過ぎざる樣直《スグ》に立つべきなり

笏を置くには持ちたる笏を身の左へ寄せ左手に笏の下を持ち右手にて笏の頭より一寸許下を外方より「ぎつてう」にならざる樣に取り右側にて笏の下を地につき立て後方へすべらして良き程を考へて無名指小指にて笏を抱《カヽ》へ大指中指を地に着て置くべし笏は坐前に横《ヨコタ》へ置くべからず舞《ブ》蹈《タウ》の時は笏を正中地上に置く事なれども祭場の例にあらず

笏を取るには右側に置たる笏の頭を右の手にて取り笏を立て手を

笏を落しゝ時の心得

笏の下方へ押下して笏を置きし所《シヨ》作《サ》に準じて取り上げ外を内へ廻し我身の正中に當つべし笏の地に着たる面は我方に向ふべく為べし笏を揷《サ》すは事を執る時にあり束帶《ソクタイ》の時は石帶《イシノオビ》に揷す儀あれども正服齋服共に衣冠の式なれば懐中の帖紙《タト》に揷すべし但笏の下より揷し入るべし當帶《アテオビ》小紐《コヒモ》又は襟首《エリクビ》などに揷すべからず又坐したる時笏を膝上に頓すべからず

誤て笏を落しゝ時物を持ば之を下に置き笏を取て揖し再び物を取て揖して立つべきなり

把笏圖

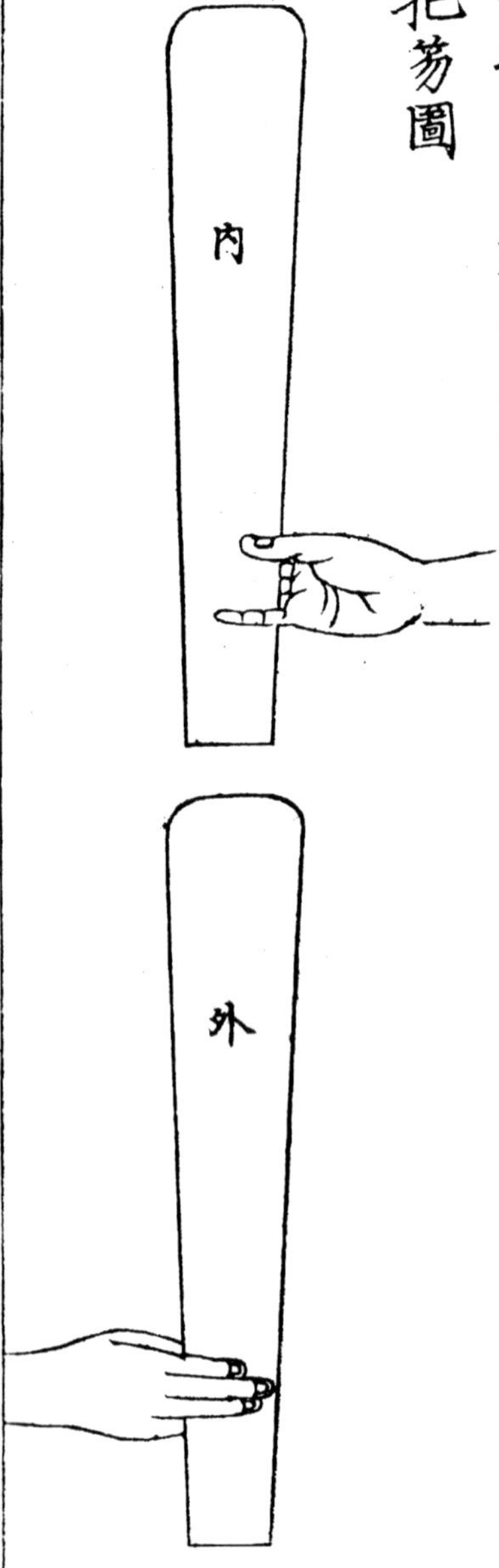

正笏圖

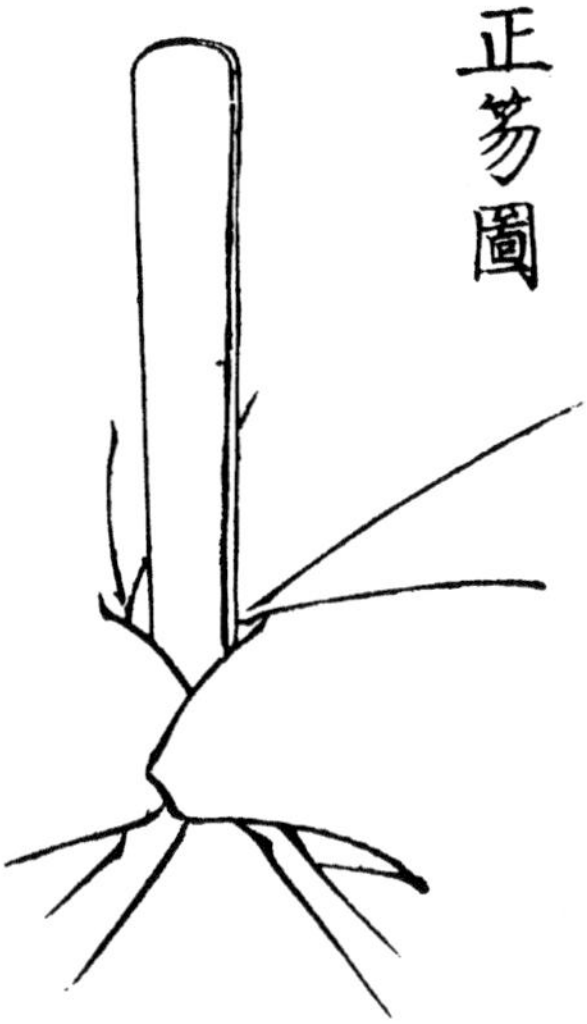

置笏圖

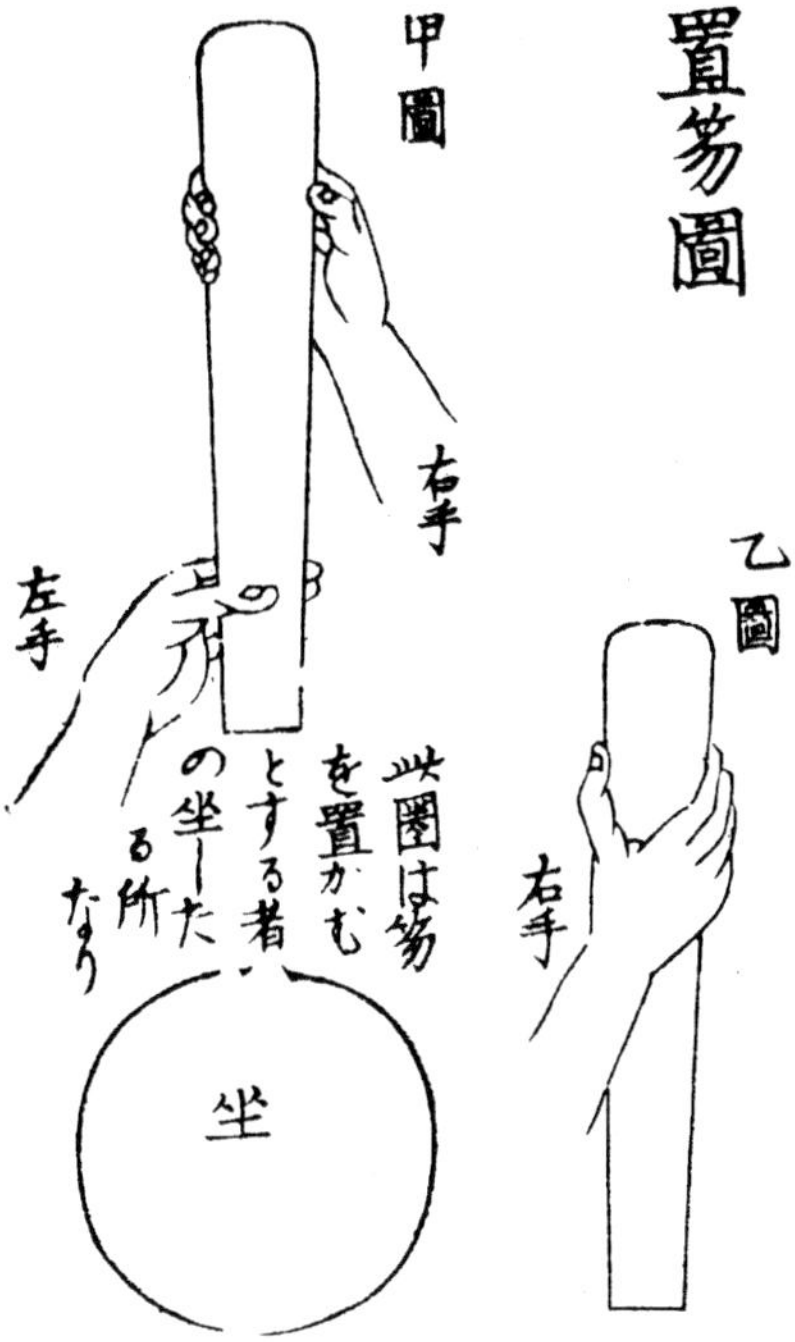

揖《イウ》

凡て揖は正笏して頭面を埀れず膝を縮《ちゞ》めず腰を折るばかりなり笏は面に随ひ下れども頭並に手元《テモト》は其儘《マヽ》なるべし鎌《カマ》頸《クビ》になるは甚宜しからず屈《クツ》する時は遅《オソ》く揚《アグ》る時は聊早く屈腰の間凡三《ミ》息《イキ》とす揖して手を引《ヒキ》分《ワ》けて笏を下す是揖を解きしなり

沓揖《クツノイフ》は殿内出入着坐起坐などの際沓を穿《ハキ》し時沓を脱《ヌ》がむとする時の揖を云ふ〔但沓《クツ》脱《ヌギ》あらば沓脱の前にて為べし〕

着座揖

起坐揖

着《チヤク》坐《ザノ》揖は座に着きし時の揖を云ふ立禮には床に着かむとする時にすべし

起《キ》坐《ザノ》揖は座を起たむとする時の揖を云ふ立禮には床を起立して為すべきなり

揖圖

坐揖

立揖

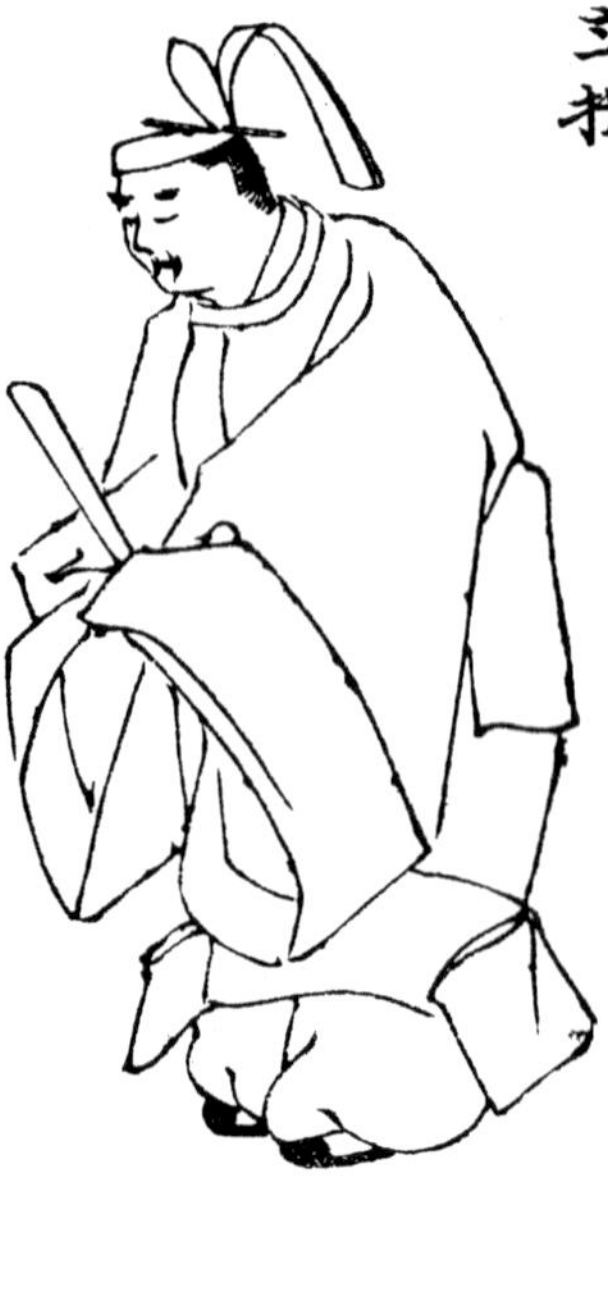

拜《ハイ》

凡て拜は着座揖畢りて笏を正くして向へ目通《メドホリ》に均《ヒト》く上げて指出し笏と共に平伏し冠額地に付かざること三寸許にし凡三息して首を擧ぐべし立禮之に同じ但腰を折り首を俯するなり

坐拜《ザハイ》は坐（安坐《アンザ》にあらず）して拜するを云ふ

立拜《リツハイ》は立ながら拜するを云ふ

一拜《イツハイ》は一度の拜を云ふ

再拜《サイハイ》は坐揖畢らば正笏のまゝ先右足より起て兩足を揃《ソロ》へ體を正し左膝を突き次に右膝を突き坐して拜し又前の如く立ち又坐して拜するを云ふ此再拜を二度するを兩段再拜《リヤウダンサイハイ》と云ふ或は略せば坐したるまゝ二拜すべし但再拜の間起つ時に右手のみに笏を持ち兩袖を濶《ヒロ》げ兩手を伸し更に打合せて笏を正すは宜からず立禮には立拜を二度すべし

四拜

四拜《シハイ》は再拜を兩度するなり又は坐したる儘續《ツヾ》けて四拜するをも云ふ立禮には立拜を四回すべし

八拜

八拜《ハツパイ》は四拜を二度するを云ふ四拜八拜などは各社の例によるべし

平伏

平伏《ヘイフク》は正笏して磬首《ケイシユ》するを云ふ是は開閉扉《カイヘイヒ》祝詞《ノリト》奏上《ソウジヤウ》神體《シムタイ》渡御《トギヨ》等の間にすべき儀なり

小拜

小拜《セウハイ》は俯首して三息に至らざる程なるを云ふ再拜揖手の後起坐の時などの儀とす

列拜

列拜《レツハイ》は坐禮立禮ともに二人以上整列して同拜するを云ふ長たる者は正中或は左方の上に位し順次に並び又は重行《ヂウギヤウ》に列すべし其座位に就く時直に一揖し衆員整頓《セイトン》し畢るを俟《マ》ちて〔此時末員の者窃《ヒソカ》に小咳《セウガイ》などして着到し畢りし事を上座の者に知らしむべし〕拜禮し進退《シムタイ》屈伸《クツシム》を一齊《イツセイ》にし錯雜《サクザツ》先後《セムゴ》ならざる様注意すべし列拜畢らば下坐より順次退くべし之を下臈引《ゲラウビキ》と云ふ

拝圖

坐拝

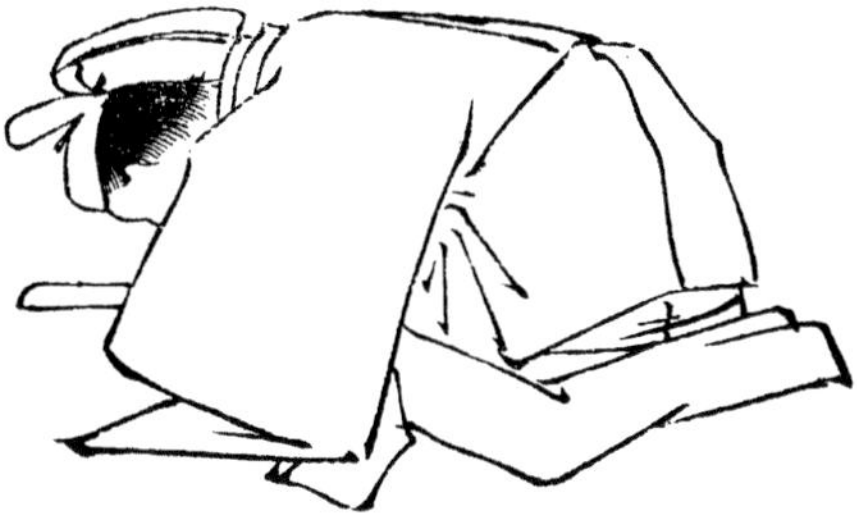

立拝

列拝位置の圖

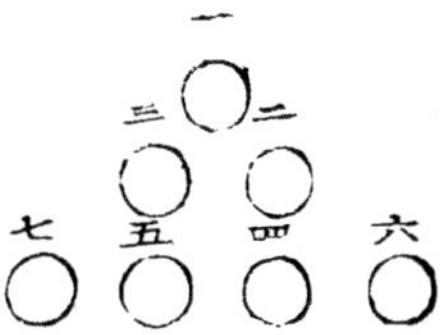

又圖

拍手《ハクシユ》

拍手

凡て拍手は参拝の時拝畢りて為べし乃齋主ならば開扉の後幣物の後祝詞の後玉串献備の後閉扉の後等に為べし拍手の時は笏を座側に置き立禮には笏を帖紙《タト》に揷《サ》し静粛《セイシユク》に拍《ウ》ちて軽率急遽《ケイソツキフキヨ》にすべからず但衆員並列且八拍手四拍手などは其宜きに従ふべし普通は二拍手とす四拍は二拍より八拍は四拍より鄭重《テイチヨウ》の儀なれども四拝八拝と同く各社の例によるべきなり一拍手亦同じ

二拍手

二拍手《ニハクシユ》は手を拍つ事續けて二度拍つを云ふ或は一つ拍つ儀もあり

短手

短手《シヌビデ》は手を四つ拍つを云ふ短手《シヌビデ》両段《リヤウダム》とは短手二度にて八つ拍つを云ふ

八開手

八開手《ヤヒラデ》は手を三十二拍つを云ふ八つ宛《ヅヽ》四度にて即拝畢りて十六拍ち又拝畢りて十六拍つなり

連拍手

齋主拍手せは祭員一同着坐の儘即《スヌ》に之に應じて拍手する儀もあり

合拍手

返祝の拍手は〔返祝はかへりノりトと訓《ヨ》めども祝詞文あるにあらず幣を殿内に奉り畢り返りて之を賽《サイ》主《シユ》に報ずることを云ふ〕返祝する者賽主に對して跪きて手を拍つこと二度賽主は其初度の拍音を聞きて拍ち初むべし返祝者の第二の音と賽主の初度の音と相合し賽主の第二の音は後るゝなり此を合《アヒ》拍《ハク》手《シユ》と云ふ

退手

退《サガリ》手《デ》は退出の時手を二つ拍ちて一揖するを云ふ普通此儀なし其社の例に任《マカ》すべきなり

坐起

坐《ザ》起《キ》

凡て坐するには把笏の儘先つ左膝を突き次に右膝を突き次に左足をよせ次に右足をよせて臀《シリ》を地に居《ス》ゑ兩足共に跗《カフ》を地につけ蹠《アナウラ》を上にし居《ヰ》入《イ》りて重ねず揖して後足を直すべし〔足を直すとは兩足を組みて安《アム》坐《ザ》するを云ふ〕安坐は古式なり安坐せざるもあり凡て起つ時は把笏の儘先つ左膝を抜き次に右膝を抜き揖し畢りて右足を起し次に

左足を起して兩足を揃《ソロ》ふべし

着坐

着坐《チヤクザ》は先つ座側に跪き左膝を坐にかけ次に右膝を座にかけ次に左膝を進め次に右膝を進め揖して坐すべし但是は拜禮の際正中の座に就く時の式なり左方右方又は列席などには座上の膝より着くべし又座に着かむとする時跪きて軾《ヒザツキ》を少し我方へ引寄せて着く式もあり

起坐

起坐《キザ》は先つ左膝を抜き次に右膝を抜き揖し畢りて右足を退け次に左足を退け次に右足を座外に起《タ》て次に左足を座外に起《タ》つべし但是も亦拜禮の際を以て云ふなり左方右方列席などには前條に準じて座下の膝を先とすべし

座前着坐

座前より着坐するには先つ軾の前にて跪き軾に座上の膝をかけ次に座下の膝を舉げて居廻《ヰマハ》り前の方に向ひて膝を容《イ》るべし假設《タトヘ》ば右方に着坐すべくば右膝をかけ次に左膝を体と共に左より廻し前に

向ひて右膝を引き坐すべきなり

居廻の圖

前面

座後より着坐するには先つ座後にて跪き座上の膝をかけ次に座下の膝をかけ次に座上の膝を進め次に座下の膝を進めて坐するなり

列《レツ》座《ザ》は二人以上竝《ナラ》び坐し居るを云ふ

對《タイ》座《ザ》は相面して坐し居るを云ふ

横《ヨコ》坐《ザ》は數人竪列の時或は上首の者席を横にし下に面し又は末坐の者上に面して坐するを云ふ

行事坐にて奧に當りて端坐に對したる席を奧《オク》坐《ザ》と云ふ

端に當りて奧坐に對したる席を端《ハシ》坐《ザ》と云ふ

中央坐　跪居　蹲踞　筒居　亀居　安坐

奥座端座の間上に當りて下方に向ひたるを中央座と云ふ
跪《キ》居《キヨ》は殿《テム》廊《ラウ》内等にて傳供長奠饌及び傳供員授《ジユ》受《シユ》を俟《マ》つ間などの儀にて膝を地につけ足を爪《ツマ》立《ダツ》るを云ふ跪くには左或は座上の足を先にし起つには右或は座下の足を先にすべし
蹲踞は足を聚《アツ》めてうづくまり居るを云ふ奉幣の返祝又庭上等にて或は坐式を用る時の敬禮なり
筒《ツヽ》居《ヰ》は跪居に同じ
龜《カメ》居《ヰ》は庭上にて玉串を齋主に授くる時又沓の儘圓《エム》座などに膝を突て拜する時などに為すなり先づ左膝を突きて左足を左へ退け大指の方を地につけ次に右膝を同く突き龜《カメ》の足の如く跗《カヽ》を左右に開けて臀を地に着けざるを云ふ庭上にては沓を穿《ハキ》ながらかくするなり
安坐は左脚を外にし右脚を内にし兩足を交《マジ》へ臀を地に着け坐するを云ふ又丈六《チヤウロク》居とも云ふ〔俗にアグラと云ふ〕又庭上に坐する時

沓を穿《ハ》きながら左右浅沓の底《ソコ》を合して坐する様もあり

沓直方

沓を直すは従者の為す事なれども従者の随ふまじき所にて座前より着坐の時は座に着きて後笏の下を沓の内踵《くびす》の當る所に入れて引廻し穿くに便利なる様直し置くなり但笏を以てせず扇を以てするを宜とす其儀笏を左手に執り右手にて懐中より扇を出し扇を左手に笏を右手に取り換て扇の蚊目《カナメ》の方を以て引廻し直すなり又左手に笏を持ち「此時は笏の半《ナカバ》より上を把《トリ》て身に副《ソ》ふなり」右手に扇を執て直すもよし

庭上沓直方

庭上の着坐には座後にて沓を脱《ヌ》ぎ座に着きし後顧《カヘリ》みて自《ミヅカ》ら沓を取り座前に直し置べし

起立

起立《キリツ》は立禮の時開閉扉祝詞奏上渡御又は官《クヮム》使《シ》貴《キ》族《ゾク》の出入《シュツニフ》經過《ケイクワ》などの時椅子《イス》を離れて起立するを云ふ

磬折

磬折《ケイセツ》は立ちながら腰を折り居るを云ふ又磬屈《ケイクツ》とも云ふ起立《キリツ》最敬禮《サイケイレイ》

の儀なり

坐圖

安坐圖

跪居圖

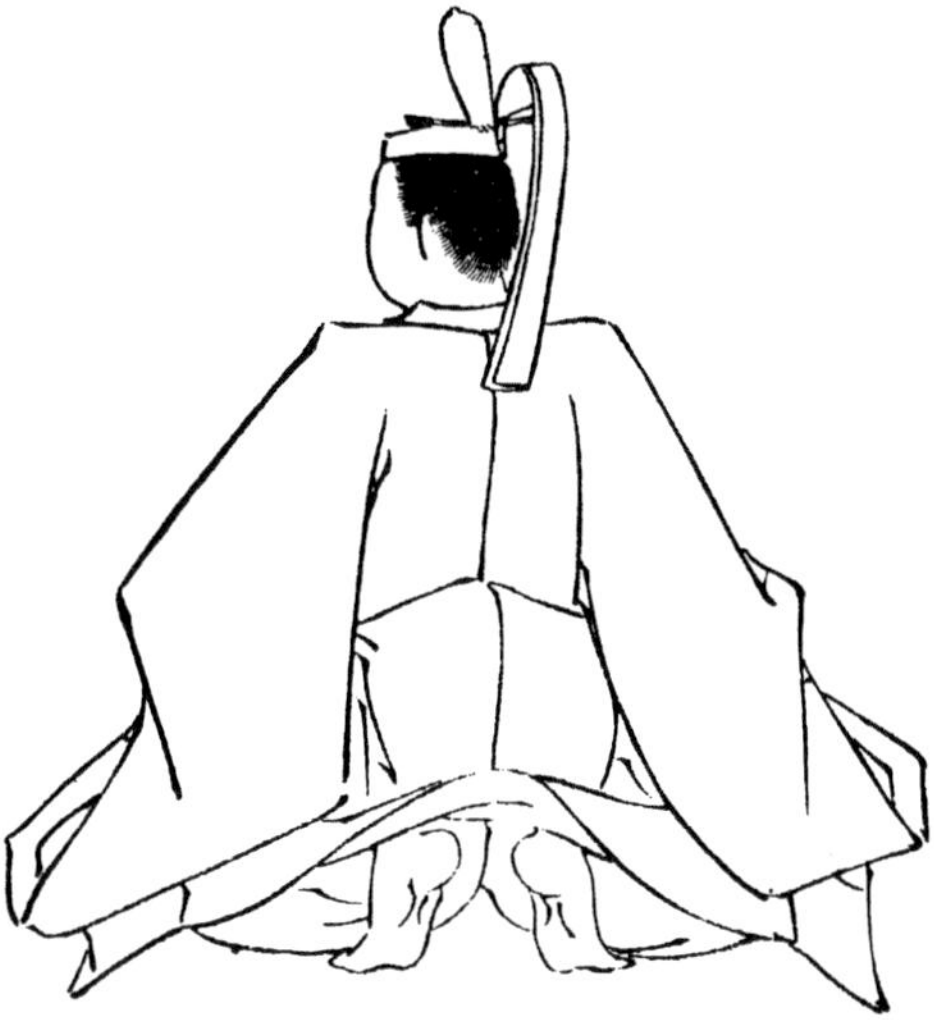

同側面圖

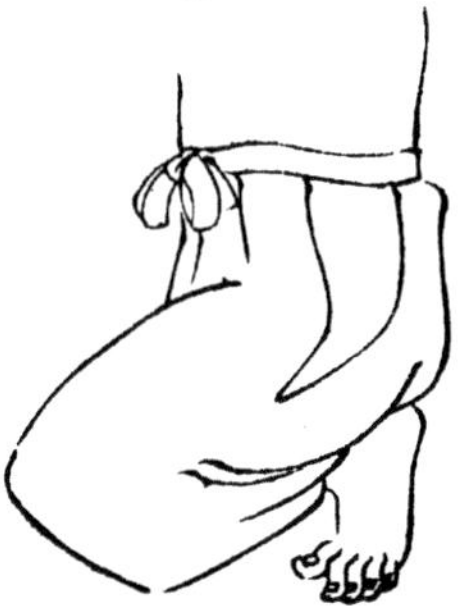

蹲踞圖

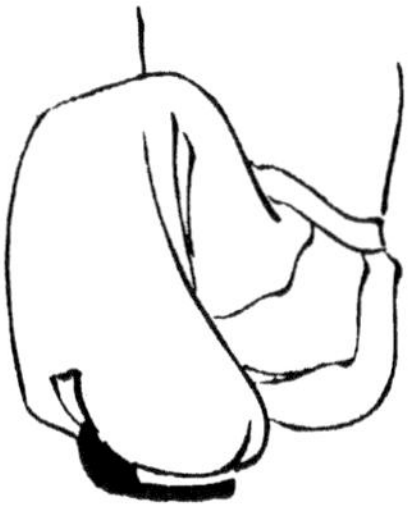

亀居圖

進退《タイ》

凡て進《シム》退《タイ》擧《キヨ》止《シ》は嚴《ゲム》肅《シユク》端《タム》正《セイ》を要す輕《ケイ》忽《コツ》踈《ソ》慢《マム》なるべからず衣《イ》冠《クワム》を正《タヾ》しくし瞻《セム》視《シ》を尊《タフト》くし足の容《カタチ》は重《オモ》く手の容は恭《ウヤ〳〵》しくして齋主は齋主の威《ヰ》儀《ギ》を存し職責は謹《キム》恪《カク》に職務を守るべし〔但暑中は汗《アセ》を埀《タ》らして不《フ》慮《リヨ》の過ある者なれば丁《チヤウ》子《ジ》二百粒と山《サム》椒《セウ》實《ノミ》百粒とを袋に納《イ》れて携《タツサ》ふれば汗埀れず又寒中龜《キ》手《シユ》を煖《アタヽカ》にせむとするには丁子數百粒を懐中し時々竊《ヒソカ》に取出し翫《クワン》弄《ロウ》せば手凍《コヾ》えずと淺《セム》浮《フ》抄《セウ》に出つ又寒中は懐《クワイ》爐《ロ》など用るもよし又重き祭典にて長時間を要する節は前日より飲食に注意して祭典中便用に立たざる様心がくべし〕

沓を穿《ハ》くには先つ左足或は座上の足よりすべし腰を居《ス》ゑたる心持にて輕く引きずりて歩むべし退座の時などには沓の方に向ひ片膝を突きながら片足を下して穿くべきなり

沓を脱《ヌ》ぐには斜《ナヽメ》にならざる様又沓の脇へ飛びなどせざる様寛《クツロ》げて

膝行

膝退

屈行

片足づゝ脱ぐべきなり
膝行《シツカウ》は殿上内陣など神前最近く進む時跪きながら歩むを云ふ〔一説に板《イタ》敷《ジキ》に膝を着て引き進むと云ふ又膝胢《ヒザノカフ》を着て足の指《ユビ》端《サキ》を立てて進み行くを云ふといへり〕又物を置く時などは三度に過ぎざるべし然ども事に依り所に隨ふて同じからず片膝進むを以て一度とし又片膝づゝ兩膝齊《セイ》等《トウ》するを一度とす先つ左膝或は座上の膝を突き次に右膝又は座下の膝を立て又左膝を前に遣《ヤ》り相互に進むなり又左膝を突き次に右膝を立て先の膝と齊等に進め登階の歛《レム》足の如くす其儀は物を持ちて左右の手を動さず身を動さず左右を顧《カヘリ》みず頸《ケイ》面《メム》を傾《カタム》けず立歩の如きを宜とす
膝退《シツタイ》は膝行して進むに準じて退くを云ふ三度膝行すれば三度膝退するを定とす物を置きて膝退する時には兩袖を合せて退くべし
屈行《クツカウ》は腰を屈《カヾ》めて行くを云ふ

逆行

徐歩

退出

行歩

止立

後歩右折

仝左折

逆《ギャク》行《カウ》は立ながら逆に退くを云ふ右足を退き左足を退き次に右足を退くべし

徐《ジョ》歩《ホ》は其《ソノ》体《タイ》頭《カシラ》身を動さず傾けず面前一丈計の所を視るべく早からず遅《オソ》からずして目に立《タ》ざる様に為すを善とす

退出する時は神前を直に背《ハイ》にせず三足退き廻りて出つべきなり

行歩は左足を先にすべし

止立は両足の間一足を容るゝ許少し開けて両足を正しく並べ蹈み張るべし

後歩は正く立ちたる儘にて右足より先に二歩退き三歩目に右方へ折るゝには右足を舉げて左足の跟《クビス》の後へ（左）（卅）如此蹈《フミ》居《ス》ゑ左足を舉て体と共に振向ながら直に前に進みて歩すべく又左方へ折れて行かむには一歩退き二歩目に右足を舉けて右足の跟の後へ（右）（卅）如此蹈居ゑ右足を舉げて体と共に振向ながら直に前に進みて歩すべき

なり
行歩左折法は左へ折れて行かむに其折る所に至る時に左足進みて(左)(右)如此なる時は右足を擧て体と共に左へ廻し左足の前に進め(地)(左)如此蹈居ゑて直に左足を擧て歩を進むべし又右足進みて(右)(左)如此なる時は左足を擧て体と共に左へ廻し右足の前に進め(地)(右)如此蹈居ゑて直に右足を擧て歩を進むべきなり〔曲折して行くに其折る所にて立止まるは見惡《ミニク》きものなり此歩法に從ひて行く時は其患なし〕

行歩右折法は行歩左折に準ずべし

行歩左向止立法は行歩して左方へ向きて立たむとする時に左足進みて(左)(右)如此なる時は右足を擧て体と共に左に廻す時は左足も亦自然と廻り左方に向くべし其左足に竝べて右足を下す時は左向に立るなり又右足進みて(右)(左)如此なる時左足を擧て体と共に振向

仝右向止立　行歩左方轉回止立　仝右方轉回止立　止立左向行歩　仝右向行歩　止立左向止立

て左足に竝べて下す時は亦立るゝなり
行歩右向止立法は行歩左向止立に準ずべし
行歩左方轉回止立法は行歩して右足を(右)(左)如此進めたる時左足を擧て右足の前に進めて(左)(右)(左)如此蹈しめて右足を擧て体と共に右より左へ廻して振り返る時は左足も自然と返り向くべし其左足に竝べて右足を下す時は返り向て立るゝなり〔如此せざれは体片寄りて真直に返り向きて立つこと能はず〕
行歩右方轉回止立法は行歩左方轉回止立に準ずべし
止立左向行歩法は止立せるその左足を擧て右足の跟《クビス》の後に引きて(右)(廻)如此横に蹈居ゑて右足を擧て体と共に振向ながら直に前に進みて歩すべきなり
止立右向行歩法は止立左向行歩に準ずべし
止立左向止立法は兩足を竝べて(右)(左)如此立たる時に其左足を擧て右

仝右向止立

止立左方轉回行歩

仝右方轉回行歩

止立左方轉回止立

仝右方轉回止立

昇降出入

足の跟に竝べ歩し離して(右)(四)如此横に蹈居ゑて右足を舉て体と共に振向て左足に竝へて右足を下すべし

止立右向止立法は止立左向止立に準ずべし

止立左方轉回行歩法は左方轉回止立の如くにして体と共に左方へ振返したる右足を其儘直に前に進めて歩すべし

止立右方轉回行歩法は止立左方轉回行歩に準ずべし

止立左方轉回止立法は左向行歩の如く左足を舉て右足の跟の後に引きて(右)(四)如此蹈居ゑて右足を舉て体と共に振返す時は左足も亦自然に返り向くべし其左足に竝べて右足を下す時は返向て立るなり

止立右方轉回止立法は止立左方轉回止立に準ずべし

昇《シヨウ》降《コウ》出《シユツ》入

凡て階《カイ》壇《ダム》を昇降する時は我座の方よりの階壇を昇降し正中を避《サ》くべ

一正中を横切《ヨコギリ》て経る時は必過ぎつゝ揖すべし但殿内にては跪き庭上にては立ながら揖すべし下上《オリノボリ》沈静《チンセイ》にして落付《オチツ》き急遽《キウキヨ》なるべからず

昇階

昇階は正しく神前に向はず稍《サヽ》斜《ナヽメ》になりて欄《ラン》に傍《ソ》ひ級《キウ》を拾《ワタ》るに階毎《ゴト》に足を聚《アツ》めて昇るべし但左方よりせば右足を先にし右方よりせば左足を先にし大床《ユカ》に至らば膝行し外陣あらば外陣の掖間《ワキマ》より入り

内陣出入

掖間なくば側に倚りて入るべし又神殿に於て掖階あらば神饌幣物及び渡御等の外は昇降掖階よりすべし但掖階よりするも正面よりする儀に同じかるべし

降階

降階は神前を背にせず斜になり左方へ下る時は左足を先にし右方へ下る時は右足を先にす餘は昇階の例に準ずべし

二人昇降

二人並びて昇降するも亦同じ但左右に別れて昇階する時は左方の者は左欄に傍ひ右足を先にし右方の者は右欄に傍ひ左足を先にすべし降階の時之に准ず

殿内の階壇昇降は祓所拜殿等にても神前に向ひ當る時は神殿の昇降階に同じ又着到殿《チヤクタウデム》直會殿《ナホラヒデム》其他ノ諸殿は神前の禮を用ゐるに及ばず但従貢は正中よりすべからず

門閤《モムカフ》出入は一揖すべし但正中を經《へ》ず閾を履《フ》むべからず

昇降階圖

降神《カミオロシ》昇神《カミアゲ》

凡て降神の行事は祭場擧《コゾリ》て特《コト》に靜肅《セイシユク》にし宜く敬意を表すべし唯齋主

のみに任《マカ》せ置くべからず他の祭員も共に招請《セウシヤウ》の誠《マコト》を凝《コラ》すべし昇神は其儀降神に同じ然ども奠《テム》を撤《テツ》せし後の行事なれば或は懈怠《ケダイ》を生じ又は簡略《カムリヤク》に失し易し宜く終始異《カハ》りなく鄭重《テイチヨウ》に為すべきなり

降神法

神祇《ジムギ》を招請する作法は古來諸家之を秘密《ヒミツ》にして其傳説一ならず然ども現今普通の式は「アハリヤアソビハストマヲサヌアサクラニ其大神オリマシマセ」と三反稱し或は「ヒフミヨイムナヤコトモチヨロツ」の數歌《カズウタ》を奏するもあり

降神行事

齋主の任に當る者心を盡くし精神《セイシム》誠意《セイイ》を籠めて招請するに非れば其來格《ライカク》を致す事能はず須《スベカラ》く恭敬《キヨウケイ》を極め純一《ジユムイツ》他念《タネム》なかるべし一揖再拜平伏して降神詞《カミオロシノコトバ》を白《マヲ》し畢りて再拜拍手小拜して退くべし立禮には磬折俯首して白すべし副齋主之を奉仕するもよし

弾琴

弾琴《タムキム》は職員一名齋主に從ひ琴持二名に琴〔和琴《ワゴム》即六絃《ロクゲム》の琴〕を持たせ我前に立て進ましめ齋主の座の後より神座の前左方にかけて

琴を居ゑしめ坐して一揖すべし琴持揖して退く齋主降神詞を白し始めば菅掻《スガガキ》を奏すべし菅掻の作法昔時は神樂《カグラ》の家ならでは行ふ事なし然ども現今に在りては其法を受けなば之を奏する事を得べし其儀の大略は先柱《コトヂ》を立て音調《オムテウ》を合し琴《コト》さぎを執て三折《サムヲリ》、三三《サムぐ》四《シ》、三三《サムぐ》四《ジ》、三《ザム》折《ヲリ》、三《ザム》摘《ツム》三《ザム》、と左右兩手を以て之を彈《ヒ》き彈きながら於振《オリ》〔於振とは才、、、と引きて唱ふるを云ふ但し唱ふる中に音の上下長短されども口授《クジユ》ならでは述べ難し〕の聲を發すること四回或は三回なるべし猶詳《ツマビラカ》なる事は其人に就きて傳習を受くべし或は於振の役を兼ねざるもあり〔於振さゝは別に警蹕《ケイヒツ》をなさず〕又は只笏を執りて三度搔鳴《カキナラ》し警蹕三聲を發するのみの儀もあり〔彈琴《ダムキム》は齋主自之を奉仕するを正儀とす〕齋主降神詞を白し畢りて再拜拍手小揖せば彈琴者も一拜起坐して前に準じ退きて後坐すべし立禮には琴持に琴を持たしめ立ながら彈《ヒ》くべし琴は二人にて之を持ち進退の際彈琴者の前に對立して之を持ちながら歩すべし琴を置し時又取らむとする時一揖すべし但立禮には揖せざるなり若し一人にて持ち歩む時有らば葦津緒《アシヅヲ》の方を上にして裏の穴に左手をかけ右手に彈く方を抱き取りて之を擎持《サヽゲモ》つべきなり

彈琴者の琴を彈く時は安坐して本の方を右膝の上に載せ末の方は左膝の上に載せず稍斜《ヤヽナヽメ》にして置く像もあり

立禮の時琴を持つ圖

○此圖は彈琴者琴を彈く時立つ所を示す

降昇神圖

開《カイ》扉《ヒ》閉《ヘイ》扉《ヒ》

凡て開閉扉は〔或は警《ケイ》蹕《ヒツ》役《ヤク》警蹕を發す〕衆員平伏し立禮には起立すべし此間音樂を奏し或は奏せざるもあり其他総て降神の條に準ずべきなり

開扉法

開扉には齋主鍵《カギ》を袋《フクロ》に納《イ》れ懐中し或は鍵大ならば従員に持たしめ昇階の時親《ミツカ》ら之を執り昇階膝行し〔手《テ》袋《フクロ》覆《フク》面《メン》をかくるもあり〕左

齋主祇候

扉の前に進み一拜して笏を挿《サ》し鍵を以て錠《ヂヤウ》を開き鍵を再び袋に納め扉前の側《カタハラ》然るべき所に置き錠を兩手に奉じて之を其上に載せ俯《フ》伏《フク》しながら徐々《ヨく》に左扉を披《ヒラ》き一拜し畢りて右扉の前に膝行し前の如くにして右扉を披き一拜すべし畢りて膝退し〔或は手袋覆面を撤す〕降階〔昇階に準す〕下殿し再拜拍手小拜すべし

開扉より閉扉に至る間齋主は階下に候《コウ》すべし〔數時間に及び止む事を得ざる時は副齋主之に代りて候するもよし〕

閉扉

閉扉は開扉に準ずべし

宮門開閉

宮門の開閉は職員左右より出て〻奉仕すべし一員にて奉仕せば正中を經るとき揖すべし

捲《ケム》簾《レム》褰《ケム》帳《チヤウ》

凡て簾《レム》を捲《マ》き帳《チヤウ》を褰《カヽ》ぐるは開扉の時にあり或は簾を捲かざるもあり簾を捲きて帳を褰げざるもあり其宜に從ふべし簾を捲くは左右の手

内陣捲簾褰帳

門帳褰方

外陣捲簾

鈎掛方

帳褰方

を以て一巻《マキ》上《アゲ》て鈎《カギ》に掛くべし帳を褰ぐるは表裏に垂れたる野筋を巻き込まず且つ捩《ネヂ》れざる様に注意して之を褰げ野筋を結ぶべし

内《ナイ》陣《ヂン》の捲簾褰帳は齋主一拝して跪き両手を以て之を巻上くべし巻畢らば一拝すべし垂下の時も亦同じ

門《モン》帳《チヤウ》は左右より二人にて奉仕すべし野筋の結び様上に同じ

外《ゲ》陣《ヂン》其他遣戸《ヤリド》内に在りて遣戸に帖《テフ》したる簾は巻き畢らば鈎にかけず鈎を簾竹の巻き太《フト》りたる所へ横に挿込《サシコ》むべし斯くせざれば遣戸紙障《シヤウ》など開閉の際摩《マ》擦《サツ》して之を傷《ソコ》ふ事あり

内陣の簾は外より褰ぐる者なれば鈎《カギ》及び緒《ヲ》は表《オモテ》にあるも其他に在りては簾の表に鈎及び緒を着くるは凶式なり必なすべからず

帳を褰ぐるは簾の如く捲上て内外の紐《トモ》を以て擧《アゲ》たる下にて一結して後取合せて裾《スソ》より上《ウハ》様《サマ》に七八寸許に折重ねて其一結の下に裾を下《シタ》裏《ウラ》にして挿むべし紐《トモ》毎《ゴト》に斯《カ》くすべし

障子内の簾を揭げたる圖

野筋を結びたる圖

警蹕

稱唯

警蹕《ケイヒツ》稱唯《ヰシヤウ》

凡て警蹕は開《カイ》閉《ヘイ》扉《ヒ》降《ゴウ》昇《ヨウ》神《シン》渡《ト》御《ギヨ》などの時衆人を警するを云ふ職員一名口を開きて「オヽヽヽ」と聲を高く發し靜に引きて唱ふるなり開閉扉降昇神の警蹕は職員便宜の所に候して奉仕し〔有職《イウソク》にてはケイヒツと唱ふるなり〕渡御の警蹕は職員先に立ちて出御《シユツギヨ》入御《ニフギヨ》路次《ロジ》の間曲折《キヨクセツ》の所々に於て唱ふべし稱唯は命に應ずる言にして大祓詞《オホハラヒコトバ》の結尾《ケツビ》「聞食世登宣《キコシメセトノル》」とあるなどの時及召立《メシタチ》の時之に應じて唱ふべきなり〔時によりて微聲《ビセイ》に應ずる事も有るべし〕初め口を塞《フサ》ぎ「ウヲヽヽヽ

ゝしと後に稍口を開きて唱ふべし〔稱唯はヰヱヤウと訓むべし〕

装《サウ》飾《シヨク》舗《フ》設《セツ》

凡て装飾は内陣外陣殿廊中門大門庭上舎屋等各其典則《テンソク》あり成べく古《コ》式《シキ》舊例《キウレイ》を守り高尚優雅《カウシヤウイウガ》を主とし鄙俗煩雑《ヒゾクハンザツ》なるべからず夏冬の初には更衣《カウイ》を奉仕すべし夏は生絹《キギヌ》の單《ヒトヘ》冬は練絹《ネリギヌ》の袷《アハセ》なり〔夏冬の中一式にして更衣を為ざるも有り〕

翠簾《スイレム》帳帷《チヤウヰ》の上に幕幔《マクマム》を加ふべからず幕幔を以て簾帷に代ふるは甚宜しからず簾帷のあるまじき所は幕幔も無くてよし縮緬又は麻布《アサヌノ》の横幕《ヨコマク》を以て神殿に張るは古式にあらず紋付《モムツキ》の横幕は中古武門《ブモム》の式に出し物なれども社務所《シヤムシヨ》番所《バムシヨ》休憩所《キウケイシヨ》總門《ソウモム》等に用るは妨なし又斑幔《マム》は幄舎《アクシヤ》或は庭上の圍《カコヒ》に用べし見《ミ》かくし等の為廊舎などに用る外殿上に張るべきものにあらず舗設は祭儀の準備なれば體裁《テイサイ》を整《トヽノ》へ次序《シジヨ》を失はざる様にすべし

神座設方 机案居方 真榊 祝詞座 拜座

神座を設くるは内陣は内陣の式あり別に神籬《ヒモロギ》を建《タテ》て祀《マツ》るは上に圖したるが如し

机案《キアン》を居《ス》うるには板《イタ》敷《シキ》石疊《イシダヽミ》沙庭《サテイ》等は皆荒菰《アラコモ》を敷くべし但殿内は其宜に從ふべし饌案幣案は殿上に假置し玉串《タマクシ》案は階下又は拜殿の側《カタ》に假置すべし幣物の假案は階下の側饌物の假案は神饌舍又は中門の廊など便宜《ベムギ》の所に居うべし玉串假案も玉串案を居うべき側に設置すべし

真榊《マサカキ》は上に圖あり祭器の部を看《ミ》るべし根古自《ネコジ》の榊を用るも宜し

祝詞《ノリトノ》座は祝詞奏上に臨みて職負の者輒又は半疊を持來りて座側に跪き手を伸して之を敷き一揖して退くべし祝詞の儀了《ヲハ》らば之を撤すべし

拜禮《ハイレイノ》座は祝詞座と同じきもあり祝詞座の後に設くるもあり但拜殿ならば豫《カネ》て之を鋪設し置くもよし幄舍又は祓戸《ハラヒド》直會殿《ナホラヒデム》等の座は圓

座《ザ》又は長莚《ながむしろ》などを豫て鋪き置くべし
疊《デフ》の端《へり》は小紋《セウモム》の高麗《カウライ》端《べり》次は紫端《ムラサキべリ》〔赤《アカ》の平絹《ヘイケム》なり〕次は緑《ミドリ》端〔萠黄《モエギ》の平絹〕黄《キ》端〔黄の平絹〕なり大紋《ダイモム》の高麗端は拜領《ハイリヤウ》の外用ゐず官使拜禮の半疊《ハムデフ》は小紋の高麗端又は紫端神職拜禮の軾《ヒザツキ》は神社祭式には白布《シロヌノ》端とす又黄端を用るもあり
軾は三ッ折にして持行き跪きて之を披《ヒラ》き端を前後になして敷くべし
又半疊圓座も同じく側に跪きて之を敷くべし

軾を敷きたる圖

前

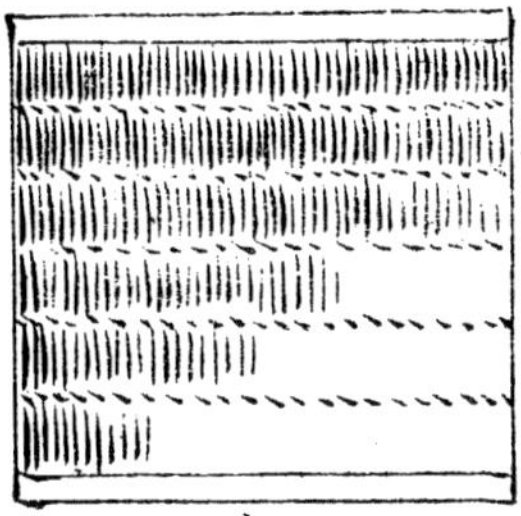

後

軾を帖みたる圖

鳥居及び大門中門の前左右に矛桙《ホコ》を建列するもあり

注連縄《シメナハ》は齋竹《ユミタケ》及び鳥居門戸又は殿内必要の場所の外簾帳の上に張《ハリ》亘《ワタ》すは宜しからず

大祭には前日より新に敷砂《シキズナ》をなし門前又は殿庭の左右などに高く盛砂《モリズナ》をなすなどはよし

内陣の装飾絹布の類は虫喰《ムシハミ》を避《サ》くるが為粉糊張《コノリバリ》とせず水張《ミヅハリ》とし又幅端《フクタム》を拈《ヨ》るに糊を用ゐず糸拈《イトビネリ》にすべし

羽車《ハクルマ》等を非常の時の準備となすは勿論の事なれども内陣には別に辛櫃《カラヒツ》一合を設け内に茵《シトネ》を敷き置き火急《クキフ》の用に供すべし

燈火庭燎《トウクワテイレウ》

燈火を奉るは夜陰《ヤイム》の事にして晝間《チウカム》に為すべきものに非ず必清火を改《カイ》鑽《サム》して點《テム》すべし

燈籠《トウロウ》は神社祭式に圖したる形式に從ふべし木造は火災の恐あれば可成は銅鐵《ドウテツ》の類を以て製すべし釣綱《ツリヅナ》は蘇枋色《スハウイロ》の晒布一幅を四ツ折に

して後圖の如く結びて掛くべし殿廊の軒《ノキ》に懸るには板敷及び欄干《カン》を外《ハヅ》し油の点滴《テムテキ》を避くべし殿内の柱に油器を懸置くもあり又は机上に之を居ゑ置くもあれど柱板敷等油に汚《ケガ》れざる様に注意すべし

燈臺

燈臺《トウダイ》の形は數多《アマタ》あれども木製の古式に從ふべし（圖式祭器の部にあり）

陰燈籠

陰燈籠《カゲトウロウ》は遷座の時殿内にて之を用るなり（仝上）

脂燭

脂燭《シソク》は燈火庭燎にて事足らぬ時に之を用るべし遷座の時など左に在る者は左手右に在る者は右手に執りて横歩すべし

庭燎及篝

庭燎《テイレウ》は夜中の神事に庭上に設くる物なり又鐵の篝籠《カヾリカゴ》を地に置きて其上にて焚《タ》くもあり使丁《シテウ》をして燎毎に候せしむべし又衆人群集の所は柱を立て篝籠を掛て焚くもあり

松明

松明《タイマツ》は神幸などの時之を用る事脂燭に同じ

蠟燭

蠟燭《ラフソク》を點ずるは古式に非ず止むを得ざる時の外使用せざるを宜し

とす

燈籠釣綱の圖

神饌調備《シムセムテウヒ》

凡て神饌を調備せむには器具は清潔《セイケツ》を要すべし可成《ナルベク》古式を取りて之を製し他事に兼用すべからず品目は清鮮《セイセム》を撰び舊例に從て之を供し俗禮を混淆《コムカウ》すべからず先づ注連繩《シメナハ》を張廻し菰《コモ》を敷き机を置て其上に高坏《タカツキ》又は三方臺《サムバウダイ》を居ゑ敷輪を敷き土器《カハラケ》を載すへし品目を盛らざる時は巾《キム》を覆《オホ》ひ置くべし調理法《テウリハフ》は各社の古式又は有職《イウショク》の例に據るべし一臺に數品を陳するあり一品各一臺となすあり榊葉の類など土器の上に敷きて盛るもあり又敷かざるもあり餅菓子などは紙を敷くもよし品目の盛り方も古例あらば其例に據るべし職負は襷《タスキ》を掛け盥嗽《ソウ》の後事

假設

敷輪

饌物進送

神饌献撤

に従ふべし

假案に饌物を備へ置くは先つ供進の順序を定め次に獻奠の時饌臺の前後を失はざる様傳供人員の數の奇偶《キグウ》を計りて之を置くべし〔職員奇數の時は常の如くし偶數の時は前を後に向け置くべし〕清祓の料として大麻《オホヌサ》又は小麻《コヌサ》を筒《ツヽ》に立て側に置くも宜し箸《ハシ》は耳土器《ミヽガハラケ》に載せて洗米の臺に置くべし

土器の敷輪《シキワ》は綴目《トヂメ》を外にすべし三方臺の甲縁《カフブチ》も之に同じ

饌物を假案に進送するには辛櫃《カラビツ》又は折櫃《ヲリビツ》等に納るべし其儘にて持行かば覆《オホヒ》を為すべし

神饌獻撤《シムセムケムテツ》

神饌を獻撤するには常日の外祭日式日などは奏樂《ソウガク》を以てするを本様とす〔奏樂せざるもあり又笏拍子《シヤクベウシ》を以て神樂歌《カグラウタ》を唱ふるもあり〕凡饗《キヤウ》を獻るは祭祀《サイシ》の祭祀たる所以なれば能く慎みて事を執べし齋主自

之を奠するもあり副齋主又は傳供長の職責之を奉仕するもあり傳供長は最も坐作《ザサ》進退に熟練《ジユクレン》ならしむ事を要す傳供員に至りても授受《ジユジユ》の體《テイ》裁《サイ》を損すべからず傳供長先づ饌案を居《ス》ゑ傳供員或は各自に饌品一種を折敷《ヲシキ》に載せて之を奉し擎出《サヽゲイダ》す傳供長饌品を執りて之を饌案に奠す傳供員折敷を持返りて又一種を載せて之を擎げ數人互に數回するもあり然る時は左右往反の道を別つべし又は數人列《ツラナ》りて高坏《タカツキ》三方など一臺づゝ傳供し臺共に奠するあり然る時は傳供長以下傳供員一方に一列するあり左右に分れて互に斜《ナヽ》に相對するあり期に先ちて各自の列位を定めおくべし供進の時は二歩降りて之を取り數歩進みて之を授け撤却《テツキヤク》の時は二歩進みて之を受け數歩降りて之を傳ふべし初め神前に列せし時一揖し授受畢らば一揖し傳供長の饌案に皆奠し畢るを見て末座より復坐すべし撤却の時は傳供長總員の授受し畢る迄退復すべからず末座より復坐し畢るを俟《マ》つべし授受の際故《コト》らに手容《シユヨウ》をつ

くらふは却《カヘリ》て醜《ミニク》し又毎回拍《ハク》手《シユ》揖《イフ》なとするは其例あるも恭《キヨウ》に過ぎ却て煩《ワヅラハ》し唯之を擧《サヽ》ぐるは輕《カロキ》を執るとも重《オモキ》を持つが如くし過失無からむ事を要すべし〔或は云ふ獻饌は敬《ケイ》肅《シユク》にして可成速に傳供し撤饌は極めて徐々に撤するを古代の習とすと〕

神饌色目

色目の順序は先つ和《ニゴ》稲《シネ》次に荒《アラ》稲《シネ》次に酒《サケ》次に餅《モチ》次に海《ウミ》魚《ウヲ》次に川《カハ》魚《ウヲ》次に野《ノ》鳥《トリ》次に水《ミヅ》鳥《トリ》次に海《カイ》菜《サイ》次に野《ヤ》菜《サイ》次に菓《クワ》實《ジツ》次に塩《シホ》次に水《ミヅ》とすべし又彦《ヒコ》神《ガミ》には酒を先にし姫《ヒメ》神《ガミ》には米を先にすと云說もあり色目の數も其社の例あらば從ふべし

獻奠方

獻奠の位置は左右左右と奠すべし尤奇數ならば先つ正中次に左方〔我右方〕次に右方とすべし偶數ならば先つ左方次に右方とす或は先つ正中次に右方〔我左方〕次に左方とするもあり而して臺數多き時は二行三行に饌案を居ゑて之を奠すべし

傳供長心得

傳供長は開扉の儀畢りて音《オム》樂《ガク》の三《サム》管《クワム》備《ソナハ》り擧らば一揖して坐を起ち

傳供員心得

「或は覆面《フクメン》し又は榊葉なとを口に喰《クハ》ふるもあり傳供員皆然り」徐々階を昇り入殿一拜し「大床《オホユカ》に獻奠すべくば大床にて一拜すべし」膝行して先つ饌案を居ゑ「一人にて為し難くば二人昇殿すべし」一揖し第一臺の到るを俟つ臺到らば笏を挿し之を案上に奠し奠する毎に一拜すべし但再拜拍手など為すべきにあらず奠し畢らば酒瓶水器等の蓋《フタ》を開き取りて臺上の隅《スミ》に置くべし「撤却の時は先蓋を復すべし或は兩手を以て瓶を執りて土器に酒を酌《ク》む儀もあり又祝詞奏上了りて後酒瓶の蓋を開く式もあり」幣物あらば幣案を正中に置くべし撤却《テツキヤク》は獻奠の式に準じ後進の物より撤すべし

傳供員は進て各次の位置に就かば坐して「立禮には起立」饌臺の到る迄把笏《ハシャク》して之を俟つべし饌臺を執るに及びて笏を挿し先つ右手を出し次に左手を添へて持つべきなり授受し畢らば最後に笏を把り前の如く坐し次員の退くを待て起つべし授受の間饌物を執ら

高坏執方
三方持方
臺盤其他
獻饌點撿
盛方注意

ざる時は兩手とも掌《タナゴコロ》を上に甲《カフ》を下にして在るべきなり撤却の時之に準ず但饌物授受の度毎に笏を把るは却て煩し
高坏《タカツキ》を執るには右手を以て脚を握《ニギ》り左手を以て土居を持つべし
三方臺は緣《フチ》を執らず兩手を穴に掛て持つべし但瓶子《ヘイジ》碗《マリ》の類或は顛《テム》覆《フク》を恐るゝ時は片手或は兩手を緣に掛け又臺小き時は兩手共に穴と緣とに掛くべし
臺盤《ダイバン》行器《ホカイ》折櫃《ヲリビツ》折敷《ヲシキ》等は器の大小に應ド宜に從ひ疎《ソ》忽《コツ》怠《タイ》慢《マム》なく一人又は二人にて擎持つべきなり
獻饌畢らば齋主昇階して之を點《テム》撿《ケム》するもよし或は獻進の際側に候して監視《カムシ》するもよし又祝詞奏上に出る時目の及ぶ所ならば再拜に先ちて注視《チユウシ》するもよし
傳供中盛りたる物の轉墜《テムツヰ》し又生魚の潑《ハネ》て落る事ある時其儘取て供ふべからず初メ之を盛る時に注意すべし

一列傳供圖

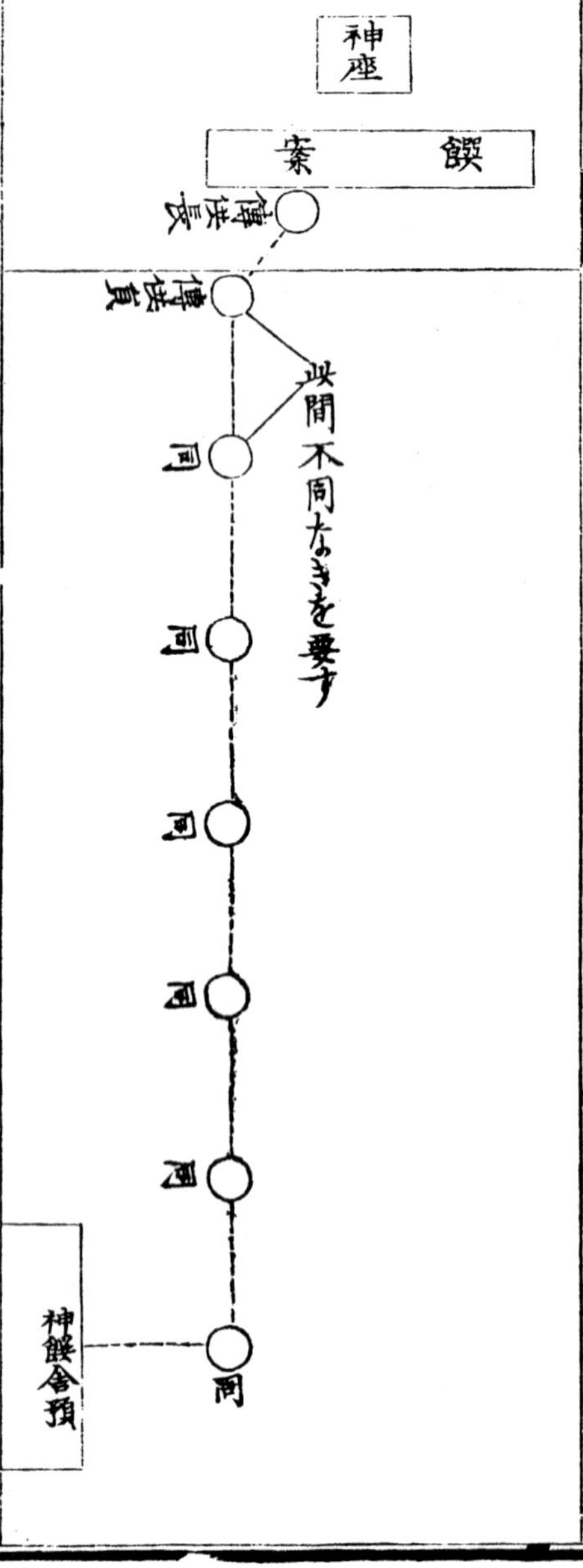

左右列同圖

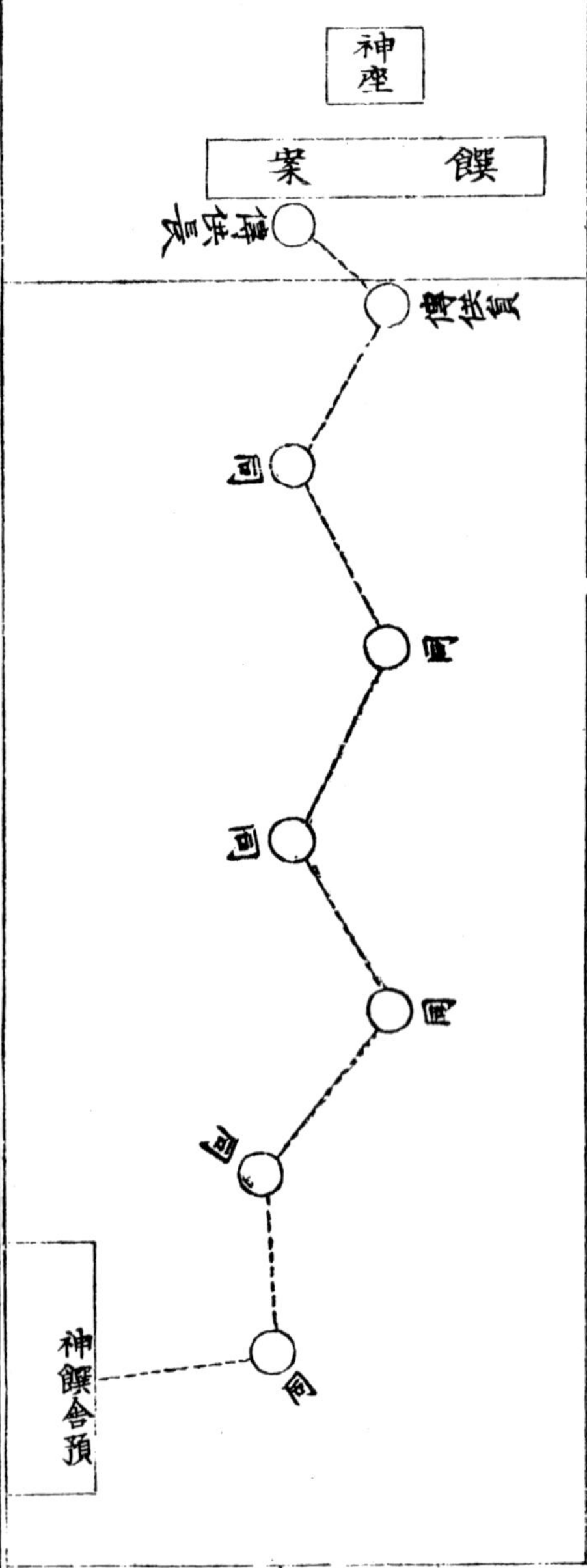

幣物《ヘイモツ》捧奠《ホウテム》

凡て幣物は紅白《コウハク》又は五色《ゴシキ》の絹布《ケムフ》麻布《マフ》及び金銀貨《キムギムクワ》等其他種々の色目あり捧奠の式は神社祭式に在り俎假案は階下左方に在れは起て神前正中を過る時一揖し案前に就きて一揖し幣物を捧げ昇階し正中の間より入殿し奠し畢りて奠饌を點撿し一揖し右掖間《ミギワキノマ》より出て右欄《イウラム》に傍《ソ》ひて下階再拜拍手小拜すべし

絹布は巻きて之を柳筥《ヤナイバ》に納《イ》れ麻苧《アサヲ》を以て筥《ハコ》を結ぶべし金銀貨ならば神社祭式の圖の如く奉書紙《ホウショガミ》に包みて水引をかくべし

祝詞奏上《ノリトソウジヤウ》

凡て祝詞を奏上するは祭儀中の主眼なり最も容儀《ヨウギ》を嚴《オゴソカ》にし動止を靜にすべし

齋主祝詞文を豫《カネ》て懷中し〔帖紙《タト》に挿す〕一揖して起坐し座側に跪き〔齋主の進むに先ち從貞軾又は圓座を敷くべし〕左膝を座に掛

け次に右膝を座に掛け次に左膝を進め次に右膝を進め身を正中にして着坐し一揖し笏を左手に持ち右手にて懐中より祝詞文を取出し左手に在る笏に取添へ（文は内笏は外）正笏して一拝す（或は再拝す但幣物を奠する事あらば下階再拝拍手小拝畢りて直に足を直し懐中の文を取出すべし）畢りて足を直し（或は直さず）文を左手に把り右手にて笏を右側に置き文を両手に取り我左掖によせ紙端を右手に把り左手にて一折づゝ之を披《ヒラ》き押し合せ正中にて之を開き少し差上げ更に引垂れて之を奏すべし奏し畢らば押合せ左掖によせ末より一折づゝ之を巻き端《ハエ》二折《フタヲリ》に至りて右手を後し左手のみにて袖に掛て巻き之を右手に移し懐中に後すべし（又は懐中せず）次に笏を把り（又は笏に文を取副へ）足を抜きて正笏再拝し笏を右側に置き（又は文を懐中し）手を拍つ事二度次に正笏小拝し畢りて右膝を退け次に左膝を退けて座を離れ次に右足を起し

次に左足を起《タ》て逆行《ギヤクカウ》し廻りて復坐一揖すべし（儀畢らば従負載又は圓座を撤すべし）立禮には笏を帖紙《タト》に挿して奏すべし

祝詞を奏するは古書に宣命《セムミヤウ》など微音《ビオム》又は聞ゆる程になどありて神明に奏する言は衆に宣告する者ならねば大聲に唱ふべきものに非ず或は時として祭旨《サイシ》願意《クワムイ》を明白ならしめ參集せる衆人にも満足を與へむとする際に當りては朗讀《ラウドク》して幽顯《イウケム》に貫徹《クワムテツ》せしむる事あれども大聲を發する時は敬意を缺《カ》く恐あり能々注意すべし神號《シムガウ》を擧る所又至尊《シソム》にかゝる言は殊に謹《ツヽシ》みて之を奏し我姓名は低音《テイオム》に讀むべし要領《エウリヤウ》の所は確實《カクジツ》にして語尾《ゴビ》を明瞭《メイレウ》にし句讀《クトウ》を違《タガ》へず字訓《ジクム》を誤らずして間斷《カムダム》なからむを要す又結尾《ケツビ》の一二言を故に高聲に引き唱へ或は節《フシ》を作りて謡曲《エウキヨク》に類する奏し方を為すべからず或は祝詞を開き心中にて之を奏し聲を發せざるもあり

祝詞文は鳥子紙《トリノコガミ》又は奉書《ホウシヨ》一枚を七《ナヽ》折半《ヲリハム》にして認《シタ》むべし短文なりと

も餘紙を切取るべからず長文にして二枚以上に及ぶものは此限にあらず

祝詞袋

神幸供奉などの時は祝詞文を袋に納れて從員に持たしむるもよし

奉告祈願

祝詞文を披讀《ヒドク》せずして奉告及び祈願する時は正笏の儘白すべし

祝詞文を笏に取副へ持ちたる圖

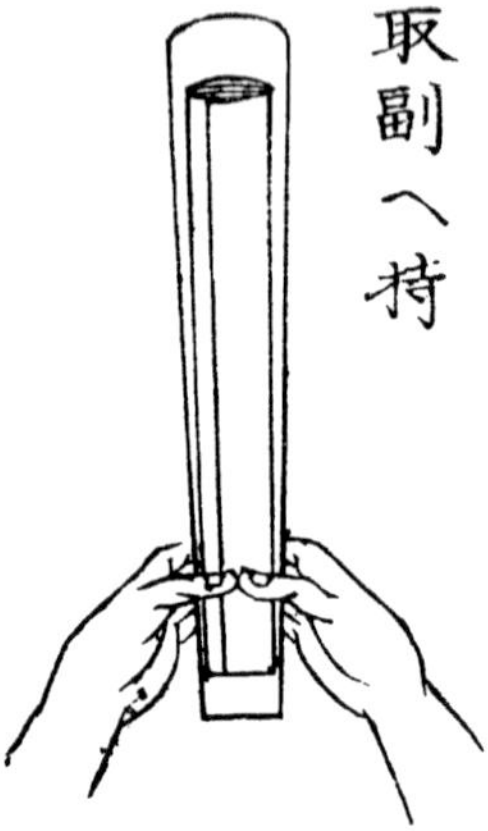

玉串拜禮

玉串拜禮《タマクシハイレイ》

玉串を捧げて拜禮をなすは拜殿の外階下門節庭上等其宜に從ふべし或は坐儀にして衆員の中に立禮を行ふものあらは案を異にすべし又玉串を奉る者の資格によりて案を異にせざるべからざる事もあり官使及び齋主又は主人など祭事に主たる者先つ之を奉り衆員は特別に

關係《クヮンケイ》ある者の外は一齊《イッセイ》又は數次に列拜すべし但靜肅《セイシュク》にして間斷《カンダン》なきを要す拜所狹隘《ケフアイ》ならば軒下《ノキシタ》庭上《テイジャウ》等の廣き所に二脚三脚の案を設くべし

玉串を獻るは之を捧げ持ちて再拜し案に奠し畢りて拍手すべし或は玉串を案に奠し畢りて再拜拍手するもあり又玉串を案上に奠するには筒に立つるもあり或は本を神前に向けて之を案上に置くもあり之を奉るには二三歩膝行して案上に獻り畢りて膝退し拜禮を為すべし又副齋主以下の神職は玉串を捧げず再拜拍手すべし又再拜のみにして拍手せざるもあり祭儀に先ちて一定すべし

齋主は拜禮を第一にすべし但官使參向ある時は官使の次に為すべし祭員は數人づゝ一回又は二回に列拜すべし主人及び首唱者《シユシヤウシヤ》は神職の次衆員の先にすべし職員《シキヰム》玉串を授くる事齋主に同じ或は主人の從者に就きて之を授けしむるもよし衆員は各自玉串を假案より

玉串授受方　神馬牽廻　奉馬　馬部　牽廻方

取り來りて奉るべし或は職員一名又は二名假案の側に坐して之を付するものとす

玉串を授くる儀は職員玉串を假案より取り大麻を持つ儀の如く左を上にし右を下にして持行き側に跪き〔或は龜居《カツヰヰ》〕更に左を右に持換へて之を授くべし受者は少し顧《カヘリ》みて右手を以て本を取り左手を以て末を取り左を上に右を下にして差上げ正中に向くべし

神馬牽廻《ジムメケムクワン》

神馬を奉るは祝詞及び拜禮の後に在るべし

馬は頭《カシラ》と尾《ヲ》とに四垂紙《ヨツダレガミ》を着け大麻《オホヌサ》を以て清祓《キヨハラヒ》を修すべし神前に牽《ヒキ》出《イダ》す時は覆絹《オホヒギヌ》を撤《テツ》し裸馬《ハダカウマ》にすべし

馬部《メブ》は細纓《ホソエイ》老懸《オイカケ》を冠し褐衣《カチエ》を着すべし

牽廻の儀は職員一名或は二名先導し先つ神前に引並べ馬前に立ちて一拜し畢り假令《タトヘ》ば拜殿を巡《メグ》るに神前よりせば我右手の方よりす

べく拜殿の前よりせば我左手の方よりすべし三巡して又前の如く拜して退くべし

樂舞奉奏《ガクブホウソウ》

凡て音樂《オムガク》を奉奏するは廻廊《クワイラウ》又は幄舎《アクシヤ》に座を設け羯鼓《カツコ》太鼓《タイコ》鉦鼓《シヤウゴ》笙《シヤウ》火鉢《ヒバチ》を竝べ置くべし舞曲など祭儀中に爲さば舞殿《マヒドノ》拜殿《ハイデム》又は庭上にて之を行ひ玉串拜禮及び神馬牽廻の後にすべし

舞樂《ブガク》は舞臺《ブタイ》を設け左方《サハウ》右方《ウハウ》竝び陣《チム》し互に其曲を奏する者なれば装《サウ》飾《シヨク》舗設《フセツ》等其式に據るべし東遊《アヅマアソビ》及び倭舞《ヤマトマヒ》田舞《タマヒ》八乙女《ヤヲトメ》舞等は尋常の舗設の儘何處に奏するもよし里神樂《サトカグラ》湯立《ユタテ》などは各其神社の例に據るべしと雖卑俗《ヒゾク》の行事は改むべし

音樂《オムガク》の曲は神事に宜しきものを用べし男山《ヲトコヤマ》祭《マツリ》の例は開扉には亂聲《ランジヤウ》神幸《ジムカウ》路次《ロシ》には慶雲樂《キヤウウンラク》着輿《チヤク》には太平樂《タイヘイラク》急《キフ》獻饌《ケムセム》には囲坏樂《クワイバイラク》神馬《ジムメ》牽《ケム》廻《グワイ》には胡飲酒《コムジユ》破《ハ》奏樂《ソウガク》には颯踏《サツタフ》賀殿《カデム》急《キフ》羅陵《ラリヨウ》王其退出には長慶子《チヤウケイジ》撤饌《テツセム》には

酒胡子《シユコジ》還幸《クワンカウ》の獻饌には三臺鹽急《サムタイエムノキフ》撤饌には慶徳《ケイトク》還幸路次《ロジ》には還城樂《クワンジヤウラク》とす

樂人

樂人《ガクニム》は凡て狩衣《カリギヌ》を着用してよし然ども立烏帽子《タチエボシ》有紋《ウモム》の狩衣《カリギヌ》紫袴《ムラサキバカマ》など着すべからず

神幸

神幸《ジムカウ》

神幸の供奉《グブ》は各社の舊例を遵守《ジユンシユ》すべし更に之を創《ハジ》めむには儀衛《ギヱイ》行列等可成古式を用て新様を取るべからず止む事を得ざる者は列外に置くべし且行列員の中無位にして妄《ミダリ》に有位の装束《シヤウゾク》を濫用《ラムヨウ》する等の事なき様能く注意すべし又晝間《チウカム》の行列に挑灯《テウチム》を用べからず但各社の舊例と雖鄙俗《ヒゾク》の行装《ギヤウサウ》は改むべし

供奉神職

神職は神輿《ミコシ》の前後に供奉すべし尤齋主は先に立べからず途中駐輿《チユウヨ》の時は必神職側《カタハラ》に候すべし

路次樂

路次の音樂は前陣《センヂム》に左方《サカタ》の樂後陣《コウヂム》に右方《ウカタ》の樂を列し神輿の前後に

在るは備れるなり又前陣に立つのみにても宜し樂器は三管《サムクワム》の外は一鼓《イツコ》荷太鼓《ニダイコ》荷鉦鼓《ニシヤウゴ》たるべきなり

雨中には神輿に雨皮《アマカハ》を用神職は雨衣《アマギヌ》長柄《ナガエ》傘《ガサ》木柄《モクエ》白張《シラハリ》傘《ガサ》白張人夫《ハクチヤウニムフ》は市女笠《イチメガサ》及び簑《ミノ》を着すべし大雨には神職以下は総負簑笠《ミノカサ》を用べし

神馬《ジムメ》にて渡御《トギヨ》を奉仕《ズシ》する時は倭鞍《ヤマトクラ》又は唐鞍《カラクラ》を具し錦蓋《キムカイ》を覆《オホ》ひ左右に翳《サバ》を立べきなり雨儀には錦蓋を菅蓋《カムカイ》に換ふべし

典禮心得《テムレイコヽロエ》

凡て典禮は祭員の中其任に堪《タヘ》たる者一人或は二人時に隨ひ神職列員の外に立ち式文を執り〔或は笏に紙を押《オ》して次第を記し又は折紙《ヲリカミ》に記して持つべし〕或は坐し或は起ち或は先ち或は後れ趨歩《スウホ》周旋《シウセム》以て祭儀の次序を令すべし職員に面し氣色《キシヨク》して令するあり又就きて之を告るあり事の宜に從ふべし氣色すべき人には其時に當らざる前其人の面を視るべからず又次第毎に高聲を發して令するなどは為さゞる

を宜とす（次第は各自豫《カネ》て心得居るべけれはなり）但臨時祭典の外定例の儀式は各自平常熟知《ジユクチ》すべき事なれば特《コト》に此役を設さるもよし

神職心得《シムシヨクコヽロエ》

凡て神職は親《シタシ》く神明に奉仕し禮典《レイテム》を掌《ツカサド》る者なれは殊に品行を正くし汚穢《ヲクワイ》に近寄らず常に身心を清潔にすべし社頭に至る時は平常と雖必白衣を着し神殿に昇るには必略服を着くべし白衣は時々洗濯《センタク》して襟《エリ》袖《ソデ》などの汚《ヨゴ》れたる物を着用すべからず神殿内に祭器其他の物を散亂しおくべからず最も殿内外の掃除《サウヂヨ》を怠らざる樣常に注意すべし

氏子信徒に接するには最深切丁寧《シムセツテイネイ》なるべし且祈禱《キタウ》等の依賴を受けなすは誠心を凝《コラ》して祈念《キネム》すべし決して貪欲《ドムヨク》の所為《シヨヰ》あるべからず

一社傳來の什寶物《ジフハウブツ》は勿論《モチロム》記録簿册《キロクボサツ》の類は鄭重《テイチヨウ》に保存し紛亂《フムラム》すべからず

新に神職に補《ホ》せられ又は轉免《テムメム》の節は必神前に於て奉告の祭典を執

行すべし
祭儀《サイギ》に先《サキ》ち祭員一同豫《カネ》て諸事を打《ウチ》合《ア》せおき祭場に着席の後混雑《コムザツ》なき様に注意すべし
祭儀中列席の傍人《バウジム》に私語《シゴ》すべからず
冠《カブリ》烏《エ》帽《ボ》子は片《カタ》寄《ヨ》らさる様正しく冠《カブ》るべし
冠の纓《エイ》を纓《エ》壺《ツボ》にさしには固《カタ》くすべし緩《ユル》き時は起居動作の度《タビ》左右に揺《ユ》れて甚見苦し
風《カザ》折《ヲリ》烏帽子を着る時掛《カケ》緒《ヲ》を略すべからず
拜禮を為すに笏を頭上に捧《サヽ》げて前後に動かし之を戴《イタヾ》くなどの所為《シヨヰ》あるべからず
笏《シヤク》を袂《タモト》に入れ襟《エリ》又は帶《オビ》等に挿《サ》すべからず
笏を右手の大《オホ》指《ユビ》に挾《ハサ》み又は左の脇《ワキ》に挾みて拍手を為すべからず
笏を持ながら神饌の傳供を為すべからず

笏を案上又は座前に置きて拍手すべからず

袍《ハウ》の締帯《シメオビ》を固《カタ》くし搔込《カイコミ》を能《ヨ》くせざれば帖紙《タト》又は笏の落る事あり注意すべし

起坐の時袍又は狩衣《カリギヌ》の裾《スソ》を蹈まざる樣に注意すべし

夏季には夏扇《ナツアフギ》を用ゐ中啓《チユウケイ》を持つべからず

祭服の下は必白衣を着用すべし且白衣の下に縞《シマ》又は他色の服を重ぬべからず

鍵《カギ》袋《ブクロ》を首に掛ながら祝詞を奏し又は玉串拜禮を為すべからず

殿内其他翠簾《ミス》幌《トバリ》帳の懸《カヽ》れる下を出入する時は頭《カシラ》を低《ヒキ》くして冠帽の帳簾に觸れざる樣に注意すべし

大麻行事又は塩水行事の時其被ふ物品若くば人に餘《アマ》り接近《セツキン》して大麻塩水の觸れざる樣になすべし

行歩の時手を振り動かすべからず

殿上に昇る時階の正中に沓を脱《ヌ》ぎ置くべからず沓を穿《ハ》き脱ぎする時踏返《フミカヘ》し又は飛散《トビチラ》ざる様注意すべし
祭員列坐の時起坐せむとする者衣冠《イクワン》の亂れたるを認《ミト》めなば下坐の者窃《ヒソカ》に注意して之を直すべし
人員少數にして數事を兼ぬるも齋主他の事をとり又は上席の者下席の者の事を執るべからず
淺沓《アサクツ》は常に餘分を設て社務所に備置くべし
神社の祭器を人家の祖《ソ》靈《レイ》祭《サイ》等に用ゐるべからず
神社の祭日には神事畢《ヲハ》ると雖喪家《サウカ》を吊《テウ》すべからず
喪葬《サウソウ》に關《アヅカ》りし後は必浴湯《ヨクタウ》修禊《シウケツ》すべし
右は既に各條に記載せしものなりと雖猶過失《クワシツ》なからむが爲再び爰《コヽ》に出して其注意を惹《ヒ》く

附録

奉幣作法《ホウベイサハフ》

凡て奉幣式は中古以來の式法にして普通《フツウ》祭儀には玉串拜禮を為を以て之を行ふ事なし然れ共諸社年中の行事には例に依り之を奉仕する者なきにあらず因て今二三の式に據りて之を斟酌折衷《シンシヤクセツチユウ》して一例を示す

先つ賽主《サイシユ》沓揖　次に坐揖　次に一拜

次に從負幣を執りて賽主に授く

其儀從負幣串《ヘイグシ》の下方を右手にて把《ト》り幣の表面を外にし左手にて幣串の上方を把り左方へ斜《ナナ》にして身に付かざる樣持來りて賽主の左傍《ヒダリワキ》（或は右傍）に就きて蹲踞《ソンコ》す賽主從負に氣色《キシヨク》する時從負賽主の膝下に進み龜居《カタヰ》（或は膝行）して幣首を右方に取廻《トリマハ》し之を授けて（膝行すれば膝退す）一揖し起て復坐す

次に賽主幣を執りて再拜

其儀賽主右手に幣串の下を把り左手に幣串の上を把り幣首を左上りとし直に立て足を蹈揃《フミソロ》へ幣を指上げて幣首を正中に取廻し左足を少し後へ引くと共に幣首を左に振り身も少し振る心持となり面は正しく志て顧《カリミ》る事なく左足を本に踏直《フミナホ》して次に右足次に左足と振りて身を屈し幣串を取りたる左手を押下し幣を真直《マスグ》に立てゝ平伏すべし此時幣の表面は神殿の方に向はしむべし次に起て前の如く幣を指上て左右左と振る事初の如くすべし

次に小揖

其儀幣を持ちながら坐して祈念《キネム》し小揖すべし

次に再び幣を執りて再拜

其儀小揖畢らば起て幣を左右左と振り再拜す総て前の如し

次に幣使進みて幣を受けて神殿に獻ず

其儀幣使豫て便宜の所に候す（蹲踞）賽主奉幣畢るを見て賽主の左傍（或は右傍）に進み龜居して幣を受取るべし此時賽主幣串の下を右膝に突き立て幣首を左方に取廻し幣使に授く幣使幣を捧上げ神前に進み階下にて立ちながら一揖して階を昇り膝行し幣を神前に立て膝退し正笏一拜二拍手一揖して階を降り階下にて神殿に向ひて一揖す

次に幣使賽主に對して返祝《カヘリノト》す

其儀幣使賽主の左傍（或は初の便宜の所）稍《ヤヽ》離《ハナ》れたる所に就き龜居（又は蹲踞）して笏を右に置き（或は挿す）賽主に對して手を拍つ賽主笏を右に置き之に應じて手を一つ拍つ又幣使手を一つ拍つ又賽主手を一つ拍つ（幣使の再度と賽主の初度と一度に合すべし）畢りて幣使一揖し起て復坐す（或は賽

主直に幣を神前に獻ずるもあり

次に賽主一拜或は居なゞら二拜し坐を起て退下す

其儀賽主拍手畢らば正笏一拜し起坐して退出する事常の如し

幣圖

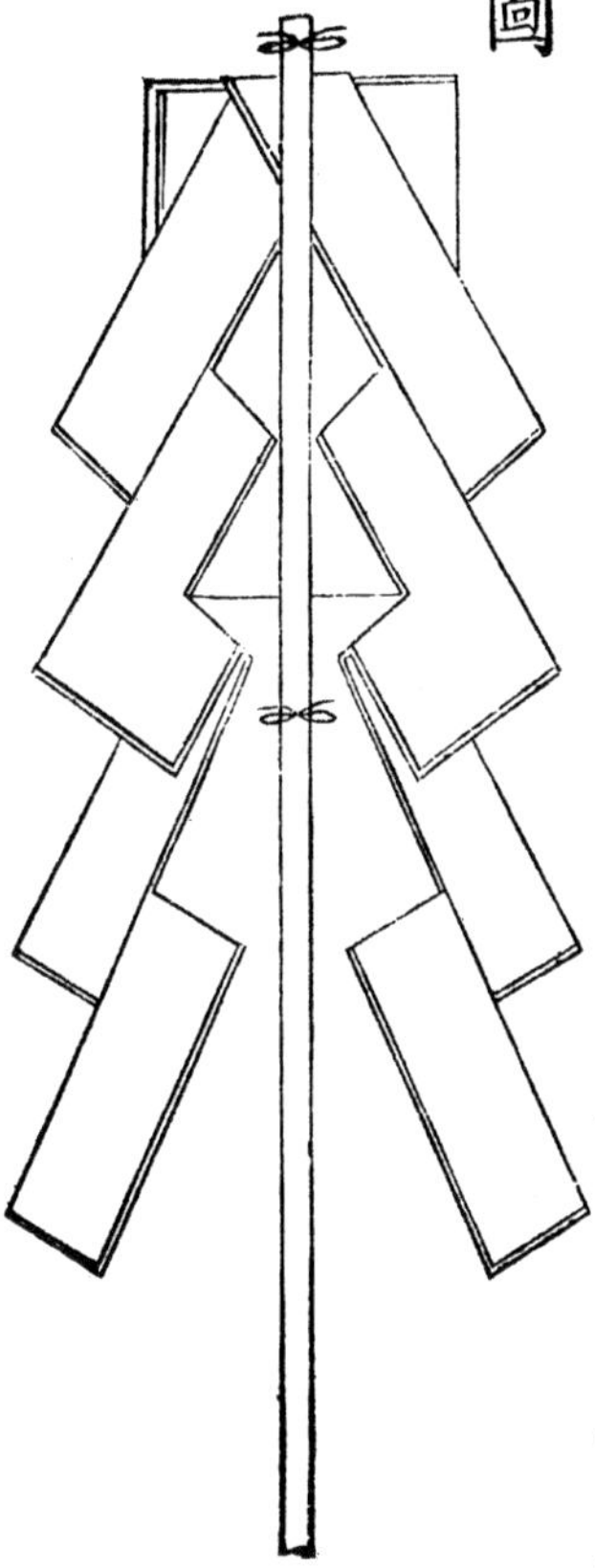

起業《キゲフ》式及成功《セイコウ》式

凡事業を起さむとする時は先つ神明を祭り其冥助《メイジヨ》を祈請し其事成功せば又祭典を執行して之を報謝《ハウシヤ》すべし祭神は其事業に縁故《エムコ》ある神又は產土神を招請し祭式は普通の式に隨ひ祝詞《ノリト》は其起業の理由を述べ半途《ハムト》にて禍事《マガゴト》なく其目的を達せしめ給はむ事を乞

ひ成功式には神明の冥助によりて成功せし旨を述べ報謝の意を以て綴《ツヾ》るべし神饌を奉り祝詞畢らば齋主以下關係人等玉串を奉りて拜禮し次に祭場適宜《テキギ》の所に版位《ヘム》を設け關係《クワムケイ》者の主たる者進みて一揖し其起業式には事務員等に對し盟約《メイヤク》書《シヨ》を朗讀《ラウドク》し事務員其前に進みて一揖し答辭を述べ又は誓約書を讀む等の事あるべし右畢て復床す次に來賓祝辭あらば同じく進みて之を讀み主人之に答ふ其成功式には主人若くば事務關係人版位《ヘム》に進みて一揖し事業成功の報告書を朗讀し功勞者に對しては褒詞《ハウシ》賞品《シヤウヒム》を授與《ジユヨ》する等の事あるべし畢て神饌を撤し昇神の後直會《ナホラヒ》又は宴會《エムクワイ》の筵《エム》を開く

道路《タウロ》開通《カイツウ》式及橋梁《ケウリヤウ》架設《カセツ》式

凡道路を開修し又は橋梁を架設せむとする時は前條に準じ祭典を執行し其事落成せば先つ清祓《キヨハラヒ》式を行ひ道路なれば中央に神座

を設け大地《オホトコ》主神《ヌシノ》八《ヤ》衢《チマタ》比《ビ》古神《コノ》八《ヤ》衢《チマタ》比《ビ》賣神《メノ》久《ク》那《ナ》斗神《ドノ》及産《ウブ》土神《スナノ》〔山中ならば大《オホ》山《ヤマ》祇《ツミノ》神田野ならは野《ヌ》槌《ヅチ》神〕なども招請し禍神《マガカミ》の障害《シヤウガイ》なく往來安全ならむ事を祈り又橋梁ならは橋の兩口に齋竹《ユミタケ》を立て注連縄《シメナハ》を張り中央の所にて川の下流に向ひ注連縄を張り神座を設け祭神は伊弉諾尊《イザナギノミコト》、伊弉《イザ》冊尊《ナミノミコト》及産土神等を招請し水害に罹《カヽ》り破壞《ハクワイ》等なく通行安全ならむ事を祈るべし而して竣功《シユンコウ》報告祝辞等前條に準ド畢て通行《ツウカウ》始《ハジメ》を行ふべし橋梁は高齢《カウレイ》者《シヤ》夫婦玉串を奉り拜禮の後始めて橋上を往復し畢て撤饌昇神を為し衆人の通行を許すべし

開黌《カイクワウ》式附勅語《チヨクゴ》奉《ホウ》讀《ドク》式

凡學黌《ガククワウ》を建築し開黌せんとせは其講堂《コウダウ》の上座に祭場を設け天神《アマツカミ》地祇《クニツカミ》を招請して祭典を行ひ學業進歩の冥助《メイジヨ》を祈請すべし齋主以下拜禮畢らば教育《ケウイク》勅語《チヨクゴ》奉讀の式を行ふ其儀校長一揖して案前に進み〔案は豫《アラカジ》め便宜の所に据《ス》ゑ其上に勅語を奉安す〕一拜して

勅語文を奉持し二三歩退きて側に寄り〔正面又は斜に〕生徒衆員に向ひ勅語を一戴して之を開き面上に捧げて謹て之を奉讀す其勅語と云ふ聲を聴《キ》かば生徒衆員身体を正し少しく首を下げて謹《ツヽシミ》て之を聴《チヤウ》聞《モム》すべし奉讀畢らば之を巻き又一戴して案前に進み之を筥《ハコ》に納め一拜して退き更に生徒に向ひ勅語の旨《シ》趣《シユ》を敷《フ》演《エン》し若くば其他教育上の演説等を為し畢て復床す次に撤供昇神を行ひ各退出すべし式日大祭日等に勅語を奉讀するも之に準ずべし

勅語

朕惟フニ我カ皇祖皇宗國ヲ肇ムルコト宏遠ニ徳ヲ樹ツルコト深厚ナリ我カ臣民克ク忠ニ克ク孝ニ億兆心ヲ一ニシテ世世厥ノ美ヲ濟セル

ハ是レ我カ國體ノ精華ニシテ教育ノ淵源亦實ニ此ニ存ス爾臣民父母ニ孝ニ兄弟ニ友ニ夫婦相和シ朋友相信シ恭儉己ヲ持シ博愛衆ニ及ホシ學ヲ修メ業ヲ習ヒ以テ知能ヲ啓發シ德器ヲ成就シ進テ公益ヲ廣メ世務ヲ開キ常ニ國憲ヲ重シ國法ニ遵ヒ一旦緩急アレハ義勇公ニ奉シ以テ天壤無窮ノ皇運ヲ扶翼スヘシ斯ノ如キハ獨リ朕カ忠良ノ臣民タルノミナラス又以テ爾祖先ノ遺風ヲ顯彰スルニ足ラン

斯ノ道ハ實ニ我カ皇祖皇宗ノ遺訓ニシテ子孫

臣民ノ俱ニ遵守スヘキ所之ヲ古今ニ通シテ謬ラス之ヲ中外ニ施シテ悖ラス朕爾臣民ト俱ニ拳拳服膺シテ咸其德ヲ一ニセンコトヲ庶幾フ

神職寶鑑下編終

明治三十二年三月五日印刷
同　　　　三月十日發行

版權所有

京都市上京區室町出水北入近衞町廿二番戸
編輯者兼發行人　半井真澄

東京市本郷區本郷一丁目六番地
印刷兼賣捌人　田中慶太郎

賣捌所　東京市本郷區本郷一丁目　文求堂

神職宝鑑

平成二十四年十月二十九日　復刻版 初 版 発行
令和　六　年四月　十　八　日　復刻版第四刷発行

編　者　半井真澄

発行所　八幡書店
東京都品川区平塚二—一—十六
KKビル五階
電話　〇三（三七八五）〇八八一
振替　〇〇一八〇—一—四七二七六三

ISBN978-4-89350-721-1　C0014　¥6800E